Un Semplice Cambiamento
Rende Facile la Vita

Il Team di Balanced View

Libreria dei Classici di Saggezza

Quarta Edizione 2012 – traduzione in Italiano 2013
Totolo Originale: One Simple Change Makes Life Easy
Balanced View Media: Mill Valley, California USA 2012

Basato sull'opera presso il sito www.balancedview.org.
ISBN 978-0-9886659-7-2

Dedica

Intelligenza Aperta, Saggezza e Compassione per Tutti

Un Semplice Cambiamento Rende Facile la Vita

Indice

NOTA ALLA TERZA EDIZIONE

Siamo stati incoraggiati dai feedback dei lettori che hanno gioito e beneficiato della prima e seconda edizione di Un Semplice Cambiamento Rende Facile la Vita, ed è con grande piacere che siamo in grado di pubblicare un'edizione riveduta e aggiornata del libro.

Come parte del continuo sforzo di trovare il miglior linguaggio possibile che parli abilmente al maggior numero di partecipanti, un cambiamento nell'uso del linguaggio che ha trovato grande risonanza è avvenuto nel 2011. Laddove precedentemente sono stati usati i termini "chiarezza" e "punti di vista" nei testi, i nuovi termini "intelligenza aperta" e "dati" sono entrati in uso e sono stati ricevuti con grande entusiasmo, poiché questi nuovi termini sembrano parlare ai lettori in modo ancora più diretto.

Come risultato, tutti i libri di Balanced View vengono aggiornati per includere questo linguaggio nuovo e molto potente. Il contenuto di questo libro è essenzialmente lo stesso della prima e della seconda edizione con qualche piccola revisione e in più c'è stato il cambiamento nell'utilizzare "intelligenza aperta" invece di "chiarezza" o "consapevolezza" e "dati" invece di "punti di vista".

La frase "riposare" del linguaggio originario della prima e della seconda edizione è rimasta in questa edizione. Questa frase ha essenzialmente lo stesso significato di affidarsi all'intelligenza aperta, con l'ulteriore implicazione di rimanere a proprio agio e lasciare che le cose siano così come sono nell'incontro con i flussi di dati. "Potenziare" è usato anche allo stesso modo nel contesto della natura potenziante dell'intelligenza aperta.

Il cambiamento nel linguaggio dovrebbe rendere il messaggio del libro anche più potente e chiaro.

INTRODUZIONE DELL'EDITORE

Il materiale per questo libro proviene da dialoghi pubblici tenuti da Candice O'Denver, fondatrice del movimento di Balanced View, in India, negli Stati Uniti e in Svezia. Il tono e lo stile dei vari capitoli riflettono l'atmosfera presente in quei discorsi: calorosa, amichevole, intima e familiare. Per questo il linguaggio proposto è in genere informale e rilassato, ed è così per rendere più semplice possibile al lettore trarre beneficio da ciò che viene detto.

Ad ogni modo, non sono le parole o le idee in sé ad essere l'aspetto più importante di questa comunicazione, ma piuttosto la serenità dell'essere, inerente a tali parole ed idee. Il lettore è incoraggiato a permettersi l'opportunità di ricevere ciò che viene descritto in maniera aperta e recettiva, senza cercare di aggrapparsi ad una comprensione intellettuale. Come dice simpaticamente Candice: "La comprensione intellettuale è il premio di consolazione". In particolare, ciò che è scritto qui non ha come scopo la speculazione intellettuale, ma è piuttosto un'introduzione al riconoscimento istintivo dell'intelligenza aperta nella propria esperienza personale.

Ogni capitolo inizia con un'introduzione e con la spiegazione del tema del capitolo, seguito da una serie di domande e risposte che aiutano a rendere chiara l'intelligenza aperta e ad illustrarne la praticità ed applicabilità nella vita di ogni giorno. Dopo l'introduzione dei concetti principali di: "intelligenza aperta", "affidarsi all'intelligenza aperta" e "dati" nel primo capitolo, i capitoli possono essere letti in qualsiasi ordine senza dover seguire una sequenza particolare.

In ogni capitolo si trova il punto chiave e l'istruzione centrale dell'insegnamento di Balanced View: affidarsi all'intelligenza aperta per brevi istanti, ripetuti molte volte, finché diventa continua. Questo punto chiave, insieme alle istruzioni pratiche, è ripetuto più e più volte, in infiniti modi diversi, per poter parlare a tutte le tipologie di lettori.

Questo libro è una raccolta di trascrizioni prese dai discorsi di Candice e compilate da volontari di tutto il mondo che, insieme a lei, hanno lavorato intensamente per un anno intero fino a realizzarne la pubblicazione. La registrazione di centinaia di discorsi scaricabili gratuitamente da Internet, la trascrizione di oltre cento di questi dialoghi risultanti in più di 1600 pagine di testo, la compilazione, la revisione, la correzione delle bozze ed il montaggio, sono state fatte da persone grate, il cui interesse principale era di mettere a disposizione di altri ciò che per loro stesse era stato di così grande beneficio.

Scott M.
Skåne, Sweden
March 2008

INTRODUZIONE DELL'AUTRICE

Vorrei condividere con voi la storia di come questo libro sia venuto alla luce. Da bambina ero meravigliata dal fatto che tutto sembrava essere connesso. Nei momenti in cui ero consapevole di questa profonda connessione, mi sentivo libera e piena di gioia, e amavo il mondo e tutti gli esseri che vi vivevano. Capivo che era impossibile prendere una qualsiasi cosa, toglierla dal tutto e farla diventare una cosa completamente diversa e separata. Questa conoscenza mi aveva affascinato fin dall'inizio. Aveva un grande significato per me e volevo essere in grado di descriverla facilmente, ma quando cercavo di farlo, non trovavo le parole.

Avevo sentito usare la parola "indivisibile", e intuivo che il concetto di indivisibilità si applicava al mio modo di sperimentare il mondo. Chiesi a mia madre il significato della parola "indivisibile" e lei mi mostrò come cercarla nel dizionario. La definizione che trovai fu: "Impossibile da dividere". Fu meraviglioso per me scoprire che esisteva una parola per questa intuizione che avevo avuto e che la definizione di questa parola era a portata di chiunque la cercasse nel dizionario.

Cominciai a interessarmi a tutti gli scritti che parlavano della natura indivisibile delle cose perché, ogni volta che leggevo libri che cercavano di descriverla, quelle parole sembravano suscitare in me l'istintiva realizzazione di questo modo straordinario di vedere il mondo. Volevo che quell'esperienza diventasse permanente e volevo avere la capacità di condividerla con gli altri. Cercai un libro che fosse completamente pieno di parole che evocassero direttamente quell'esperienza, ma non riuscii mai a trovarlo. Compresi che se un libro così fosse esistito, sarebbe stato di grande beneficio per tutti. Mi sembrava che se le persone avessero potuto relazionarsi fra loro in questo modo particolare, ci sarebbe potuta essere vera comunicazione e amicizia fra le persone di tutto il mondo.

Crescendo mi furono insegnate molte cose che, secondo quanto dicevano gli altri, mi avrebbero portato la felicità. Mi sembravano tutte cose difficili da imparare se paragonate a quella gioia istintiva che sentivo nel percepire l'indivisibilità del tutto. Provai molte attività che avrebbero dovuto darmi benessere e autostima, come l'educazione, la religione, il servizio in comunità, le azioni caritatevoli, il lavoro, la famiglia, gli amici, le relazioni intime, il cibo, i soldi, il tempo libero e così via. Provai anche metodi psicologici, spirituali, fisici e mentali cercando di cambiare i miei pensieri e le mie emozioni in pensieri ed emozioni migliori. Cercai le persone e le situazioni giuste per portarmi la felicità.

Ma, per quanto assiduamente m'impegnassi ad essere felice con quei metodi, la felicità sembrava sempre fuori dalla mia portata. Il beneficio di tutte quelle attività e quelle situazioni non era paragonabile all'energia rilassata di comprensione profonda che veniva dal sapere che tutto è inseparabile. Sapevo che c'era qualcosa d'inespresso in me, ma non sapevo come trovare quella risorsa innata.

Poi accadde qualcosa di meraviglioso: la mia vita cadde in pezzi! Mentre lottavo per capire il perché degli episodi violenti e imprevedibili che stavano accadendo, non riuscivo più a tornare al mio vecchio modo di vivere. Le mie idee migliori fallivano. Piena di emozioni, pensieri e sensazioni intense, sentivo di non riuscire più ad affrontare la vita con le risorse che avevo usato in passato. Le mie vecchie strategie non funzionavano più. Semplicemente, non potevo più fare affidamento sulle strategie interiori o esteriori, che avevo usato in passato e non riuscivo più a fermare i pensieri e le emozioni che mi sfrecciavano nella mente.

Assalita dalla paura per il futuro, confusa dal passato e disperata nel presente, improvvisamente capii che tutto quel turbamento - i pensieri, le emozioni, le sensazioni e le altre esperienze - appariva in uno spazio aperto e indivisibile di completo sollievo. Imparai che rilassandomi in quel sollievo per brevi istanti, ripetuti molte volte, gradualmente cominciavo a identificarmi con il sollievo stesso e l'inerente serenità, piuttosto che con il turbamento che provavo. Compresi sempre di più che quel turbamento era semplicemente l'energia dinamica di un vasto e indivisibile spazio o intelligenza, che non era limitato soltanto a me o alle mie esperienze.

Infatti, tutto è semplicemente la sconfinata creatività di quell'indivisibile intelligenza. Continuando con quella semplice pratica, trovai una fonte naturale di calore, connessione e compassione, così come intuizioni profonde sulla natura dell'esistenza. La mia vita migliorò sempre di più e la mia abilità di contribuire al benessere altrui aumentò. Tutto questo avvenne grazie alla semplice pratica di affidarmi all'intelligenza aperta per brevi istanti, ripetuti varie volte, finché diventò continuo.

Quando cominciai a condividere con altre persone la mia esperienza dei brevi istanti, ripetuti varie volte, la loro vita cambiava radicalmente in meglio. Lo scopo della mia vita divenne quello di condividere con altre persone questo semplice cambiamento nell'uso della mente. Questo cambiamento è il fondamento della nostra capacità di risolvere tutti i problemi. Molte persone che hanno avuto simili risultati nella loro vita, si sono unite a me per formare il movimento di Balanced View che adesso si sta espandendo nel mondo come i caldi raggi di un sole sempre splendente!

La mia visione giovanile di amicizia e buona comunicazione fra le persone di tutto il mondo si sta avverando! Finalmente, abbiamo non un solo libro ma tanti libri che descrivono meravigliosamente l'indivisibilità del tutto e questo è uno di essi!

Inoltre vorrei dirvi che, se sognate grandi sogni, sappiate che potete avverarli! Tutto il potere di cui avete bisogno per realizzare la vostra visione, potete trovarlo in brevi istanti di intelligenza aperta, ripetuti molte volte, finché diventa ovvia in ogni momento.

Vorrei mostrare il mio apprezzamento profondo per la gentilezza e maestria di Scott Morrow, che ha guidato una squadra abile e motivata di persone provenienti da diverse parti del mondo. Essi hanno trascritto, compilato e redatto i discorsi di questo libro. Vorrei ringraziare specificatamente una persona che vuol rimanere anonima e poi Robin G., Simon H., Matt L., Keith R. e Swami Sarvamangalananda, che, con molti altri, hanno contribuito a preparare questo libro per la pubblicazione.

Sono continuamente riconoscente a Heather B., Mia C., Kathy R. e Jochen R. per la loro amorevole amicizia e i loro benefici training e per le loro attività organizzative che mi sono di grande supporto in tutti i momenti di ogni giorno. I trainer e i partecipanti di Balanced View stanno portando il messaggio di questo semplice cambiamento in tutto il mondo e grazie a loro, le facce amichevoli di Balanced View sono ovunque.

UN SEMPLICE CAMBIAMENTO RENDE FACILE LA VITA

CAPITOLO UNO

Siete invitati a un meraviglioso viaggio nella fonte immensa di pace, gioia e capacità innate che esistono dentro di voi. E' un viaggio che soltanto voi potete intraprendere. Nessun altro può farlo al posto vostro. Ciò detto, nelle pagine di questo libro troverete un amico e una guida costanti per il cammino, direzioni e istruzioni precise, ed una comunità globale che vi sarà di supporto per mettere in pratica questo semplice cambiamento che rende facile la vita. Leggere questo libro e mettere in pratica i suoi insegnamenti, vi regalerà una vita che non avreste mai sognato possibile, a prescindere da quanto bella sia già la vostra vita!

Prima di partire per un viaggio, è opportuno conoscere la lingua del paese che si va a visitare. Per gli scopi di questo libro abbiamo usato un linguaggio semplice, del quale vi daremo una descrizione in questo capitolo. Una volta che avrete familiarizzato con il linguaggio, sarà davvero facile trovare la strada in questo viaggio che percorreremo insieme.

Vorrei condividere un altro consiglio prima della partenza: mentre leggete il libro, non cercate di capire o memorizzare ciò che vi è scritto. Semplicemente mettete in pratica in modo rilassato il semplice cambiamento di cui si parla. Quando arriverete alla fine, probabilmente noterete che con la semplice lettura del testo sarete già riusciti a mettere in pratica le istruzioni che vi sono scritte. Perciò rilassatevi e godetevi il viaggio!

Ora esaminiamo il linguaggio che verrà utilizzato definendo la parola "mente", "intelligenza aperta", "affidarsi all'intelligenza aperta" e "dati". Vedremo come queste parole vengono usate e come sono connesse al semplice cambiamento che stiamo per mettere in pratica.

Innanzitutto possiamo dire che ci sono due approcci all'uso della mente umana. Nel primo approccio l'attenzione dell'attività mentale è diretta ai suoi contenuti. Un altro termine per "contenuti" è: "dati". "Dati" (un dato o diversi dati) è qualsiasi cosa accada nella mente. Può essere un pensiero, un'emozione, una sensazione o un'intuizione, e può essere in relazione ad eventi interni o esterni. I dati sono qualunque cosa possa essere visto, sentito, vissuto, intuito o sperimentato in qualsiasi altro modo. L'intelligenza aperta ha due possibilità: essere coinvolta nei dati, oppure essere naturalmente a riposo. Quando l'intelligenza aperta è coinvolta nei dati, ci dimentichiamo come rilassarci e come affidarci naturalmente all'intelligenza aperta.

Nel secondo approccio all'uso della mente il focus è posto su questo semplice cambiamento: rilassare la mente, piuttosto che centrare l'attenzione sui dati. In questo approccio, tutti i dati sono visti come apparenze della intelligenza aperta, che è la base della mente. Se vi state chiedendo che cosa sia l'intelligenza aperta, semplicemente smettete di pensare per un istante. Quella assenza di pensieri è l'intelligenza aperta! E' trasparente come il cielo! Siete perfettamente attenti, coscienti e consapevoli, anche senza pensieri. In ogni caso, che vi sia una moltitudine di pensieri, oppure nessuno, è necessaria l'intelligenza aperta per essere consapevoli di entrambi.

Quindi, la stessa intelligenza aperta che è presente quando smettiamo di pensare, è ugualmente presente in ciascun pensiero. Con il tempo, continuando a mantenere l'intelligenza aperta per brevi istanti, ripetuti molte volte, coltiviamo fiducia nell'intelligenza aperta fino al punto in cui essa diviene permanente ed automatica, in ogni momento e in ogni circostanza, inclusi i momenti in cui sorgono molti pensieri.

Quando l'attenzione della mente è posta sui contenuti, i pensieri, le emozioni, il linguaggio e le azioni sono diretti ai nostri bisogni e al tentativo di sentirci buoni, comodi, brillanti, gentili e felici. Anche quando facciamo qualcosa per gli altri, può sembrarci una fatica e può risultare difficile mantenere un'attitudine generosa senza provare risentimento o aspettarci qualcosa in cambio. A nessuno di noi piace sentirsi così!

Le credenze convenzionali considerano che la mente sia collocata nel cervello e che sia l'attività di quest'ultimo a dirigerla. Questo modo di vedere implica che la mente dipenda da una combinazione di fattori quali il modo di pensare della persona, la sua psicologia, l'ambiente in cui vive e la sua biochimica. In questo sistema di credenze, la mente è vista come capace di renderci felici in alcuni momenti mentre in altri no. Quando vediamo la mente in questo modo, può capitarci spesso di sentirci in balia dei suoi moti e di cercare di controllarla, pur rendendoci conto che non è possibile farlo. A volte la nostra mente ci può apparire come un nemico da sconfiggere.

Quando la mente è usata per focalizzare l'attenzione sui dati, la portata della nostra intelligenza aperta è ristretta a quei dati. Crediamo che essi costituiscano la nostra identità. In altre parole crediamo che la nostra identità sia composta dall'accumulo di pensieri, emozioni ed esperienze nel corso della nostra vita.

Probabilmente abbiamo creduto di non avere altra scelta che focalizzare l'attenzione sui dati e, forse, non eravamo consapevoli del fatto che esistesse un'alternativa. E' possibile che non sapessimo che la natura fondamentale della nostra mente è l'intelligenza aperta e che possiamo affidarci ad essa per sviluppare una visione equilibrata di tutti i dati che vi appaiono. Quando scegliamo di mantenere l'intelligenza aperta piuttosto che continuare a elaborare delle storie sui nostri dati, sentiamo subito il sollievo del non essere più coinvolti nei nostri soliti processi mentali.

Ripetendo brevi istanti di intelligenza aperta molte volte, la nostra attenzione alla presenza dell'intelligenza aperta aumenta. Progressivamente sperimentiamo sempre più calore, agio, compassione, equilibrio interiore, pensiero innovativo, creatività e una eccezionale capacità di prendere buone decisioni e risolvere problemi. Una parola semplice per definire tutto ciò è "saggezza". I nostri pensieri, le nostre emozioni, parole e azioni cominciano a focalizzarsi spontaneamente sul benessere di tutti, non solo su noi stessi. Questa abilità innata di sentirci a nostro agio, di essere saggi, equilibrati e compassionevoli, si rivela quando rilassiamo l'attenzione della mente dai dati. Quando la mente si rilassa nell'intelligenza aperta, riconosciamo che i dati sono l'energia dinamica dell'intelligenza aperta.

I dati e l'intelligenza aperta possono essere paragonati ad una brezza che soffia nell'aria. La brezza e l'aria sono inseparabili. Entrambi sono aria. Il soffiare della brezza è l'energia dinamica dell'aria. Allo stesso modo l'attività dei dati è l'energia dinamica dell'intelligenza aperta. Come il colore blu è inseparabile dal cielo, i dati sono inseparabili dall'intelligenza aperta. Giungiamo a comprendere che nessun dato ha un'origine indipendente dall'intelligenza aperta.

L'intelligenza aperta è rovente, pura e luminosa. Poiché è rovente, si effonde ed eclissa i dati, tutto in una volta. Poiché è rovente, brucia tutti i dati e i punti di vista. Allo stesso modo, il sole rovente si effonde nello spazio puro, riversando energia raggiante ed eclissando tutto in una volta - puro, rovente, eclissante, beneficio puro che brucia spontaneamente ogni momento.

Può sembrarci incredibile che, quando cerchiamo la mente, l'unica cosa che possiamo affermare con certezza come esperienza diretta della mente è che siamo consapevoli dei dati. Quando esaminiamo la mente in questo modo, scopriamo che l'intelligenza aperta è l'unica costante in tutti i dati, incluso quello della mente. Ogni apparenza nella mente è chiara e distinta, e nonostante ciò non è possibile trovare altra origine o sostanza se non intelligenza aperta. Osservando la mente in questo modo scopriamo che anziché esserci una mente che contiene le percezioni, la mente non è altro che la stessa intelligenza aperta che include tutti i dati.

Tutto ciò che appare nell'intelligenza aperta è come un miraggio o un ologramma, vivido in se stesso, ma senza un'origine al di fuori dell'intelligenza aperta. Vi sono due aspetti dei dati: uno è la loro descrizione o etichetta, e l'altro è l'aspetto infinitamente vuoto, sempre presente e rilassato, implicito in questa viva intelligenza che è alla base di tutto. Se non capiamo questi due aspetti, daremo molta più importanza ai dati di quanta ne abbiano veramente.

Quando il nostro complesso di credenze e supposizioni sulla mente entra in gioco, dividiamo i dati in categorie: positivi, negativi, e neutri. Siamo costantemente impegnati nel tentativo di migliorare i nostri pensieri, emozioni, parole e azioni, per farli diventare positivi anziché negativi. Crediamo che essere una persona buona derivi dallo sforzo di convertire i nostri dati in quelli considerati "buoni" dalla maggior parte della gente.

Vale certamente la pena essere una persona buona e gentile, ma il vero fondamento della suprema bontà negli esseri umani, è un'innata qualità di saggezza della mente: l'intelligenza aperta. "Innata" vuol dire che non richiede pensiero o alcun altro sforzo; è già naturalmente presente in noi. Scopriamo che saggezza suprema e mezzi eccelsi sono già presenti nell'intelligenza aperta. Inizialmente può risultare difficile da capire, ma la comprensione arriva con la crescente fiducia nell'esperienza diretta dell'intelligenza aperta.

Abbiamo appreso i dati dalle altre persone dal momento in cui siamo nati e la tendenza è stata quella di far collassare le nostre percezioni di persone e circostanze in questi dati. Questo collasso accade così in fretta che difficilmente riusciamo a vedere che cosa sta accadendo. Quasi immediatamente, ma certamente col passare del tempo, i dati che crediamo essere veri diventano l'intero focus della nostra attenzione; diventano la realtà che crediamo di conoscere. Essi limitano ciò che è possibile nella nostra vita, derubandoci del riconoscimento permanente di felicità, gioia, piacere, amicizia, creatività, produttività, cooperazione, ed efficacia.

Tutti i dati esistono in relazione all'intelligenza aperta allo stesso modo in cui i miraggi o gli ologrammi esistono in relazione allo spazio. Anche se un miraggio o un ologramma può sembrarci assolutamente vero, e apparire vivido e distinto, esso non ha alcuna natura che sia indipendente dalla sua fonte nello spazio. Allo stesso modo, anche se i dati possono sembrare molto reali, essi non hanno natura o potere proprio che sia indipendente dall'intelligenza aperta. Affinché l'intelligenza aperta diventi completamente evidente, dobbiamo impegnarci a vedere i dati così come sono, privi di una natura indipendente.

L'intelligenza aperta contiene tutti i dati. Così come i colori sono inseparabili da un arcobaleno, i dati sono inseparabili dall'intelligenza aperta. Quando sorgono i dati, lasciamoli stare e non aggrappiamoci ad essi! Sono come un uccello in volo che svanisce senza lasciare traccia e, allo stesso modo, ogni dato svanisce senza alcun effetto. Non cerchiamo di prolungare un dato inseguendolo, evitandolo o sostituendolo con un altro. La traccia futura di un uccello non esiste ancora, perciò non è necessario anticipare il prossimo dato. Così come la scia presente di un uccello è inseparabile dal cielo aperto, allo stesso modo il dato attuale ha una presenza naturalmente aperta che è inseparabile dall'intelligenza aperta. Lasciamo il dato in pace ed evitiamo di cambiarlo in alcun modo.

Nel momento in cui i dati appaiono, ci affidiamo all'intelligenza aperta! Questa è la pratica essenziale durante le attività della giornata. Se non perseguiamo i dati e non sviluppiamo una storia al loro riguardo, essi si liberano naturalmente nell'intelligenza aperta.

Ora, esaminiamo la scelta più importante che possiamo fare in ogni momento della nostra vita: la scelta di come usare l'intelligenza aperta. Se scegliamo di usare la nostra intelligenza aperta per descrivere ogni cosa, ci perdiamo nelle descrizioni, e veniamo a trovarci su una montagna russa di pensieri, emozioni ed altre esperienze. Se invece scegliamo di lasciare che l'intelligenza aperta rimanga presente così com'è per brevi istanti, godremo progressivamente di una sempre maggiore energia tranquillizzante e di una visione equilibrata. Detto in forma semplice, affidarci all'intelligenza aperta vuol dire riconoscerla, mentre, essere costantemente distratti dai dati, vuol dire non riconoscerla.

Nel nostro viaggio comune, coltivare l'intelligenza aperta è detto "affidarci all'intelligenza aperta", "riposare come intelligenza aperta" o "potenziare l'intelligenza aperta". Affidarci all'intelligenza aperta è coltivare molti momenti di intelligenza aperta, molte volte, finché diventa automatico e permanente. Quando interrompiamo il flusso continuo di pensieri sui dati e semplicemente riposiamo come intelligenza aperta, sperimentiamo una saggezza poderosa. Comprendiamo che tutti i dati hanno la loro origine nell'intelligenza aperta e che non è possibile trovare alcun dato che abbia un'esistenza propria.

Riposare nell'intelligenza aperta è la cosa migliore, perché sperimentiamo direttamente la libertà dalle preoccupazioni e dalle ansietà. Riusciamo con facilità ad essere di beneficio a noi stessi, alla nostra famiglia, alla comunità e al mondo. Quando ci affidiamo naturalmente all'intelligenza aperta, entriamo in contatto con i nostri punti di forza, i nostri doni e talenti innati, e li diamo come contributo a beneficio di tutti.

Affidarci all'intelligenza aperta o no: questo è il dilemma!

Ecco un suggerimento molto pratico: nell'istante stesso in cui i dati si formano, lasciamo che la nostra intelligenza aperta rimanga aperta e permettiamo che la nostra percezione sia ampia e serena. Questa è l'intelligenza aperta; la visuale senza un punto da cui vedere. Grazie al semplice potere di affidarci all'intelligenza aperta, l'esperienza diviene sempre più evidente e i dati svaniscono naturalmente.

A causa della lunga abitudine a non riconoscere l'intelligenza aperta, inizialmente, i brevi istanti possono non durare a lungo. In altre parole, il breve momento di intelligenza aperta potrebbe svanire quasi subito. Potrebbe cioè mancare la stabilità. E' per questo motivo che è importante riposare per brevi istanti, ripetuti molte volte, finché diventa automatico. Piuttosto che sedersi per lunghi periodi poche volte al giorno, è meglio riposare come intelligenza aperta per brevi istanti durante tutta la giornata, ripetuti più e più volte.

Ripetendo il riconoscimento dell'intelligenza aperta, cominciamo ad abituarci ad essa. "Molte volte", vuol dire che abbiamo bisogno di acquisire sempre maggior fiducia nell'intelligenza aperta ordinaria. Questo è il punto chiave per imparare a riposare come intelligenza aperta per brevi momenti, ripetuti molte volte. Persistendo in questo semplice cambiamento nell'uso della mente, ne vediamo i benefici sin dall'inizio. La prima volta che scegliamo di affidarci all'intelligenza aperta, piuttosto che perderci nei pensieri sui nostri stati mentali, emotivi o fisici, sperimentiamo il potere di completo sollievo che si trova nell'affidarsi al potere dell'intelligenza aperta.

Non importa quale dato appaia. Nell'istante stesso in cui ci affidiamo all'intelligenza aperta, è impossibile che non ci sia uno spazio aperto e sereno in cui i flussi di dati svaniscono naturalmente, senza lasciare traccia, come una linea disegnata nell'acqua. In quel momento, nella scia del loro svanire, identifichiamo l'intelligenza aperta, rilassata ed enormemente potente. Quando lasciamo i dati così come sono, grazie al fatto che siamo rilassati nell'intelligenza aperta, la stabilità mentale ed emotiva, le capacità intuitive e le qualità e attività benefiche diventano sempre più evidenti.

Ciò che inizialmente erano solo brevi istanti di intelligenza aperta, cominciano a durare più a lungo. Grazie al semplice potere di affidarci all'intelligenza aperta, la durata aumenta sempre di più fino a permanere un giorno intero, settimane, mesi, anni e poi la vita intera. Il primissimo istante di intelligenza aperta ha già in sé il risultato di pieno sollievo, compassione e completo benessere personale. Riconoscendo ogni giorno di più l'intelligenza aperta, gli stati d'animo che ci disturbano diminuiscono e, in seguito, si risolvono completamente.

Se ci dedichiamo sinceramente ad affidarci all'intelligenza aperta, verrà il momento in cui scopriremo la sua stabilità. Quando sperimenteremo ciò, d'un tratto la vita si rivelerà molto più semplice. Capiremo che questa fantastica intelligenza aperta non era affatto fuori dalla nostra portata. Lasciamo semplicemente che l'intelligenza aperta si sostenga da sé. Quando diventerà totalmente facile riconoscere l'intelligenza aperta in tutte le attività della giornata, avremo la completa fiducia nell'intelligenza aperta e ci staremo avvicinando al momento in cui essa rimane stabile.

Affidarsi all'intelligenza aperta per brevi istanti, ripetuti molte volte, finché diventa automatico, vuol dire ritornare brevemente all'intelligenza aperta per più e più volte, perché è proprio questa non distrazione che ci conduce alla completa saggezza, all'amore e ad una in   credibile energia benefica.

Se ci affidiamo a questo semplice cambio nell'uso della mente che si trova nel riposare come intelligenza aperta, avremo modo di provare a noi stessi che il suo potere è senza limiti. E' l'abilità primaria di cui abbiamo bisogno nella vita per assicurarci benessere in ogni situazione.

Quando il sole sorge al mattino, non abbiamo bisogno di aspettare che diventi caldo e brillante. E' vero che il sole di mezzogiorno è più forte del sole del mattino, ma tutte le sue qualità di calore e illuminazione sono già presenti dal primo momento, anche se possono non essere completamente apparenti. Nel riposare come intelligenza aperta accade la stessa cosa: il suo potere di saggezza è già naturalmente presente dal primo momento. Ciò che è essenziale è mantenere l'intelligenza aperta per realizzarne la stabilità.

E' di cruciale importanza comprendere che l'intelligenza aperta ha già in sé tutte le qualità perfette. Grazie al potere unico del riposare come intelligenza aperta, tutti i difetti si esauriscono e tutte le qualità si perfezionano in modo naturale.

Poiché il non riconoscimento dell'intelligenza aperta è momentaneo, attraverso il semplice potere di affidarsi all'intelligenza aperta, può essere messo in luce e chiarito completamente. Dopodiché, saggezza e abilità di vivere la vita diventano evidenti in ogni momento. Capire tutto ciò è molto importante. Semplicemente manteniamo l'intelligenza aperta. Proseguiamo mantenendo momenti di intelligenza aperta, aperti e spaziosi come il cielo, finché l'intelligenza aperta non è completamente evidente tutto il tempo.

Ora, vorrei condividere con voi alcuni dettagli sul sistema di supporto mondiale che è disponibile per chiunque voglia acquisire fiducia nell'intelligenza aperta. Balanced View è un movimento globale di persone che offrono supporto per affidarsi all' intelligenza aperta 24 ore su 24, 7 giorni su 7. Questo supporto è offerto personalmente, via email, telefono e sul sito internet. Non siamo soli. Quando acquisiamo fiducia nei Quattro Supporti di Balanced View: 1) affidarsi all'intelligenza aperta 2) il trainer 3) il training e 4) la comunità globale che si affida all'intelligenza aperta, possiamo essere certi che sperimenteremo sempre di più l'energia rilassante dell'intelligenza aperta e non ci faremo mai più illudere dalle apparenze dei flussi di dati, né in vita, né al momento della morte.

Bene, ecco fatto! Abbiamo imparato il linguaggio che useremo in questo viaggio e siamo pronti a partire!

SIATE GENTILI CON VOI STESSI

CAPITOLO DUE

"L'essenza del vostro essere non ha bisogno di nulla che la sostenga – semplicemente è, quindi rilassatevi e godetene appieno! E, vi prego, non siate più duri con voi stessi. Ve lo chiedo davvero con il cuore."

La maggior parte di noi trascorre la vita intera come se fosse a giudizio dei flussi di dati. E' come se fossimo seduti al banco dei testimoni e fossimo anche il procuratore, la difesa, il giudice e la giuria, tutto in una volta! Ma non è necessario interrogarci continuamente su tutto ciò che abbiamo detto o fatto. Abbiamo imparato col passar del tempo a focalizzare l'attenzione sui flussi di dati e ad identificarci con essi, ma così facendo ci siamo messi in prigione. Non è comunque il caso di preoccuparci. Siamo sempre stati completamente assolti, perché nessuno di quei dati per i quali ci siamo messi in discussione ha una natura indipendente. Semplicemente affidandoci all'intelligenza aperta per brevi istanti, ripetuti molte volte, ciò diventa ovvio.

La verità è che non dobbiamo cambiare nulla. Ci sono persone in prigione nel braccio della morte che si stanno affidando all'intelligenza aperta e sono riuscite a rappacificarsi completamente con tutto ciò che è accaduto nella loro vita. Hanno trovato il modo di vivere una vita di completa libertà e stabilità all'interno di quel monastero che chiamiamo prigione. Se crediamo che i nostri pensieri, emozioni, esperienze e circostanze debbano essere cambiati per realizzare chi siamo, o se crediamo che le proiezioni della nostra mente debbano essere cambiate, allora siamo come incatenati. Non è necessario cambiare nulla. Lo stato naturale, l'agio del nostro essere, è già garantito per tutti.

E' esattamente permettendo che le cose siano così come sono, che ci apriamo a una profonda saggezza che prima ci era sconosciuta. Questa saggezza ha una potente capacità di risposta in tutte le situazioni. E' la saggezza di una visione equilibrata che non dipende da alcuno schema descrittivo.

Vi invito a porre completamente fine alla dipendenza che abbiamo dal descrivere ogni cosa che accade. Quando insistiamo nel descrivere noi stessi e gli altri, iniziamo una guerra automatica dentro di noi. Facendo ciò, giudichiamo alcune delle nostre apparenze come positive e altre come negative, e diventiamo come dei robot che classificano i pensieri: "Questi sono positivi, questi negativi; devo averne più di positivi e devo liberarmi di quelli negativi. Devo mostrare agli altri quelli positivi, così che sarò accettato e poi forse anch'io potrò credere di essere accettabile". Al di là di tutti gli estremi, al di là delle descrizioni di positivo e negativo, c'è la saggezza. La saggezza non ha bisogno di nulla per essere buona; è già interamente positiva in sé e per sé stessa.

Fermiamoci completamente e arricchiamo noi stessi e il mondo con l'intelligenza aperta che è alla base di tutto. Nessuno ha bisogno di alcuna descrizione per essere. L'Essere semplicemente è, indipendentemente da qualsiasi etichetta. La sola essenza di ogni descrizione è la sempre impeccabile intelligenza aperta, quindi perché non osservare tutto dalla visione dell'intelligenza aperta, piuttosto che attraverso la nebbia delle descrizioni? L'essenza del vostro essere non ha bisogno di nulla che la sostenga – semplicemente è -, quindi rilassatevi e godetene appieno! E, vi prego, non siate più duri con voi stessi. Ve lo chiedo davvero con il cuore.

Tutti possiamo avere pensieri quali: "Oh, riuscirò mai a essere felice? Riuscirò mai a superare le situazioni che mi affliggono? Riuscirò mai a dimenticare le cose che mi hanno fatto gli altri?". Sappiate che è possibile rimanere stabili nell'intelligenza aperta, qualunque cosa ci appaia. Non accettate mai descrizioni su nessuna cosa. Attenersi a idee quali: "E' così che è sempre stato ed è così che sempre sarà", è assolutamente limitante. Quando ci rilassiamo nell'agio naturale dell'essere, scopriamo che ogni singolo istante è l'istante supremo di spaziosità totale, che non ha mai conosciuto limite alcuno. E' completamente puro, interamente rilassato e pieno di un'energia che va ben oltre qualsiasi cosa possa mai essere creata dai dati.

Mantenendo l'intelligenza aperta, scopriamo che è possibile vivere in modo felice e amichevole, avendo cura di noi stessi e degli altri. Non ci critichiamo, né ci sgridiamo più per i nostri pensieri ed emozioni e, quando non lo facciamo più con noi stessi, non lo facciamo più neanche con gli altri. Anche se qualcuno fa delle cose orribili, quando le vediamo, riconosciamo anzitutto che ha agito in base ai suoi dati, proprio come abbiamo fatto noi nella nostra vita. Capiamo che se avessimo avuto i suoi stessi dati ci saremmo comportati esattamente come lui.

Se nelle nostre relazioni scegliamo di urlare, inveire contro di loro, farli vergognare e sentire in colpa, beh, è un modo di affrontare le cose, ma non è l'unico. Quando siamo profondamente a nostro agio, scopriamo un'immensa forza e potere in noi che ci permette di agire liberi da quei modi di esprimerci, che derivano dai flussi di dati. Sono azioni penetranti e incisive che tagliano attraverso tutto. Chi può dire quali saranno le nostre azioni? Potrebbe essere una parola gentile, o un piccolo gesto di cura, o una semplice espressione di amore, o potrebbe essere la risoluzione del problema della fame nel mondo, o di distribuire acqua pulita a tutti.

Qualunque cosa sia, sarà fatta con una chiarezza precisa, completamente libera da giudizi e flussi di dati limitanti. Le emozioni continueranno a fare ciò che fanno, ma non saranno l'origine del nostro agire; la saggezza sarà l'origine. Tutto ciò accade in modo naturale e spontaneo, senza espedienti o artificiosità. Quando cominciamo ad agire come agisce la natura, cominciamo a vedere l'ordine naturale delle cose e riusciamo a vivere, e ad avere risposte appropriate alla nostra vita e a quella degli altri.

Vi chiedo ancora una volta di essere gentili con voi stessi e con gli altri. Quando vediamo le altre persone in questo modo gentile, riusciamo a capire come pensano, perché siamo riusciti a comprendere la nostra mente. Questo, significa forse che non faremo niente se qualcuno ferisce o uccide un'altra persona e gli lasceremo fare tutto quello che vuole? No, non significa affatto questo. L'intelligenza aperta va oltre tutte le negatività grazie alla visione equilibrata della saggezza. Ciò significa che la nostra relazione primaria con gli altri proviene dalla natura in sé perfetta dell'intelligenza aperta, perché affidandoci all'intelligenza aperta, abbiamo capito di essere parte dell'ordine naturale di tutto. Capire questo non richiede alcuno sforzo. Tutto è completamente a proprio agio, qualunque cosa sia.

Quando l'agio del nostro essere ci appare sempre più ovvio, allora capiamo veramente cosa è l'amore. L'agio e l'amore sono uguali e sinonimi. L'amore è la nostra vera natura. E' la nostra natura amare gli altri e noi stessi senza escludere niente. Non è necessario manipolare, cambiare o portare alcuna cosa ad un altro livello. Alla maggior parte di noi è stato insegnato che dobbiamo migliorarci continuamente e lavorare duro, perché siamo fondamentalmente sbagliati. Queste sono cose che anch'io ho imparato, ma finalmente ho capito che non è assolutamente vero: l'intelligenza aperta è sempre stata impeccabile, e che brevi momenti di intelligenza aperta, ripetuti molte volte, diventano automatici.

L'originale purezza di tutto sostituisce tutte le idee. Nessuno è macchiato né dal peccato originale né dal karma. Tornate al fondamento del vostro essere per un attimo - al completo agio, che è lo spazio fondamentale di ogni pensiero, emozione ed esperienza - e capirete che tutte quelle idee sul peccato originale e sul karma non possono toccare la vostra natura fondamentale, né hanno mai potuto. La pura intelligenza di tutto, esattamente com'è, è assolutamente pura, come lo spazio. Riposate in questo e la vostra intelligenza sarà penetrante, totalmente positiva e incredibilmente benefica.

Quando diamo sostanza a noi stessi come identità personale e non abbiamo familiarità con l'autentica fonte dell'essere nella intelligenza aperta, si creano tensioni e grande sconforto. Se diamo sostanza a noi stessi e agli altri, siamo in guerra interiormente, e la creiamo con gli altri. Non ci sarà mai pace nel mondo finché non ci sarà pace dentro di noi. Come esseri umani, potremo esprimere la pace soltanto quando sceglieremo di essere in pace con tutte le nostre apparenze mentali ed emotive e di farla finita con questa guerra interiore. Certo, sarebbe meraviglioso e tutti noi lo vogliamo, ma da dove inizia? La pace non può essere realizzata con la diplomazia fra le nazioni o attraverso ideologie politiche. La pace inizia dall'individuo che dice: "Questo è ciò che sono veramente, e mi assumo le mie responsabilità di vivere così, di trovare la mia pace interiore affidandomi all'intelligenza aperta, e di esprimere questa pace ogni giorno".

Vi garantisco che da questa determinazione inizierà qualcosa di meraviglioso. Quando riposiamo come la saggezza, che è alla base di tutto, finisce la guerra dentro di noi e diventiamo naturalmente compassionevoli verso gli altri, senza dover coltivare la compassione, ma lasciandola fluire naturalmente verso tutti. Vediamo sempre più con occhi gentili.

Un altro modo per descrivere il tutto è dire che, quando ci rilassiamo, riposiamo come amore. L'amore è già dentro di noi, è ciò che siamo veramente, e questo ci connette con tutto e con tutti. Nell'amore non esiste separazione, ed è in quest'amore che troviamo un rifugio di completa sicurezza e agio. Sin dagli inizi abbiamo cercato sicurezza, conforto e amore dai nostri cari, dalle nostre case e dalle circostanze esterne, ma non abbiamo mai trovato la sicurezza su cui possiamo contare. Abbiamo continuato a cercarla ovunque, nelle relazioni, nel cibo, nei soldi, nel lavoro e così via, ma ci è sempre sembrata fuori dalla nostra portata. Affidandoci all'intelligenza aperta, scopriamo che la natura del nostro essere è l'assoluta sicurezza e conforto che stavamo sempre cercando. Finché non riposiamo in questa essenza, la vita sarà sempre piena di insicurezze.

Qualunque cosa sia e ovunque la stiamo cercando, essa esiste già dentro di noi. Solo affidandoci all'intelligenza aperta, ripetutamente, ci familiarizziamo con essa, e troviamo la vera sicurezza e il conforto che abbiamo sempre cercato. Non importa dove cerchiamo, finché non riconosciamo questa base fondamentale, che nel riposo è il rifugio di assoluta sicurezza, non ci sentiremo sicuri da nessuna parte.

D: Mi sento così tradito da tante organizzazioni, governi e leader politici, che è difficile per me non urlare di rabbia per le cose che hanno fatto. Mi sembra che quando ci relazioniamo con persone ingiuste e corrotte, l'approccio benevolo e gentile non potrà mai funzionare. Potresti parlare di questo argomento?

R: Tutto ciò in cui crediamo, diventa vero per noi. Possiamo farci limitare molto dai nostri sistemi di credenze e dalle nostre ipotesi sulla vita. Valutiamo il mondo e tutti gli esseri viventi, li dividiamo in cose che ci arrecano beneficio e in cose che ci arrecano danno e ci convinciamo che tutto ciò abbia effetto sui nostri pensieri e sulle nostre emozioni. Secondo queste idee, se un'organizzazione o un governo agisce in un certo modo, quell'azione sembra avere un effetto sui nostri stati mentali ed emotivi. Ci sentiamo pieni di speranza o di paura, a seconda di quello che sta facendo il governo e a seconda del nostro sistema di valori e aspettative su quel governo.

Se abbiamo soltanto un modo di vedere le cose, l'esperienza che vivremo sarà molto frustrante. Saremo in balia di eventi fuori dal nostro controllo. Nello scenario che ho appena descritto, sono i nostri pensieri che hanno creato la nostra esperienza del mondo. Sappiamo che persone diverse, nelle stesse situazioni, hanno una grande varietà di risposte che dipendono dai loro pensieri e dalle loro emozioni. Una persona può trovarsi in un campo di concentramento e sentirsi impaurita, sopraffatta e incapace di far fronte alla situazione, mentre un'altra persona nelle stesse circostanze può sviluppare grande compassione ed essere di grande beneficio per tutti. La prima persona vedrà la situazione come orribile e totalmente dannosa, mentre la seconda riuscirà a vederne l'aspetto benefico.

Supponiamo che due persone abbiano grandi ricchezze. Uno dei due potrebbe diventare paranoico e ritirarsi dal mondo, e cercare di accumulare e proteggere quello che ha già. L'altro, nella stessa situazione, potrebbe essere felice e cercare di usare la sua ricchezza per essere di beneficio agli altri. Queste diverse reazioni si basano su pensieri ed emozioni che formano ciò che la maggior parte delle persone pensa essere la propria mente.

Quando vediamo le cose attraverso questo filtro limitante di pensieri ed emozioni, è come guardare in un telescopio a bassa risoluzione che vede in modo sfocato solo una piccola parte del cielo. Mentre, con un telescopio più potente, guardando la stessa zona, possiamo vedere l'intero panorama con molta chiarezza. Oggi, anziché premiare l'abilità di descrivere, spiegare e sperimentare (il telescopio a basso potere) cominciamo a vedere l'avvento di persone che sono più interessate a familiarizzarsi con il fondamento di tutto. Sono molto più interessate a vedere le cose tramite il più potente telescopio dell'intelligenza aperta, invece di spiegare, descrivere e categorizzare le cose soltanto. Questo è un passo radicale e rivoluzionario per l'intera umanità.

Quando parliamo di tutte queste cose: la vita, essere, spiegare, descrivere e sperimentare, che cos'è che è consapevole di queste cose? Ciò che è consapevole, è lo spazio fondamentale di tutto, consapevole di tutti i dati, di tutti i sistemi di credenze e presupposti, e nonostante ciò, non è toccato minimamente da questi. Questo è ciò che deve essere conosciuto e vissuto, invece di rimanere intrappolati in pensieri ed emozioni.

D: Alla fine mi sembra che non ci sia niente che io possa fare per la paura che spesso sento, perché appare quando vuole.

R: La paura non ha alcun potere di confonderci, non avendo una natura indipendente. In realtà non è altro che intelligenza aperta. E' come una stella che cade nel cielo aperto, senza lasciare traccia. Se elaboriamo questa paura e le diamo potere, allora avrà potere. Se non ci rilassiamo e invece cerchiamo di applicare un antidoto alla paura, ciò le darà ancora più potere. Se invece riposiamo quando appare la paura, essa svanirà da sola: ecco come capiamo che non ha alcun potere reale. La paura, in realtà, non è nulla. Uno dei segni della realizzazione dell'intelligenza aperta è il coraggio. Ciò non vuol dire che la paura non appare più nell'intelligenza aperta, vuol dire che quando la paura o qualsiasi altra cosa appaia, non abbiamo paura di essa. La paura e il coraggio non sono due cose distinte.

D: Vedo sempre di più come una delle principali difficoltà nella vita delle persone sia un altro tipo di paura: la paura di essere rifiutati; sembra apparire molto intensamente, vorrei sapere se si può risolvere affidandosi all'intelligenza aperta.

R: Quando ci vediamo come un'identità personale, ci diamo sostanza con i nostri dati, così che pensiamo di essere qualcosa di solido e stabile. Immaginiamo di essere un individuo definito dai nostri dati. Quando immaginiamo di essere qualcuno, cominciamo a vedere gli altri in relazione a noi. Una volta che quella struttura si è formata, cominciamo ad aver paura che gli altri rifiutino i nostri dati, perché crediamo di essere quei dati. Direi che questa è una cosa comune a quasi tutti. Abbiamo paura che i dati degli altri siano diversi dai nostri e che quindi ci respingano. Naturalmente non troveremo mai qualcuno che abbia esattamente gli stessi dati che abbiamo noi.

Gli esseri umani sono animali da branco, quindi essere esclusi è il rifiuto peggiore. Finché pensiamo di essere qualcuno, avremo questo tipo di paura, ma non è cosa di cui preoccuparsi. Quando appare, riposiamo come intelligenza aperta, e tutto ciò che avremo bisogno di sapere, lo sapremo. La paura di essere rifiutati è sicuramente qualcosa che è necessario superare. E' molto doloroso sperare continuamente di non essere rifiutati e avere paura di esserlo, e sperare di essere accettati dal gruppo e avere paura che non lo saremo.

Quello che stiamo sperando è che il liceo non accada mai più! Non vogliamo mai più rivivere quel rifiuto che sentivamo da altri adolescenti fuori controllo, con i loro gruppetti ai quali non potevamo appartenere, o rivivere tutte le cose crudeli che ci dicevano. E' un periodo della vita molto doloroso, e speriamo sempre che non accada mai più, ma abbiamo sempre inconsciamente paura che si ripeta. Questo fa parte del meccanismo del credere di essere i nostri dati e credere che anche gli altri lo siano.

L'atto di accettare o rifiutare le persone è un comportamento assolutamente dualistico. Gli esseri umani hanno creato molte istituzioni chiuse, dove si continuano a creare situazioni di paura. Non importa a che tipo di organizzazione ci uniamo, c'è sempre nel sottofondo la paura che, se non ci comportiamo come vogliono loro, possiamo essere buttati fuori. E' impossibile per le persone che stanno vivendo consapevolmente continuare con questo tipo di istituzioni. Gli esseri umani sono assolutamente capaci di formare istituzioni in cui tutte le persone sono benvenute a vita. Questi tipi di istituzioni sono puramente democratiche, non gerarchiche e richiedono poche regole. Le regole servono per l'unità del gruppo e per la realizzazione del suo intento. In queste organizzazioni, invece di esserci regole restrittive, viene incoraggiato il supporto reciproco e il successo di tutti. Questo è ciò che stiamo facendo a Balanced View.

Se mi preoccupassi di non essere accettata, non potrei mai fare questi discorsi, perché ci sono tantissime opinioni su di me e su ciò che ha da dire il training di Balanced View. Ma l'intelligenza aperta è oltre qualsiasi attaccamento convenzionale. Non penso mai a cose personali come essere accettati o no da altre persone o istituzioni. Esistono soltanto passione ed entusiasmo per coltivare un mondo in cui vi è beneficio immediato per tutti, tramite il potere della fiducia nell'intelligenza aperta. Ricordate, brevi istanti di intelligenza aperta, ripetuti molte volte, diventano continui.

OBBEDIENZA ALL'INCOERCIBILE

CAPITOLO TRE

"L'obbedienza all'incoercibile è nell'intelligenza aperta. E' agire secondo la non-azione della saggezza senza sforzo che è unicamente a beneficio di tutti, in ogni modo concepibile."

Non è necessario fare nulla per essere consapevoli e saggi. Godetevi l'agio del vostro essere così com'è, senza bisogno di fare o cambiare niente. In qualunque modo stiate vivendo la vostra vita e qualunque siano le vostre circostanze, sono le circostanze perfette per acquisire fiducia nell'intelligenza aperta. Qualunque siano le vostre percezioni sulla vostra situazione, tale situazione è indivisibile dall'intelligenza aperta. Tutto è conosciuto direttamente e con chiarezza nell'intelligenza aperta che è alla base di tutto.

La percezione che chiamiamo "Io", è un dato inseparabile dalla intelligenza aperta, proprio come l'apparenza di qualsiasi altra cosa è un dato inseparabile dall'intelligenza aperta. Non esiste alcuna entità o potere che possa allontanarci dall'intelligenza aperta. Non è assolutamente vero che ci possa essere alcun ostacolo fra noi e l'intelligenza aperta.

Per favore non preoccupatevi di tutti quei concetti e modi complicati di fare le cose che avete imparato obbedendo a qualche filosofia. Se proprio volete obbedire, obbedite all'incoercibile! Obbedire all'incoercibile: questa è la suprema ed ultima obbedienza ed è l'unica vera obbedienza. Altrimenti, c'è obbedienza al tentativo di cambiare e riaggiustare i nostri pensieri, le nostre emozioni e le nostre esperienze. Quando passiamo la nostra vita cercando di sistemare ogni cosa per essere felici, è come cercare di completare un puzzle da un miliardo di pezzi di un cielo senza nuvole. In altre parole è inutile, sarà un processo estenuante e frustrante, e non porterà ad alcun risultato.

Ora, per molti di noi, ciò che abbiamo praticato è l'obbedienza al coercibile, cioè al presupposto che i nostri pensieri, le nostre emozioni e le nostre esperienze abbiano il potere di costringerci a sentire in un modo o nell'altro. Obbedire al coercibile vuol dire che obbediamo ai nostri pensieri ed emozioni, secondo le loro descrizioni. Vi darò un esempio personale di ciò: mi fu detto che il mio nome era Candice e che ero una bambina, così cominciai a praticare obbedienza a quel nome e a quel sesso. Poi, col tempo, altre caratteristiche e qualità furono aggiunte per descrivermi, e tali descrizioni diventarono anch'esse parte del mio sistema di credenze. Sono nata in una famiglia cattolica, quindi cominciai a praticare obbedienza all'idea di essere cattolica e all'idea che esista un Dio e che bisogna aver timore di lui. Imparai che questo essere assoluto teneva i conti e aveva una lista dei miei attributi buoni e cattivi. Certo, nella mia mente la lista degli attributi cattivi era molto più lunga, poiché non riuscivo mai a liberarmi dalla parte negativa che sembrava esserci sempre!

Imparai anche l'obbedienza ad altre cose, come l'essere di una particolare razza ed essere americana, ad avere un certo tipo d'intelligenza e temperamento emotivo. Con il passare del tempo si aggiunsero sempre più credenze: ideologie politiche, psicologiche, filosofiche e molte altre. Praticai l'obbedienza a tali idee con molto fervore fino a quasi trent'anni. A quel punto mi guardai intorno e semplicemente non sapevo più in che direzione andare. Avevo accumulato un sistema talmente complesso di credenze nel creare la mia identità, che non capivo più niente.

Alla fine incontrai una situazione nella mia vita in cui le cose andarono in un modo che non avevo assolutamente previsto e non sapevo cosa fare. L'obbedienza a quel sistema complesso di credenze non mi aiutò in alcun modo. Non trovai nulla in quei dati che mi fosse di sostegno o di aiuto. Esaminavo un dato e non mi era di alcun aiuto, ne guardavo un altro e neppure quello mi era di aiuto. Oltre al mio sistema di credenze, avevo aggiunto alcuni altri antidoti che mi portavano un po' di sollievo. Bevevo, fumavo marijuana, socializzavo o m'immergevo nel lavoro, ma neanche queste cose mi aiutavano. Non importava dove cercassi sollievo, a quel punto della mia vita nessuno degli antidoti che avevano funzionato precedentemente mi dava alcun conforto.

Quando compresi che non potevo trovare sollievo in nessuna delle mie credenze, crollai. All'improvviso la mia vita mi sembrò completamente deprimente e non riuscivo a vedere alcuna speranza di miglioramento negli anni a venire. Entrai in uno stato di totale disperazione, ma in quello stato di completa disperazione, compresi che tutte le intense emozioni e gli stati che mi disturbavano avevano una stessa base fondamentale che non era influenzata da quelle emozioni. A quel tempo non avevo alcun concetto per descrivere ciò che stava accadendo, ma sapevo che quando riposavo la mia mente, per brevi istanti ripetuti molte volte, sentivo un totale sollievo. Quando emergeva qualche apparenza che mi disturbava, semplicemente mi affidavo all'intelligenza aperta che è la base fondamentale da cui era apparsa. Col tempo l'affidarmi all'intelligenza aperta diventò sempre più continuo, finché divenne permanente in ogni momento, senza alcuna separazione tra ciò che appariva e l'intelligenza aperta in cui era apparso.

Tutti coloro che hanno familiarizzato con l'intelligenza aperta qui descritta, hanno affermato la stessa cosa e cioè che l'intelligenza aperta semplicemente è. Essa non è generata da nulla, non è prodotta da nulla, non è mai nata, è indescrivibile, e, nonostante ciò, è naturalmente presente. Questo riconoscimento porta con sé la vera umiltà dell'obbedienza all'incoercibile, l'obbedienza all'intelligenza aperta che vive nel cuore di tutti. Questa non è una qualche filosofia nichilista, secondo la quale ogni cosa viene dal nulla e non porta a niente e quindi possiamo fare tutto ciò che vogliamo. Non è affatto così. Dobbiamo agire come se la nostra condotta fosse davanti al giudice supremo dell'intelligenza aperta.

Ciò è molto importante. "Agire come se si fosse davanti al giudice più nobile", è un altro modo di esprimere obbedienza all'incoercibile. Le apparenze sono tutte eque, ma ciò non vuol dire che agiamo soltanto secondo le apparenze; agiamo in accordo con il principio implicito di unità. Agiamo secondo la non-azione, dalla saggezza senza sforzo, che è totalmente per il beneficio di tutto.

D: *Stai dicendo che il nostro comportamento dovrebbe essere come se noi fossimo davanti al giudice più nobile, ma io so molto bene che spesso nel passato non ho agito così. Alla luce di ciò che hai appena detto, qual è il modo migliore per riparare il danno che ho causato agli altri?*

R: Se ci sentiamo in colpa per i danni che abbiamo causato, allora affidandoci all'intelligenza aperta possiamo fare dei cambiamenti molto potenti. Invece di addentrarci in tutte quelle storie di sensi di colpa e di biasimo personale, ci affidiamo all'intelligenza aperta. Se abbiamo ferito altre persone, non riusciremo a capire che cosa possiamo fare per riparare il danno a meno che, non ci affidiamo all'intelligenza aperta.

Ci sono un paio di buoni metodi per fare ammenda alle persone che abbiamo danneggiato con le nostre azioni. Per prima cosa possiamo dire a noi stessi: "Mi dispiace sinceramente di aver fatto questo", perché nel dirlo riconosciamo il danno che abbiamo causato e confidiamo di non ripeterlo più. Poi, un'azione semplice e diretta che possiamo fare è di dire alla persona coinvolta: "Sono spiaciuto che ciò sia avvenuto, e ti prometto che non accadrà mai più". E' possibile che molte volte nel passato abbiamo chiesto scusa, ma che poi abbiamo continuato a fare le stesse cose. Ad esempio, possiamo essere stati molto spesso in ritardo, e ogni volta che ciò è avvenuto possiamo aver chiesto scusa, e poi aver continuato ad arrivare tardi! Invece di proseguire con questi comportamenti di cui dobbiamo continuamente scusarci, dobbiamo fare un cambiamento definitivo: quando abbiamo un appuntamento per una certa ora, cerchiamo di arrivare esattamente a quell'ora oppure un po' prima.

Il cambiamento che intendiamo fare potrebbe necessitare di molto impegno. Se prendiamo le cose con serietà, possiamo dire: "Prometto di non farlo mai più, neanche se fosse in pericolo la mia vita". Perché non lo faremo mai più? Perché affidandoci all'intelligenza aperta, automaticamente vogliamo essere di beneficio a noi stessi e agli altri. Questa è la nostra promessa: affidarci all'intelligenza aperta e ottenere completa maestria sul dato specifico che ha ferito gli altri. Poi, quando parliamo all'altra persona, possiamo farlo dopo aver esaminato la questione in maniera molto approfondita, e possiamo dire con assoluta sincerità di essere dispiaciuti per ciò che è avvenuto e promettere che non accadrà mai più. Abbiamo già deciso dentro di noi che non accadrà mai più, quindi possiamo garantire ciò con piena fiducia. E' un metodo veramente molto potente.

Affidarsi all'intelligenza aperta vuol dire essere completamente relazionali. Non esiste nulla da difendere o proteggere, per questo tali risposte avvengono in modo naturale. Riusciamo facilmente ad andare avanti con il nostro impegno senza bisogno di lottare con le cose. Quando impariamo come fare dei cambiamenti diretti, non abbiamo più bisogno di sprecare tempo con questioni di colpa o biasimo.

D: Sono un po' in difficoltà con dei comportamenti negativi che provengono da come ero in passato. Vedo che qualche volta continuo ad agire in modo poco appropriato e faccio delle cose che si rivelano dannose per me e per gli altri.

R: Quando iniziamo ad affidarci all'intelligenza aperta, questo tipo di condotta un po' grezza gradualmente inizia a svanire e gli spigoli nel nostro modo di fare si ammorbidiscono, ma il progresso di solito è graduale. Una delle illustrazioni che è stata usata tradizionalmente è quella della ruota del vasaio. Se state formando un vaso con la creta, dovete premere un pedale col piede per far girare la ruota e, anche dopo aver smesso di premere, la ruota continua a girare per un po' prima di fermarsi definitivamente.

Rimanete semplicemente a riposo come intelligenza aperta per brevi istanti, ripetuti molte volte, e permettete che tutto sia esattamente così com'è. Riempitevi di gioia e gratitudine per aver avuto la possibilità di scegliere di rilassare le vostre percezioni. Affidarsi all'intelligenza aperta è un sollievo ed è un dono incredibile per la vostra vita. E' come trovare un tesoro nascosto in casa vostra! Immaginate di avere avuto un enorme cumulo d'oro e di non essere mai stati capaci di riconoscerlo perché non sapevate che cosa fosse. Pensavate di essere poveri ma all'improvviso, quando riconoscete l'oro, capite ed esclamate: "Evviva, sono ricchissimo!". Il tesoro dell'intelligenza aperta non è mai stato in nessun altro posto, è sempre stato qui, completamente presente in ogni apparenza.

D: Sensi di colpa e di biasimo per le cose che sono successe sono molto presenti nella mia vita. Potresti dire qualcosa al riguardo?

R: Adesso facciamo un piccolo sondaggio sulla sofferenza: a quante delle persone qui presenti è capitato di sentirsi in colpa? (Tutte le persone del pubblico alzano la mano) Quante persone hanno dato la colpa a se stessi o agli altri? (Tutte le mani si alzano). Ok, come puoi vedere, siamo tutti nella stessa barca! Non è bello sapere di non essere l'unico? Quando siamo immersi nella nostra sofferenza, ci sembra di essere gli unici a sentirci in colpa o ad aver incolpato gli altri. E' importante riunirci e riconoscere quante cose abbiamo in comune.

Possiamo soffrire tantissimo per i sensi di colpa che proviamo. A volte ci sentiamo addirittura in colpa per cose che gli altri hanno fatto a noi, e ci portiamo dietro questi sensi di colpa incredibilmente dolorosi per tutta la vita. Pensiamo di aver fatto qualcosa di veramente terribile per meritarci ciò che gli altri ci hanno fatto. L'idea di essere responsabili del male che qualcuno ci ha fatto è fonte di un grande senso di colpa nascosto per tante persone.

Che cosa possiamo fare quando iniziamo a vedere tutti questi dati? Possiamo affidarci all'intelligenza aperta, senza elaborare i dati. Può essere che ci sentiamo in colpa per danni che abbiamo causato ad altre persone, ma pensarci sopra continuamente o nutrire stati emotivi intensi su quei pensieri non ci aiuta a risolvere la situazione. Soltanto affidandoci all'intelligenza aperta quando appaiono tali pensieri è possibile andare oltre ogni tipo di senso di colpa, altrimenti la nostra vita intera sarà basata su colpa e biasimo. L'intelligenza aperta è l'essenza del nostro essere, ma l'unico modo per riconoscerla è affidarci ad essa quando appaiono quei dati.

Molte azioni della nostra vita possono essere delle recitazioni di colpa e biasimo talmente strane che non le notiamo neppure perché siamo completamente ciechi ad esse. Questa è una delle cose importanti nell'insegnamento dei Dodici Potenziamenti, che ci permettono di familiarizzarci con i nostri dati al punto da non esserne più accecati. Quando i dati appaiono, possiamo affidarci all'intelligenza aperta, e, gradualmente, i sensi di colpa e il biasimo assumono un tono più umoristico. Invece di esserne schiacciati, come se avessimo l'Everest sul petto, il peso di una vita piena di colpa e biasimo è sollevato.

D: Quando ero molto piccolo, mi è stata fatta una cosa particolarmente dannosa che trovo molto difficile da perdonare. Non voglio più portare il peso del biasimo nei confronti di questa persona dentro di me, ma non riesco a perdonarla.

R: Spesso abbiamo un pensiero o una memoria di un'immagine dolorosa su qualcosa che ci è accaduto o che ci è stato fatto in passato, e poi magari ci appare un altro pensiero che dice "oh, è stato terribile, ma devo perdonare la persona che mi ha fatto questo". Tutti questi sono dati. E' soltanto affidandosi all'intelligenza aperta, che appare il vero perdono. Adesso non riesco quasi a dire la parola "perdono", perché non c'è mai stato nessuno da perdonare, né qualcuno che possa perdonare. Tutto è già perdonato, qualunque cosa sia. Possiamo soltanto andare oltre l'apparente solidità di tutte le idee che abbiamo, facendo affidamento sull'intelligenza aperta e riconoscendo che sono già risolte. Sicuramente non potremmo mai risolverle trastullandoci con le nostre idee.

Credere che dobbiamo cambiare i nostri pensieri su un'altra persona per risolvere una situazione dolorosa è una perdita di tempo. Abbiamo già provato tutti questi metodi: negoziare, perdonare, razionalizzare, giustificare, analizzare e così via. Perché non andare direttamente alla negoziazione suprema, dove non esistono più parti fra cui negoziare? Si tratta dello spazio unico non duale e illimitato di intelligenza pacifica e libertà assoluta che si trova proprio qui ed ora! Trastullarsi nella melma delle trattative e giustificazioni è come essere ubriachi o "fatti". E' solo un altro metodo artificioso di aggiustare le cose che evita l'integrità assoluta dell'intelligenza aperta. Semplicemente riposando nell'essenza del vostro essere e lasciando che tutto sia esattamente così com'è, saprete tutto ciò che avete bisogno di sapere, su qualsiasi cosa. Volete conoscere soltanto delle idee convenzionali o volete essere capaci di vedere come vede il conoscitore impeccabile?

Quando ci rilassiamo nella realtà naturalmente stabile del nostro essere, rimaniamo potenziati nonostante tutte le apparenze, contemporaneamente al loro apparire. Grazie al potenziamento che viene dal riposare con tutte le apparenze, nasce in noi una compassione assoluta per noi stessi e per gli altri. Riusciamo a vedere la sofferenza che ci siamo causati, inventando storie smisurate su tutto ciò che pensiamo e sentiamo. E' proprio in quel tipo di compassione per noi stessi che troviamo la compassione anche per gli altri. La vera compassione non avviene in nessun altro modo. Se facciamo cambiamenti diretti o ripariamo il danno causato all'altra persona partendo dall'amore e dalla saggezza completa, sapremo cosa fare e come agire, e ciò è una via molto migliore che affidarci alla psicologia popolare, alla psichiatria, ai libri di auto-aiuto, al coltivare comportamenti positivi o qualsiasi altro metodo.

D: Sono accadute così tante cose negative nella mia vita al di fuori del mio controllo che ho sviluppato una mentalità in cui mi aspetto che mi accadano quelle cose negative e trovo molto difficile liberarmi da questo modo di pensare.

R: Se pensiamo "mi sono accadute delle cose in passato e queste continueranno ad accadermi" ci rendiamo vittime dei nostri dati. Prima crediamo di avere un'identità personale, poi crediamo che il benessere di questa identità personale dipenda da particolari cose: se dormiamo bene, se abbiamo sogni belli senza incubi, se la nostra giornata è piena di pensieri, emozioni e attività piacevoli e se le persone ci trattano bene o no. Facciamo dipendere il nostro benessere, sottilmente o apertamente, da tutte quelle cose.

Consiglio sempre alle persone di abbandonare il loro diritto a essere vittime dei loro dati. Per dirla in modo semplice, in ogni istante della nostra vita possiamo scegliere di seguire i nostri dati oppure di essere potenziati da essi. Se invece di entrare in tutti quei giochi mentali incolpando gli altri, i genitori, i partner o gli eventi negativi semplicemente ci diciamo "i miei dati sono i miei dati", allora non esiste nessuno da incolpare. Sta a noi scegliere il miglior modo in cui rispondere ai contenuti della nostra mente. Tuttavia, se non vogliamo prendere questa decisione e preferiamo continuare con le nostre storie di dolore, questa è una nostra scelta. In quel momento abbiamo scelto di essere vittime delle nostre storie dolorose ed è semplicemente così che stanno le cose.

Non importa in che situazione ci troviamo, finché seguiamo i nostri dati ci saranno sempre cose che vorremmo cambiare, e ci saranno alcune persone che ci piaceranno ed altre no. Vorremmo avere intorno a noi persone che ci sono simpatiche e mandare via le persone che non ci piacciono. Vivere in questo modo vuol dire che la nostra vita è diventata una prigione. Chi l'ha fatta diventare una prigione? Noi stessi l'abbiamo fatto! Nessun altro può far diventare la nostra vita una prigione. E' responsabilità di ognuno di noi non diventare vittima dei nostri pensieri, emozioni e opinioni. Quando ci comportiamo come se i nostri pensieri ed emozioni fossero dei nemici, siamo in guerra contro noi stessi, e, penso siamo tutti d'accordo, non è una situazione piacevole.

Se riusciamo a riposare e a non essere in guerra con i nostri pensieri ed emozioni, non ci chiudiamo più nell'idea di un "povero me", che è vittima di sofferenze. Nell'intelligenza aperta, capiamo che in verità siamo liberi dalla sofferenza, anche quando la sofferenza ci appare. Questo va completamente oltre tutto ciò che può essere compreso attraverso il pensiero dualistico.

Il pensiero dualistico si basa sul concetto che stiamo soffrendo oppure no, e che, attraverso diverse strategie, la sofferenza giungerà al termine. Quando però ci affidiamo all'intelligenza aperta, troviamo qualcosa di molto diverso. Scopriamo per prima cosa che possiamo essere completamente liberi dalle nostre afflizioni mentali, anche se esse continuano ad apparire. Scopriamo che riusciamo a essere molto più sereni con tutti quegli stati mentali ed emotivi dolorosi che prima ci avevano causato così tanti problemi.

Ciò che era doloroso, non lo è più. Non ho detto che ciò che era doloroso scompare, o che ce ne liberiamo, o che vada da qualche altra parte. Quando ci affidiamo all'intelligenza aperta, non vediamo più gli stati dolorosi come qualcosa che possa alterare il nostro benessere. Questa è la vera libertà. Mantenendo l'immutabile intelligenza aperta, diventa sempre più ovvio che tutto ciò che appare nell'intelligenza aperta, essendo semplicemente intelligenza aperta, non può alterare l'intelligenza aperta stessa. Qualunque cosa appaia è un'apparenza vivida dell'intelligenza aperta. Non importa se sia un pensiero, un'emozione, una sensazione, una malattia seria o un infortunio, o persino la morte. Qualsiasi cosa sia, sappiamo che andrà tutto bene.

D: Ho delle vere difficoltà con i problemi della vita quotidiana. Mi sento frustrato e arrabbiato se le cose non vanno come voglio io. Puoi parlare di questo?

R: Sì, ti posso dare un esempio estremo di ciò che mi hai appena descritto. Se ci siamo addestrati ad essere rigidi e tesi, e qualcuno ci colpisce la macchina di striscio e fa un gesto osceno verso di noi, beh, se in quel momento avessimo un fucile probabilmente lo tireremmo fuori e inizieremmo a sparare! Ma la nostra reazione può non essere così eccessiva. Esiste una grande varietà di risposte che va dalla frustrazione alla rabbia. Potremmo scegliere di fare anche noi lo stesso gesto osceno, o dire qualcosa di minaccioso, o a nostra volta cercare di tamponare l'altra persona. All'altro estremo, potremmo sentirci sopraffatti dagli eventi, iniziare a piangere a dirotto e dover accostarci al lato della strada, commiserarci dicendo: "Oh no, di nuovo! Adesso la mia macchina è danneggiata e non la posso più guidare, povero me!".

Esiste una grande varietà di risposte che dipendono dal nostro temperamento e dalla nostra disposizione. Possiamo andare da un estremo all'altro: da povera vittima ad artefice di altre violenze e aggressioni. Abbandonarsi ai due estremi vuol dire fare violenza a noi stessi e potenzialmente anche agli altri. Addestrandoci ad avere tali risposte, siamo diventati rigidi e tesi. Quando riposiamo come intelligenza aperta, non abbiamo bisogno di essere né vittime né aggressori. Lasciamo andare tutte le descrizioni su chi abbiamo creduto di essere, e familiarizziamo con ciò che è il fondamento di tutto. In ciò, abbiamo una visione molto più equilibrata, e possiamo dire: "Wow, guarda quanta sofferenza mi sono creato nella mia vita, pensavo di dover avere quei dati per mostrare chi sono, ora so che preferisco molto di più essere a mio agio".

Questo diventa sempre più chiaro. Poi, cominciamo a vedere come stanno soffrendo gli altri nel credere ai loro dati. Guardiamo la nostra famiglia e i nostri amici, e capiamo quanto meglio potrebbero stare se riposassero come intelligenza aperta. Non è una critica, ma è triste vedere come le persone si fanno del male, cercando di rendere concreta la loro identità attraverso i dati.

Forse non ascolteranno le nostre parole sull'intelligenza aperta, ma va bene così. E' semplicemente così. E' una loro scelta, esattamente come questa è stata una scelta nostra. Riguardo alle persone che non hanno voglia di affidarsi all'intelligenza aperta, non sono un'opportunità per prendere posizione o per dire "Io mi affido all'intelligenza aperta e tu no!".

Sapremo che stiamo mantenendo l'intelligenza aperta quando vediamo tutti con occhi compassionevoli e non sentiamo il bisogno di forzare le nostre opinioni sugli altri. Questa é l'obbedienza all'incoercibile.

AMORE E RELAZIONI
CAPITOLO QUATTRO

"Ci relazioniamo in modo vero solo quando riusciamo a stare con gli altri senza essere dominati dai nostri dati. Questo vuol dire vivere nell'unità che noi tutti condividiamo, la pura intelligenza aperta, che include e va oltre tutte le differenze, e vede tutti come se stessa."

Il nostro stato naturale è di amare ed essere amati. Comunque, l'unico modo per amare veramente è di entrare nell'amore totale del nostro puro essere e vivere in quell'amore. E' proprio quell'amore che ci permette di accettare tutto di noi stessi, rivelandoci l'inerente perfezione di tutto ciò che appare, senza bisogno di cambiare nulla. Quando siamo in sintonia con la perfezione del nostro essere, vediamo tale perfezione in tutto e l'amore incondizionato fluisce naturalmente. Questo è il modo per amare noi stessi veramente, e quindi amare anche gli altri. Fino ad allora, tutto ciò che verrà detto sull'amore non sono altro che storie.

Spesso cerchiamo l'amore tentando di creare ciò che pensiamo sia l'amore e orchestriamo delle apparenze amorevoli, ma raramente questo intento porta al vero amore. Com'è possibile sapere cosa è l'amore se non ci familiarizziamo con l'intelligenza aperta che è all'origine del vero amore? Finché non acquisiamo familiarità con la nostra vera natura, avremo soltanto delle descrizioni dell'amore, ma non sapremo mai che cosa è veramente l'amore.

Spesso cerchiamo di amare imitando ciò che pensiamo sia l'amore, inoltre facciamo delle cose che speriamo ci conducano all'amore. Implicita in ciò, è la speranza che gli altri ci amino e la paura che non sia così. In questo caso, l'intera relazione è fondata su speranze e paure: speriamo che l'amore ci accada e abbiamo paura che non ci accadrà. Abbiamo la sensazione che ci manchi amore e di avere bisogno di un'altra persona per ricevere l'amore che desideriamo. Inoltre rendiamo il nostro amore condizionato, pensando che se l'altra persona non ci ama e se non esprime il suo amore in un certo modo, non riusciremo ad amarla a nostra volta. Beh, questa è mancanza totale di comprensione di ciò che veramente è l'amore.

Quando cominciamo a familiarizzare con l'intelligenza aperta, le nostre relazioni con gli altri cambiano e diventano incondizionate. Avendo trovato la completezza in noi stessi, non cerchiamo più qualcun altro che riempia il nostro vuoto, quindi il nostro amore fluisce dall'integrità ritrovata, senza che sentiamo il bisogno di chiedere nulla in cambio.

Continuando a potenziarci, scopriamo in modo molto naturale che le nostre relazioni non sono più le stesse. Per esempio, nella nostra famiglia possiamo aver creato tantissime descrizioni psicologiche su ciò che uno può aver fatto all'altro e su come siamo diventati come siamo, a causa di ciò che ci hanno fatto. Quando acquisiamo fiducia nell'intelligenza aperta, scopriamo quell'aspetto di noi stessi che non è mai stato ferito da alcuna esperienza o alcuna persona. Quindi cominciamo a vedere le persone di cui serbiamo cattivi ricordi in modo diverso: "Caspita, non l'avrei mai pensato, ma sono esattamente come me!"

Quando non sentiamo più il bisogno di dare la colpa agli altri, scopriamo una compassione incredibile ed una connessione con le persone che non avevamo mai sperimentato prima. Nel passato possiamo aver creduto di avere bisogno di qualcosa dagli altri, ma ora sappiamo di non aver bisogno di niente. Possiamo aver pensato che gli altri ci dovevano qualcosa, mentre ora sappiamo che non ci devono nulla. Infatti non abbiamo bisogno di niente da nessuno per sentirci completi, perché lo siamo già.

Questo principio vale per tutte le relazioni, siano esse relazioni intime e durature, o brevi incontri mentre camminiamo per strada. Non abbiamo bisogno di niente da nessuno, né abbiamo bisogno che le persone siano come crediamo noi, o come vogliamo noi, perciò riusciamo a vedere tutto e tutti come equi e perfetti a modo loro. Questo non vuol dire che agiamo in modo incosciente; al contrario, le nostre azioni fluiscono dalla completa saggezza. Entriamo in alcune situazioni mentre in altre no. Ciò accade senza alcuno sforzo. Non siamo legati a idee fisse come: "Quella persona é malvagia" o "così non va bene", o "io faccio sempre in tal modo", o "non potrei mai fare così". Vediamo le cose esattamente come sono, qualunque cosa accada riposiamo come intelligenza aperta e, dallo spazio del riposo, sappiamo esattamente cosa fare. Questo vuol dire avere maestria sulle illusioni dei dati, in cui tutti i dati vengono eclissati dall'intelligenza aperta. Questa maestria porta a una vita gioiosa ed enormemente benefica.

Fino a quel momento, la vita sarà piena di incertezze per il bisogno percepito di mantenere alcune relazioni, modi di essere e approcci alla vita, con lo scopo di sentirci a nostro agio e al sicuro. E' solo quando gettiamo l'agio e la sicurezza dalla finestra lasciando che tutto vada fuori controllo, che finalmente riconosciamo l'ordine naturale delle cose, e vediamo tutto come eternamente libero. Soltanto allora avremo la vera stabilità.

Quando riposiamo come amore, arriviamo a vedere che tutto in noi è equo e interamente pervaso di amore. Tutti i nostri pensieri, emozioni ed esperienze sono l'imparzialità di questo amore. Quando veniamo a conoscere questo di noi stessi, automaticamente lo riconosciamo anche negli altri. Sappiamo che gli altri sentono le stesse cose che sentiamo noi e che siamo fatti della stessa essenza. Questo riconoscimento è molto, molto importante, perché ci permette di amare in un modo straordinario, senza alcuna condizione. Quando amiamo noi stessi e gli altri in questo modo, le relazioni diventano soltanto un mezzo per essere di beneficio reciproco. Scopriamo una relazionalità libera e naturale, che è interamente gioiosa, piena di amore e sempre viva. Quando esiste questo tipo di libertà in una relazione, è una vera gioia.

Quando ci stabilizziamo nell'intelligenza aperta, sappiamo come relazionarci con tutto e con tutti in modo naturale e fluido. Quando riposiamo con tutte le apparenze circostanziali nella nostra mente, iniziamo a capire profondamente noi stessi e gli altri. Un beneficio immediato di questa comprensione è la conoscenza profonda degli altri. Vediamo che tutte le persone che avevamo pensato fossero sbagliate, malvagie o migliori di noi, in realtà non sono affatto diverse da noi. Arriviamo a capire gli altri in modo profondo e compassionevole. Vediamo che allo stesso modo in cui noi avevamo pensato di essere i nostri dati, così accade anche agli altri, e sappiamo bene quanto ciò sia doloroso.

In modo naturale e spontaneo, impariamo a relazionarci con noi stessi con totale semplicità e disinvoltura, senza arrecarci danno, e sappiamo relazionarci nello stesso modo anche con gli altri. Più ci affidiamo all'intelligenza aperta, per brevi istanti, molte volte, più diventa facile effettuare quei cambiamenti positivi nelle nostre relazioni che prima erano sembrati impossibili. Anche se abbiamo avuto relazioni molto aspre con gli altri per decenni, riposando osserviamo che quando stiamo con le persone che ci erano sembrate così irritanti e sbagliate, tutte le idee che avevamo su di loro non hanno più importanza. Riusciamo a stare con loro completamente a nostro agio e sappiamo esattamente cosa fare e come agire.

Quando riconosciamo chi siamo veramente, riconosciamo questo in ogni persona e, in modo naturale, ci sentiamo vicini a tutti. Diventiamo disponibili ad essere emotivamente intimi con tutti, non in un modo forzato, ma molto naturalmente. Quando non sentiamo più il bisogno di cambiare noi stessi, allora non cerchiamo più di cambiare gli altri, anche se magari abbiamo tentato di farlo per tutta la vita con l'intento di mettere a posto il mondo. Alcuni di noi hanno cercato veramente di farlo, non è vero? Comunque, quando non sentiamo più il bisogno di cambiare le persone, siamo liberi di godere completamente della loro compagnia, chiunque esse siano.

In passato probabilmente eravamo abituati a formare relazioni con partner, mariti, mogli, amici e colleghi, fondate interamente sul fatto di avere gli stessi dati. Avevamo pensato: "Questi sono i miei dati, fammi sapere quali sono i tuoi, e se sono uguali ai miei, allora possiamo decidere se una relazione è possibile oppure no". Di solito vogliamo avere come amici le persone che sono d'accordo con i nostri dati. Se decidiamo di sposarci o entrare in relazione con un partner, non solo vogliamo qualcuno che sia d'accordo con i nostri dati, ma vogliamo addirittura che ami i nostri dati! Comunque l'infatuazione con i dati degli altri in genere dura poco. L'avete notato? Dopo un po' di tempo vogliamo cambiare i loro dati, e loro i nostri.

La maggior parte di noi ha visto accadere questa storia nelle proprie relazioni romantiche, e molti di noi l'hanno vista accadere varie volte con il passare degli anni! Quando ci mettiamo assieme ad un partner in una relazione sentimentale, inizialmente tutto è fantastico e ci sentiamo incredibilmente bene. Pensiamo che non ci sarà mai nessuno migliore di lui o lei, e che siamo la persona più fortunata del mondo. Vogliamo restare continuamente con il nostro amato e non vogliamo rimanergli lontano neanche un istante. Guardiamo il nostro amato e siamo sicuri che sia il partner dalla nostra vita. Nessun altro è mai stato così meraviglioso!

Abbiamo tutte queste incredibili sensazioni dentro di noi e pensiamo che siano causate dall'altra persona, ma qui sta il nostro errore. Crediamo che questo amore intenso sia causato dall'oggetto del nostro amore, invece di riconoscere la sua origine dentro di noi. Poi, corriamo dall'oggetto del nostro amore, ci appiccichiamo a lui o a lei e diciamo: "Resta per sempre con me ed io sentirò questo amore per sempre!". Ma poi cosa succede? Poiché non abbiamo capito la sua vera origine, dopo un po' l'amore inizia a scomparire, e, avendo attribuito l'amore all'altra persona, quando quest'amore scompare, incolpiamo l'altra persona per la sua scomparsa e gli chiediamo di cambiare in qualche modo. Molto probabilmente la persona in questione reagirà incolpandoci a sua volta e chiedendo a noi di cambiare. Beh, tutto questo è molto doloroso. Di solito cerchiamo in qualche modo di tornare all'esperienza iniziale di amore, ma nonostante i nostri tentativi ci risulta impossibile tornare all'esperienza di amore intenso che provavamo all'inizio.

Questi sono dati molto dolorosi, in cui attribuiamo cause ed effetti esterni a tutto ciò che accade. Diciamo all'altra persona: "Beh, io penso che tu debba cambiare". Comunque, ciò che vogliamo veramente è che ritorni l'amore, e pensiamo che il loro comportamento rappresenti un ostacolo. In modo confuso e ambivalente stiamo dicendo: "Se tu cambi, allora l'amore che c'era prima ritornerà; se smetti di parlarmi in questo modo o se almeno metti a terra l'asciugamano dopo aver fatto la doccia così che non devo sempre camminare nell'acqua, o se peli le patate a modo mio invece di come fai tu, allora quell'amore ritornerà". Sappiamo tutti com'è, ci siamo passati tutti. Questo tipo di comportamento è un'epidemia, non è vero?

Quando vediamo queste cose in modo così chiaro ne scopriamo il lato umoristico, ma quando siamo persi nei pensieri qui descritti non lo è per niente. Aspettarsi che le relazioni (con un partner, un figlio o chiunque sia) ci portino l'amore immutabile che stiamo cercando, è un vicolo cieco. L'amore che cerchiamo è già dentro di noi; infatti, è la condizione fondamentale di ciò che siamo. Quando viviamo nella pura intelligenza aperta che è sempre presente in noi, riusciamo ad amare incondizionatamente, indipendentemente da come si comportino i nostri partner o le altre persone.

Tutti vogliamo avere l'esperienza di questo amore, e in qualche modo sappiamo che è un nostro diritto di nascita. Ma se non lo sentiamo dentro di noi allora continueremo a cercarlo per sempre. Lo cercheremo nelle nostre relazioni personali, nelle organizzazioni a cui ci associamo e nelle connessioni che abbiamo nel mondo intorno a noi. Ma poiché lo cerchiamo fuori di noi, le nostre speranze di trovarlo saranno continuamente deluse.

Dobbiamo riconoscere che quando ci innamoriamo e abbiamo quell'incredibile apertura che porta l'amore, l'amore che sperimentiamo non è creato da qualcosa fuori di noi. Questo amore è la nostra vera natura ed è sempre in noi. Innamorarsi è un'esperienza molto potente perché ci offre un'introduzione diretta alla vera natura del nostro essere. Questa è la cosa magica e miracolosa dell'innamorarsi: che ci presenta chi siamo veramente. Quando siamo innamorati, tutto e tutti ci sembrano incredibili e meravigliosi. Beh, quando riposiamo come intelligenza aperta, la stessa esperienza è disponibile in ogni momento!

Quando ci affidiamo completamente all'intelligenza aperta, la nostra chiara visione inizia a penetrare tutto, e riconosciamo che l'amore non è creato da qualcosa fuori di noi ma è ciò che siamo. L'eternamente libera intelligenza aperta non è mai diventata una qualche cosa, piuttosto, include tutte le cose. Quando ci rilassiamo, la completa indivisibilità di tutte le cose e l'amore inerente ad essa diventano sempre più ovvi. Non esiste niente di più dolce del rilassarsi senza sforzo nell'amore, vederlo in tutti e in ogni esperienza, lasciando che questo perfetto amore fluisca attraverso di noi verso tutti. Questo è ciò che viene offerto nella via del riposo.

D: Sto avendo molte difficoltà col mio partner che è spesso incredibilmente inaffidabile e sconsiderato. Per esempio: tre volte di fila ha mancato a un nostro appuntamento. A volte mi viene da dirgli: "Vattene a quel paese!", e finirla lì. Che cosa posso fare quando sento emozioni negative così forti verso il mio partner?

R: Prima di tutto, se hai pensieri quali: "Vattene a quel paese!", ricordati che essi sono semplicemente dei dati. Non sono affermazioni che hanno veramente significato su qualcuno o qualcosa, sono effimeri dati, uguali a tutti gli altri. Non sono giudizi immutabili, sono venticelli passeggeri che non contano nulla. Come linee tracciate nell'acqua, svaniranno da soli, e l'intelligenza aperta che è la tua realtà e quella del tuo partner, rimane immutata. Quindi non hai bisogno di rimproverarti per quei pensieri.

Spesso le persone pensano che quando hanno realizzato l'intelligenza aperta, non avranno mai più pensieri come: "vattene a quel paese", e non diranno mai più parole così. Pensano che le loro parole e i loro pensieri saranno sempre allegri e dolci. Ma questa è un'altra divisione e frammentazione del tutto. Tutte le parole sono completamente uguali, qualunque esse siano.

Quando iniziate ad affidarvi sempre di più all'intelligenza aperta, vi capiteranno qualche volta dei momenti in cui la vostra mente sarà rabbiosamente piena di tutti i pensieri che avreste voluto dire: "Sei un idiota! Non ce la faccio più a vivere con te! Sto impazzendo per tutte le cose che mi hai fatto!". All'improvviso potreste essere inondati da tutte le immagini mentali che avete avuto in passato contraddistinte dal desiderio di fare del male ad altre persone, o da fantasie sessuali che stavate cercando di tenere a bada e a cui non volevate pensare.

Tutti questi pensieri potrebbero sfrecciare nella vostra mente, ma più siete stabili nell'intelligenza aperta più vi faranno ridere, perché capirete che sono tutti assolutamente uguali. Potreste aver cercato di allontanare queste cose terribili dalla "piacevole purezza dell'intelligenza aperta". Tuttavia capiamo che sono tutte uguali, e non hanno alcuna capacità di causare dolore a noi o ad altri. Questa è la nascita della compassione. Vedere che tutti i dati e tutti i comportamenti sono equi apre ad amore, saggezza ed energia. Questa comprensione ci assicura che è possibile andare oltre una vita di insignificante reattività emotiva.

Molti di noi si sentono vittimizzati, non solo dalle altre persone ma anche dalle circostanze in generale. Pensiamo che possano accaderci delle cose che ci faranno soffrire e così ci creiamo sofferenza, di solito quotidianamente. Quando pensiamo che stia succedendo qualcosa che ci fa soffrire, allora diventiamo vittime dei nostri pensieri! Siamo diventati vittime dei dati che abbiamo su noi stessi. Per prima cosa, crediamo di avere un'identità personale, poi crediamo che il suo benessere dipenda da altre circostanze: se gli altri ci trattano con gentilezza e rispetto, se arrivano ai nostri appuntamenti, e se gli eventi vanno come vogliamo noi. In modo sottile o evidente, basiamo il nostro benessere su tutte quelle circostanze. Ma quando iniziamo a gioire dell'onnicomprensivo potenziamento di grande beneficio e nella meravigliosa sensazione di sollievo che viene con esso, cominciamo a capire che non siamo in balia di niente.

In ciò acquisiamo una grande fiducia interiore. Sappiamo che qualunque cosa accada, staremo sempre bene. Non importa se sia un pensiero, un'emozione, una sensazione, una malattia grave, un infortunio o persino la morte. Qualsiasi cosa sia, sappiamo che va tutto bene, che il nostro vero essere è immutabile, eterno e per sempre libero. Arriviamo a capire nella nostra esperienza che tutti i dati che appaiono nell'intelligenza aperta, svaniscono da soli, senza causare alcun danno e senza lasciare traccia, e questo include anche il dato della morte. I dati svaniscono da soli e sono liberi esattamente come sono. Non è necessario che venga detta, fatta o notata alcuna cosa su di essi. In realtà non esiste nessuno che li possa notare! Esiste solo l'intelligenza aperta con le sue apparenze. In un istante appare l'intelligenza aperta di essere qualcuno, nell'istante successivo appare il notare, poi l'oggetto notato, ma tutti questi sono semplicemente dati nell'intelligenza aperta. Quando acquisiamo familiarità con ciò, nascono in noi fiducia e certezza interiore, e riusciamo ad essere in qualsiasi circostanza senza impedimento. Scopriamo di non avere più bisogno di evitare le relazioni con gli altri perché vediamo tutti in modo uguale; siamo stabili in questo amore perfetto, che è la nostra vera connessione con tutti.

D: Ero molto interessato mentre parlavi della nostra tendenza ad evitare le relazioni, perché mi sembra che io lo faccio continuamente. Potresti parlare ancora un po' di questo?

R: Ci relazioniamo in modo vero, solo quando riusciamo a stare con gli altri senza essere dominati dai nostri dati. Questo vuol dire vivere nell'unità che noi tutti condividiamo, l'intelligenza che include e trascende tutte le differenze, e vede tutti come se stessa. Amore incondizionato e un rispetto senza fine nascono naturalmente per tutti quando ci affidiamo all'intelligenza aperta. Questo è relazionarsi in modo vero. Se disonoriamo o umiliamo gli altri o li critichiamo, ignoriamo, odiamo, o spettegoliamo su di essi o se siamo condiscendenti con loro o li escludiamo, tutti questi sono modi in cui evitiamo le relazioni.

Quando prendiamo per veri i nostri dati, limitiamo il nostro riconoscimento dell'intelligenza aperta e questo può avere effetto sulle nostre relazioni con gli altri. Trattenere alcuni dati e rifiutarne altri porta ad escludere e a giudicare gli altri. Quando ci affidiamo all'intelligenza aperta non abbiamo più bisogno di fare ciò. Tutti sono inclusi nel nostro cerchio illimitato di amore. In passato, possiamo aver ferito i nostri genitori, fratelli, amici, membri della famiglia o colleghi per il fatto di esserci aggrappati ai nostri dati. I Dodici Potenziamenti sono una meravigliosa opportunità di vedere come abbiamo ferito gli altri e come possiamo fare dei cambiamenti diretti nelle nostre relazioni, così che non faremo più male a noi stessi e agli altri. Vediamo direttamente come abbiamo usato i nostri dati per evitare di relazionarci con gli altri e ci impegniamo a fare cambiamenti positivi in quelle relazioni. I Dodici Potenziamenti sono un supporto incredibile.

D: So che in questi giorni si parla molto dell'unità del genere umano e della comunione di tutte le genti. Vorrei sapere quali sono le tue riflessioni sulla possibilità che ci possa essere vera unità tra le nazioni e le popolazioni del mondo.

R: L'idea dell'unità di ognuno di noi è qualcosa di molto importante per tutti al giorno d'oggi. "Siamo tutti Uno" è un'espressione molto comune in questi giorni, ed è buona cosa. Molte canzoni hanno versi che si rifanno a questo tema, e molte persone ne parlano. Insieme a questa idea, troviamo spesso la credenza che in una data specifica nel futuro il mondo vivrà un evento drammatico e tutti saranno unificati.

Tutti desideriamo unità e pace nel mondo; lo vogliamo tantissimo. E non vogliamo solo parlarne, vogliamo veramente che diventi una realtà. Sappiamo che è così, sappiamo di essere tutti una sola cosa, ma vogliamo che quell'unità avvenga nella nostra esperienza in modo permanente e decisivo, piuttosto che in pensieri occasionali, nei versi delle canzoni o in sensazioni calorose e sfocate di unità che ci vengono per qualche attimo e poi rapidamente svaniscono. Vogliamo l'unità vera, l'unità di completa e inarrestabile saggezza e compassione. Vogliamo vivere direttamente e personalmente questa esperienza.

Quest'unità che tanto desideriamo avviene soltanto potenziando completamente la mente con l'intelligenza aperta, per brevi istanti, ripetuti molte volte, finché diventa continuo e ovvio. Ciò ci permette di vedere la qualità essenziale di tutto ciò che appare nella nostra mente. Questa è la vera unità che stiamo cercando ed è l'unica che esiste. Non è possibile nessun'altra unità. Poiché la vera natura della mente è l'onnicomprensiva intelligenza aperta, tutti i fenomeni, tutte le circostanze e tutte le persone del mondo esistono realmente soltanto nella nostra mente, e quindi quando siamo stabili nella verità che tutte le apparenze sono della stessa indivisibile essenza, questa è l'unità vera. Allora non importa chi siamo, dove siamo o con chi siamo. Dovunque ci troviamo è assolutamente uguale.

Ci sono persone in prigione nel braccio della morte, o altre che sono state torturate, che riescono a rimanere equanimi anche nelle circostanze più estreme. Ho potuto verificarlo nella mia esperienza personale, in una situazione molto traumatica. Anche se la situazione era tale che le emozioni e i pensieri relazionati all'evento avrebbero potuto torturarmi per il resto della vita, grazie alla capacità di riposare come intelligenza aperta, c'era invece completa equanimità.

Anche nei casi di aggressione fisica, in ultima analisi, l'aggressore, la vittima e il crimine sono tutti una sola cosa, perché non esiste alcuna divisione. Il campo unificato dell'intelligenza aperta, che è la nostra vera identità ed è la vera natura di tutti i fenomeni, rimane immutato da qualsiasi evento, non importa quanto terribile sia. Quando siamo in sintonia con quell'unità, anche se le persone ci aggrediscono o ci insultano, rimaniamo con il cuore pieno di compassione; riusciamo a sorridere e sappiamo esattamente come rispondere in un modo completamente libero da reattività emozionale. In altri momenti forse non faremo niente. Chi lo sa che cosa accadrà, ma sapremo come agire, e qualunque cosa faremo, sarà un'azione appropriata.

Tutte le apparenze sono eclissate dalla chiara luce dell'intelligenza aperta. Stabilirsi nell'intelligenza aperta dona all'essere umano il potere ottimale. Questa chiara luce dell'intelligenza aperta vede tutto come una sola cosa, equa e imparziale, in tutte le circostanze. Allora avviene un libero fluire dell'azione, che in realtà è una non-azione perché fluisce senza sforzo dalla saggezza, manifestandosi come sincera compassione per tutti gli esseri viventi.

Quante più persone in tutto il mondo raggiungono l'abilità di affidarsi all'intelligenza aperta, tanto più l'umanità riuscirà a manifestare l'unità di tutte le nazioni e popolazioni che tutti noi desideriamo. Ma non è necessario aspettare l'unità. E' qui, adesso. Brevi istanti di intelligenza aperta, ripetuti molte volte, diventano automatici.

SESSO E DESIDERIO
CAPITOLO CINQUE

"Possiamo essere sessualmente attivi oppure no, in entrambi i casi ci troviamo nelle circostanze perfette per affidarci all'intelligenza aperta. Affidarci all'intelligenza aperta non è mai stato limitato da definizioni convenzionali, perché l'intelligenza aperta stessa è la radice di tutte le definizioni."

Un aspetto fondamentale del Training di Balanced View è la completa accettazione della sessualità e dell'intero regno dei sensi. Il desiderio sessuale non è qualcosa di diverso da ciò che è totalmente puro. Nella sempre pura intelligenza aperta non è mai esistito qualcosa di impuro e non esiste alcuna parte del corpo che sia impura. Tutto, senza alcuna distinzione, è originariamente puro. Che sia un moto di desiderio sessuale nel corpo, o dei pensieri associati ad esso o delle emozioni, qualunque cosa siano sono tutti originariamente puri. Non hanno mai deviato neanche per un istante dallo spazio fondamentale dell'intelligenza aperta in cui essi appaiono.

Nonostante ciò, è importante per gli esseri umani fare delle scelte intelligenti riguardo alle relazioni e alla sessualità. Se siamo confusi con i nostri pensieri, emozioni e sensazioni, e prendiamo una decisione basata soltanto su ciò, non può esserci una visione chiara. Quando riposiamo, vediamo i pensieri, le emozioni e i desideri per ciò che sono veramente e riusciamo ad agire con saggezza in un modo che è di beneficio per tutti.

Se scegliamo di essere sessualmente attivi, allora tutto di tale attività (il guardare, il sentire, il toccare, l'ascoltare e l'odorare) può essere sperimentato come originariamente puro e gioioso. Possiamo gioire di qualsiasi attività che venga vissuta come un gioco di libera creatività, di totale purezza, totale piacere e amore incondizionato, senza bisogno di cambiare o censurare nulla. Questo rende un atto di intimità molto speciale e straordinario. Quando ci affidiamo all'intelligenza aperta, arriviamo a conoscere intuitivamente il nostro corpo e come averne cura, e comprendiamo anche i nostri stati emotivi e sappiamo come averne cura. Di conseguenza sappiamo anche come avere cura degli stati emotivi degli altri.

E' straordinario affidarsi all'intelligenza aperta e imparare a conoscere tutto dei dati che abbiamo sul desiderio, sia per quanto riguarda il desiderio sessuale che per i desideri di altro tipo. Tutte le espressioni del desiderio sono espressioni vivide dell'eternamente vuota intelligenza aperta, ma se crediamo che siano qualcosa in se stesse, allora finiremo per creare un sacco di storie su ciò che possono voler dire e inizieremo a sentirci in qualche modo ossessionati. Quando ci affidiamo all'intelligenza aperta, abbiamo delle scelte su ciò che possiamo fare nella vita. Non ci sentiamo più come se fossimo controllati da tutti i nostri dati. Quando siamo stabili nell'integrità e nella libertà senza tempo dell'intelligenza aperta, siamo al di là del sistema di credenza di causa ed effetto. Non crediamo più a quel modo di pensare convenzionale perché vediamo che la realtà di chi siamo non è alterata da causa ed effetto. E' un'esperienza potentissima arrivare a conoscersi in questo modo, e quando ciò accade, riusciamo a capire il potere della scelta come mai avevamo compreso prima.

Ho usato il desiderio sessuale come esempio, perché non ho mai incontrato nessuno senza desiderio sessuale ma questo aspetto della scelta può essere applicato a qualsiasi desiderio ci capiti di affrontare. Tutti noi abbiamo dei desideri nella nostra vita: per il sesso, l'amicizia, i soldi, la casa, il successo, il rispetto, e tantissime altre cose. In passato possiamo aver avuto un forte desiderio, per esempio, per i soldi, e aver sentito di non riuscire più a controllarci. Siamo dovuti andare a guadagnare tanti soldi, e anche se ci siamo riusciti, ne volevamo ancora di più. La stessa cosa è spesso vera per il desiderio sessuale: possiamo aver cercato sempre più esperienze sessuali e non aver mai raggiunto ciò che immaginavamo fosse la piena soddisfazione. A causa dell'intensità del desiderio sessuale, potremmo aver agito in modi che hanno ferito noi stessi e gli altri, e aver continuato a comportarci così, nonostante il danno che stavamo causando.

Cibo, soldi, sesso, lavoro, tempo libero e relazioni personali: sembra che non ne abbiamo mai abbastanza perché, indipendentemente da quante esperienze o quanti beni accumuliamo, essi non riescono mai a soddisfare pienamente il nostro desiderio di averne di più. Alla fine capiamo che quelle cose non ci porteranno mai alla piena soddisfazione. Sto parlando della nostra esperienza comune di esseri umani, in cui tutti cerchiamo un senso di piacere e soddisfazione, ma di solito non riusciamo a trovarlo.

Alla maggior parte di noi è stato insegnato che il desiderio sessuale è qualcosa in sé e per sé, e che ha potere su di noi. Crediamo in quel potere, e in linea di massima l'umanità vive schiava del potere che abbiamo dato al desiderio sessuale. Se prendiamo in considerazione il problema della sovrappopolazione, molte soluzioni sono state proposte, ma la popolazione nel mondo continua ad aumentare. Ci sono molti metodi per il controllo delle nascite: la pillola anticoncezionale, il preservativo, la politica cinese di avere un solo figlio per famiglia e moltissime altre tecniche, ma possiamo forse dire che questi metodi siano stati pienamente efficaci? No. Perché? Perché ci piace tantissimo relazionarci sessualmente! E' un impulso completamente naturale, e nessun metodo di controllo delle nascite potrà mai completamente funzionare, finché è soltanto questione di usare un dato per controllarne un altro.

Come specie non abbiamo ancora scoperto la nostra capacità intrinseca di gestire con maestria i desideri. Per la sopravvivenza della specie umana, adesso è di vitale importanza capire che gli intensi impulsi biologici che viviamo non hanno alcuna natura indipendente e che sono semplicemente dati che appaiono e scompaiono nell'infinita estensione della pura intelligenza aperta.

Ciò non vuol dire che non dobbiamo essere sessualmente attivi, ma che l'espressione della natura sessuale deve venire dalla saggezza, piuttosto che dal desiderio. Non è necessario dare direttive o ammonizioni che tutti devono seguire. L'intelligenza aperta ha il suo codice morale intrinseco, perché vede se stessa in tutto. Quando ci affidiamo all'intelligenza aperta, riusciamo a vedere di cosa abbiamo bisogno e cosa sia giusto per noi, e l'azione corretta arriva naturalmente. Sapremo sempre cosa fare in modo infallibile, senza doverci pensare, e qualunque cosa sceglieremo di fare con la nostra sessualità, sarà di beneficio.

Quando appare un desiderio intenso di qualsiasi tipo, l'approccio intelligente è di affidarsi all'intelligenza aperta e vedere il desiderio come intelligenza aperta, finché il desiderio è direttamente percepito essere intelligenza aperta. Quando riusciamo a fare questo, la potente forza del desiderio sarà direttamente trasformata nel benessere che è l'essenza dell'intelligenza aperta. Non abbiamo affatto bisogno di cambiare i pensieri, i desideri o gli stati dolorosi. Non abbiamo bisogno di spingerli via o rifiutarli, di cercare qualcosa in essi o di metterli in pratica. Tutto ciò che dobbiamo fare è affidarci all'intelligenza aperta, e osserveremo che i pensieri e le emozioni gradualmente spariscono da sé, e nella loro risoluzione si rivela il completo benessere. Solo in questo modo possiamo arrivare a conoscerci a fondo.

Questo non è un metodo per eliminare il desiderio sessuale o un metodo per "diventare puri", perché tutto di noi è già originariamente puro. Cercare di neutralizzare il desiderio sessuale o toglierlo dal nostro essere, ci indebolisce e ci nega un'incredibile energia potentemente benefica. Possiamo scegliere di praticare il celibato o di vivere in solitudine ma questa scelta non deve essere un antidoto al desiderio sessuale o un metodo per reprimere il desiderio. Se abbiamo scelto di praticare il celibato o di vivere in solitudine, come metodo per evitare o neutralizzare il desiderio sessuale, ci sarà di grande beneficio riposare come desiderio e scoprire l'inerente purezza e l'energia potentemente benefica del desiderio stesso. Se poi scegliamo di praticare il celibato, va benissimo, è uno stile di vita perfettamente valido, ma sarebbe poco saggio vedere la neutralizzazione del desiderio come qualcosa di più puro del desiderio sessuale.

Possiamo essere sessualmente attivi oppure no, in entrambi i casi ci troviamo nelle circostanze perfette per affidarci all'intelligenza aperta. Affidarsi all'intelligenza aperta non è mai stato limitato da definizioni convenzionali, perché l'intelligenza aperta stessa è la radice di tutte le definizioni. Quando ci affidiamo all'intelligenza aperta in tutte le circostanze, capiamo definitivamente di non dipendere da nulla. Se crediamo di aver bisogno di particolari condizioni per affidarci all'intelligenza aperta, abbiamo creato nuovamente dualità. Penseremo di non essere una persona abbastanza meritevole da conoscere l'intelligenza aperta se non siamo celibi o casti, ma questa è semplicemente un'altra definizione convenzionale.

Quando acquisiamo familiarità con noi stessi come intelligenza aperta, vediamo tutto chiaramente. Riusciamo, forse per la prima volta, a stare con gli altri in modo naturale, fondato interamente su amore, interesse sincero e premura. Quanti più esseri umani inizieranno ad affidarsi all'intelligenza aperta, tanto più l'amore e il senso di cura guideranno tutto nella vita degli esseri umani su questa terra, nelle relazioni, nelle famiglie, nelle istituzioni e nella società in cui viviamo.

D: Vorrei chiederti un chiarimento sul tema degli incontri sessuali casuali. Fino ad oggi mi capitava di avere dei pensieri e poi di agire in base ad essi, semplicemente per divertimento.

Adesso noto sempre di più che non è la via giusta per me. Mi potresti dare dei consigli su come comportarmi riguardo all'abitudine di cercare soddisfazione attraverso incontri sessuali casuali?

R: Questa è una buona domanda. Il sesso è di interesse per quasi tutti, perché siamo dopotutto degli esseri sessuali. Abbiamo una varietà di informazioni a disposizione sulla nostra natura sessuale, su come dovremmo comportarci e su come dovrebbero essere i nostri pensieri, prima, durante e dopo il sesso. Abbiamo dati che fanno parte della cultura popolare, e ci sono molte regole sociali e dati morali che variano da cultura a cultura e che dominano le nostre emozioni, determinando il modo in cui viviamo la nostra natura sessuale. Ci è stato detto quali tipi di desideri sessuali dovremmo avere e quali no, e come dovremmo esprimerci o evitare di esprimerci con noi stessi e con gli altri. Purtroppo molte persone non riescono mai a capire la loro natura sessuale al di là delle regole convenzionali.

Nella cultura occidentale si presta molta attenzione all'impulso ad agire. Attraverso successive generazioni, l'impulso ad agire si è liberato dalle rigide regole morali ed è diventato molto più libero. Oggi le persone nella cultura occidentale iniziano le loro relazioni sessuali molto prima, e le hanno con molte più persone nell'arco della loro vita rispetto a prima.

Nella mia vita, quando avevo dieci o undici anni, non ero stata esposta a MTV o Internet perché tali cose non esistevano. Non pensavo per niente ad essere sessualmente attiva con gli altri, ma pensavo ad essere sessualmente attiva con me stessa. Certo, non sentivo assolutamente parlare di questo argomento da nessuno. Oggi, persone giovanissime sono esposte a molte più idee sul sesso che ai miei tempi, ma non esiste un posto d'incontro dove i giovani possano chiedere consigli o parlare apertamente dei pensieri e delle emozioni intense che sorgono con queste idee.

La natura sessuale si risveglia in noi quando siamo appena dei neonati, e quando innocentemente iniziamo a giocare con i nostri genitali, molte volte ci viene detto senza mezzi termini di non farlo. Più tardi, quando diventiamo adolescenti e si risvegliano completamente quelle intense sensazioni, ci viene detto che le sensazioni e le attività associate ad esse devono essere evitate. Così accadono nel nostro corpo dei movimenti erotici veramente intensi, e alla maggior parte di noi viene detto di non esplorarli, né con noi stessi, né con gli altri. Esiste inoltre un'immensa componente di vergogna, repressione e rifiuto, collegate a queste sensazioni, pensieri e fantasie.

Il fortissimo movimento di energia sessuale che appare nei giovani, è semplicemente l'energia d'iniziazione all'età adulta. Quell'incredibile energia latente nel corpo, se viene allineata con il nostro vero essere, può essere di grande beneficio a noi stessi e agli altri. L'energia sessuale è più evidente in quel periodo della vita, perché arriva in un momento in cui il giovane si sta staccando dalla famiglia, e parte di quella separazione avviene sotto forma di quell'intensa spinta a conoscersi e a esprimersi. Quell'energia accade naturalmente nella onnicomprensiva perfezione e saggezza dell'intelligenza aperta, ma se non è compresa bene, non verrà riconosciuta come tale.

Spesso sviluppiamo un sistema di credenze ambivalenti sulla nostra natura sessuale, cioè da un lato ci piace molto, ma allo stesso tempo abbiamo dubbi, preoccupazioni e sensi di colpa riguardo ad essa. Possiamo aver imparato che soltanto alcuni modi di vivere la sessualità sono appropriati. Possiamo aver imparato che è necessario sposarsi per avere rapporti sessuali, che dobbiamo sposarci e restare con quella persona per sempre e che il sesso in quel contesto e solo in quello va bene. Quando siamo coinvolti in una relazione sessuale con qualcuno, molti di noi pensano che debba andare in un certo modo, ad esempio che ci debba essere un orgasmo, o che sia preferibile che entrambi abbiano un orgasmo nello stesso istante, che se non è così allora qualcosa non va. Abbiamo anche imparato a preoccuparci per le fantasie sessuali che ci attraversano la mente, pensando che debbano essere di un certo tipo altrimenti crediamo di essere andati oltre a ciò che è accettabile.

Potremmo inoltre avere sentito parlare del sesso casuale, ed aver pensato: "Oh, mi sembra una cosa interessante, voglio provarlo!" ma neanche questo risolve realmente il conflitto. Abbiamo ancora molte credenze ambivalenti, e in più adesso a tutto ciò, abbiamo aggiunto il sesso casuale. I nostri desideri sessuali non sono andati via, sono ancora in circolazione con lo stesso sistema di valori ambivalenti che ci lascia insoddisfatti e alla ricerca di qualcosa di più. Questo è un grande problema per molte persone al giorno d'oggi.

Quando impariamo ad affidarci al potere dell'intelligenza aperta, si apre un vasto spazio in noi che ci concede un po' di respiro. Nel potenziarci con l'intelligenza aperta troviamo la libertà dall'impulso di seguire ogni desiderio. Quando iniziamo a vedere l'uguaglianza e la naturale purezza di ogni apparenza, allora i giudizi morali, le idee fisse e i sistemi di credenze che abbiamo avuto sul sesso si rilassano. Più riusciamo a lasciare andare quei rigidi sistemi di credenze, più riusciamo a scoprire l'inerente perfezione nella nostra sessualità e gioire della nostra natura sessuale in un modo che ci avvicina alla nostra vera natura benefica.

Invece di essere in opposizione a ciò che consideriamo sacro, scopriamo che il sesso stesso è sacro, ed è una porta alla nostra super-completa totalità. Siamo quindi in grado di fare delle scelte sagge. In modo molto rilassato e naturale possiamo decidere quanto sia di beneficio, per noi e per gli altri, qualsiasi tipo di attività sessuale. Questo ci rende molto più rilassati nelle attività sessuali che scegliamo, e porta livelli più profondi di gioia, intimità e soddisfazione per i nostri partner e per noi stessi.

Senza potenziarci completamente, non riusciamo veramente a fare delle scelte sagge sul sesso, sul cibo, sui soldi, sul lavoro, sulle relazioni o su qualsiasi altra cosa. Più manteniamo l'intelligenza aperta, più è probabile che saremo attenti e saggi nelle relazioni che scegliamo, sia sessuali che di altro tipo. Quando riposiamo profondamente, inseparabile da quel rilassamento è il desiderio di essere di beneficio agli altri. E' semplicemente un aspetto innato della funzione della nostra mente e del nostro corpo. Piuttosto che buttarci impulsivamente nelle situazioni, ci rilassiamo, ci prendiamo il nostro tempo, e siamo molto più attenti. Prima di intraprendere una qualsiasi azione ci chiediamo: "Che effetto avrà su di me e sull'altra persona?". Quando iniziamo a porci questa domanda a ogni punto di svolta della nostra vita, sappiamo di essere sulla buona strada.

Tu sei un uomo giovane ed io non sono un uomo, ma ho sentito dire che gli uomini in giovane età hanno forti impulsi sessuali. Beh, indovina un po', anche le donne li hanno! Ciò che è importante capire è che gli impulsi sessuali sono semplicemente impulsi, non sono un ordine che richiede di fare qualcosa. Gli impulsi sessuali non hanno una natura indipendente che impone di agire. Forse è una cosa nuova per alcuni di noi, ma gli impulsi sessuali non hanno sostanza in se stessi. Esattamente come ogni altro fenomeno, non hanno alcun potere su di noi. Sono semplicemente dati che appaiono nell'intelligenza aperta.

Molti di noi hanno imparato che i nostri impulsi sessuali hanno potere su di noi e che quindi dobbiamo esprimerli o bloccarli. Ma sia l'impulso sessuale in sé che il desiderio di seguirlo, o l'impulso di fermarlo, sono tutti dati uguali e nessuno di essi ha potere di per se stesso. L'unica cosa necessaria è affidarsi all'intelligenza aperta in cui questi dati appaiono e svaniscono, e trovare lì il nostro vero potere di agire. Se continuiamo a reagire ad ogni impulso sessuale, o continuiamo a controllare gli impulsi o a reprimerli, non conosceremo mai la nostra vera natura né la natura della nostra sessualità.

Più diventiamo familiari con l'essenza potenziante di tutti i dati, più li riconosceremo come aspetti dell'intelligenza aperta. Se sentiamo di dover reagire ad ogni cosa che appare o di doverla cambiare in qualche modo, non riusciremo mai a conoscere l'essenza di tutti i fenomeni, che è l'intelligenza aperta stessa. E' una parte molto interessante dell'avventura dell'intelligenza aperta lasciare che i dati siano esattamente come sono, senza bisogno di modificarli o reagire alla loro presenza.

Quando ci affidiamo all'intelligenza aperta, qualsiasi tipo di relazione sessuale può arrivare ad essere sublime. Non dico sublime in modo sdolcinato e spiritualizzato, ma in modo molto naturale, profondo e semplice. Il sesso dovrebbe essere totalmente naturale e gioioso. Se acquisiamo familiarità con l'intelligenza aperta, sapremo cosa fare. Saremo saggi, amorevoli e attenti, e le nostre relazioni saranno il riflesso di quella saggezza e quel senso di cura.

E' incredibilmente liberatorio lasciare che i dati siano così come sono. Invece di limitare o trattenere l'espressione della nostra natura sessuale, affidarsi all'intelligenza aperta rende quell'espressione molto più spaziosa e aperta, in un modo che non avremmo mai potuto immaginare, concepire o inventare. Quando la nostra fiducia nell'intelligenza aperta è profonda, c'è solo grande onore e rispetto per tutti, inclusi noi stessi.

Impariamo a conoscere queste meravigliose espressioni della vita umana così come sono. Sono espressioni dell'intelligenza aperta; non sono qualcosa per cui sentirci ambivalenti o in colpa. Tutte le apparenze dell'intelligenza aperta sono originariamente pure. Affidandoci all'intelligenza aperta, mentre esploriamo la nostra natura sessuale, arriveremo a un'esperienza diretta e personale del fatto che non esiste alcuna separazione tra le apparenze e l'intelligenza aperta. Se stiamo facendo l'amore con qualcuno, ci affidiamo all'intelligenza aperta mentre lo facciamo. Sia che lo stiamo facendo con noi stessi che con qualcun altro, cominciamo a capire che tutti i pensieri, le emozioni, e le sensazioni del corpo sono realmente inseparabili dall'illimitata e originariamente pura intelligenza aperta che è la nostra vera natura.

D: Mano a mano che mi affido all'intelligenza aperta, mi capita di chiedermi quali siano i limiti appropriati per l'uso dell'energia sessuale e quali dovrebbero essere le mie preferenze sul modo di usare tale energia.

R: E' importante sapere come agire e cosa fare in un modo molto naturale e spontaneo. Questo avviene soltanto con la fiducia nell'intelligenza aperta e nel suo potere di saggezza. Se cerchiamo di mettere dei "limiti", allora avremo un sistema di credenze riguardo a quei limiti. Se semplicemente ci affidiamo all'intelligenza aperta che è innata in ogni cosa, non abbiamo bisogno di inventarci un sistema per descrivere ciò che accade. Continuiamo ad affidarci all'intelligenza aperta, vediamo tutto come intelligenza aperta, e da quel luogo di saggezza, lasciamo che accada ciò che accada. Questo rende le cose molto più semplici. Se iniziamo a costruire un sistema di linguaggio per descrivere ciò che sta accadendo, allora leggeremo libri sui limiti, dialogheremo con persone che sono interessate ai limiti e mediteremo sui limiti. E a che cosa arriveremo? Ai limiti!

Semplicemente affidandoci all'intelligenza aperta, sapremo cosa fare. Prima che andassi incontro a questo cambiamento ventisei anni fa, non sapevo cosa fare della mia energia sessuale, ma, affidandomi all'intelligenza aperta, avvenne naturalmente una trasformazione profonda nel mio modo di relazionarmi alla sessualità. Questa trasformazione fu naturale e spontanea, e non aveva niente a che fare col creare dei limiti.

Quando ci affidiamo all'intelligenza aperta, ci affidiamo alla saggezza indipendentemente da ciò che accade. Una delle cose che imparerete molto rapidamente è che ci sono alcune apparenze che vi coglieranno alla sprovvista, il che vuol dire che ne rimarrete totalmente coinvolti e non vi ricorderete neanche di affidarvi all'intelligenza aperta. Questo fatto avviene così velocemente che non vi renderete conto di cosa sta succedendo, e se non farete attenzione, sarete presi da azioni compulsive che non sono radicate nella saggezza. Questa è una cosa molto comune, e crea problemi a molte persone.

Il Training di Balanced View ha un sistema di supporto 24 ore su 24, 7 giorni su 7, per essere di aiuto in quei momenti, e questo avviene sotto forma dei Quattro Supporti: affidarsi all'intelligenza aperta, il trainer, il training e la comunità. I Dodici Potenziamenti di Balanced View sono un training di dodici giorni specificatamente creato per mostrarvi nei dettagli i vostri dati, così che potrete capire in anticipo quali dati vi potrebbero prendere alla sprovvista. La maggior parte degli esseri umani ha degli aspetti che facilmente li catturano, di solito legati al sesso, al cibo, ai soldi, alle relazioni, al tempo libero, al potere e al lavoro. Questi sono aspetti molto naturali della vita umana. Quando vediamo chiaramente come quei desideri agiscono in noi, e troviamo la saggezza indistruttibile e immutata dal desiderio o qualsiasi altro dato, diventa molto più facile affidarsi all'intelligenza aperta. Quando avrete esaminato attentamente i vostri dati e trovato supporto nell'affidarvi all'intelligenza aperta, invece di essere presi alla sprovvista, rimarrete chiari senza neanche sforzarvi. Ciò è un supporto straordinario.

UNA VISIONE EQUILIBRATA
CAPITOLO SEI

"Eventi di ogni tipo, anche apparentemente contrastanti, possono sorgere: malattie, morte, disastri, terrorismo, successo e gioia, ma 'grande equanimità' vuol dire rimanere a proprio agio di fronte a tutte queste apparenze. Quando nulla può intaccare il nostro benessere allora veramente abbiamo possibilità di scelta nella vita."

Dalla prospettiva dell'affidarsi all'intelligenza aperta, godiamo di una visione onnicomprensiva, grazie alla quale vediamo le cose come realmente sono. Da un aeroplano che vola a 10.000 metri di altezza, riusciamo a vedere con una completezza che non è possibile da terra. In modo simile, grazie alla visione onnicomprensiva dell'intelligenza aperta, abbiamo una prospettiva molto più ampia in relazione a tutte le esperienze. Capiamo che non è necessario afferrarsi ad alcun dato, perché tutti i dati sono assolutamente equivalenti. La capacità di vedere le cose in questo modo è detta "visione equilibrata".

L'intelligenza aperta e tutti i dati contenuti in essa sono un un'estensione ininterrotta. Anche quando i dati appaiono nell'intelligenza aperta, l'intelligenza aperta rimane così com'è, immutata da qualunque cosa appaia e senza essere mai diventata un qualcosa di definito. Sperimentiamo la visione equilibrata quando osserviamo le cose in modo chiaro, completamente aperto, spazioso e libero da preoccupazioni. Questo modo di vedere ci dà la capacità di scegliere tra le molte alternative disponibili e di capire quale sarà la scelta che porterà maggior beneficio a tutti.

Tutte le apparenze, indipendentemente da come vengono descritte, sono eternamente libere e prive di ostacoli. Quando ritorniamo più e più volte all'intelligenza aperta, come fondamento di tutto ciò che appare, allora sempre più spesso abbiamo completa equanimità, qualunque cosa accada. Nella libertà completa della totale apertura percettiva nell'incontro diretto con ogni apparenza, vediamo che esse non hanno mai avuto presa. Se appare un fenomeno molto intenso, come ad esempio il panico, osserviamo che il panico e il completo agio dell'essere non sono due cose separate, proprio come il pensiero e la mancanza di pensiero non sono due cose separate. Quando ci affidiamo all'intelligenza aperta, ripetutamente, vediamo sempre meno la dualità.

Affidandoci all'intelligenza aperta per brevi istanti, molte volte, l'equanimità inizia a pervadere tutto, giorno e notte. Eventi di ogni tipo, anche apparentemente contrastanti, possono sorgere nell'intelligenza aperta: malattie, morte, disastri, terrorismo, successo e gioia, ma "grande equanimità" vuol dire rimanere a proprio agio di fronte a tutte queste apparenze. Quando niente può intaccare il nostro benessere, allora veramente abbiamo possibilità di scelta nella vita.

Invece di addestrare le nostre menti a prendere sempre posizione e avere opinioni su tutto ciò che appare, ci potenziamo con la grande eguaglianza di tutto. Più facciamo così, più diventerà ovvio il naturale senso di caloroso benessere che pervade ogni cosa. Eventi che un tempo ci irritavano, non lo faranno più.

Questa non è una filosofia astratta da leggere in un libro e memorizzare. Piuttosto, è un'esperienza decisiva che si esprime in modo pratico nella nostra vita. Qualunque siano le descrizioni, esse trovano il loro fondamento nella purezza primordiale di tutto esattamente com'è. Se cerchiamo una descrizione, perché non questa? E' molto importante per tutti noi come esseri umani compartecipare in questo modo rilassato, grazie al quale possiamo guardarci diritti negli occhi, senza bisogno di portarci dietro tutte le nostre descrizioni di passato, presente e futuro.

Cos'è che vogliamo veramente? Vogliamo avere un grande mucchio di opinioni o vogliamo il sollievo che è alla base di tutto? Non importa chi siamo o quanto siano negative le nostre circostanze, o se abbiamo fatto cose terribili o cose incredibili nella nostra vita, possiamo arrivare a conoscere la natura fondamentale della realtà, e ritornare ad essa sempre più spesso.

Quindi, quando sentiamo che il nostro amante non vuole più stare con noi, o che abbiamo una malattia terminale e stiamo per morire, o che all'improvviso dobbiamo affrontare una situazione difficile, se abbiamo compreso la naturalezza rilassata del nostro essere come base di tutte le apparenze, riusciamo a rimanere in tutte quelle situazioni senza ostacoli.

D: Riusciresti a vivere la grande equanimità di cui parli in situazioni estreme? Ad esempio paragonando la nascita di tuo figlio con la sua morte, sarebbero uguali questi due eventi?

R: Al livello più profondo, sì, sono uguali. "Grande equanimità" non vuol dire essere senza pensieri o senza emozioni. Vuol dire che tutte le apparenze sono viste come eque e che alla base delle apparenze, c'è l'equanimità. Non vuol dire prendere un cerotto di equanimità e applicarlo alle situazioni negative. La natura dell'intelligenza aperta è completa equanimità, così che qualunque cosa appaia, l'equanimità è presente come l'apparenza stessa. Il potere della sempre-presente intelligenza aperta è presente "in" e "come" ogni fenomeno, senza alcuna distrazione. L'intelligenza aperta non è un qualcosa che osserva qualcos'altro: essa pervade la singola estensione non-duale di eguaglianza.

D: Quindi l'equanimità include l'emozione della gioia alla nascita e del dolore al momento della morte?

R: Assolutamente.

D: Non esclude l'emozione del dolore o dell'angoscia?

R: Assolutamente no. Include e abbraccia tutto in modo uguale e permette libera espressione di tutto.

D: E' difficile per me capirlo.

R: Sì. Non può essere capito con l'intelletto. E' completamente al di là del pensare o del fare qualcosa affinché si riveli. Quando ci affidiamo a ciò che è l'origine della gioia e del dolore, nascita e morte, allora abbiamo completa libertà.

D: Come posso continuare ad affidarmi all'intelligenza aperta quando sento dolore?

R: L'essenza di tutto, anche del dolore, è intelligenza aperta. Invece di cercare di descrivere tutto ciò che sta accadendo, preoccupandoci di cosa potrebbe accadere o domandandoci se stiamo facendo la cura giusta, continuiamo a riposare come l'essenza di quel dolore, anche quando ci sembra difficile farlo. Questa è la più grande possibilità che avete di guarire. Quando potenziamo il benessere di salute già perfetta che è l'essenza del dolore e della malattia, quella è la medicina migliore!

Osservando in modo pratico l'esperienza del dolore, vediamo che quando c'è un dolore acuto, come ad esempio un tremendo mal di testa, di solito le sensazioni sono in realtà passeggere. Ci può sembrare di aver sofferto di un mal di testa per tutto il giorno, ma quando ci affidiamo all'intelligenza aperta, cominciamo a notare che ci sono molte sensazioni diverse collegate a quel mal di testa, e che sono andate e venute in continuazione. Non esiste un mal di testa che sia assolutamente presente in ogni singolo istante. Ci sono degli intervalli, e ci sono anche diverse descrizioni del dolore, come: debole, medio, o forte. Quando ci affidiamo all'intelligenza aperta, diventiamo molto più consapevoli di come sono state create quelle descrizioni, e vediamo che non hanno più il potere su di noi che avevano prima.

Invecchiando probabilmente vedremo accadere al nostro corpo molte più cose che generano disturbo. Molti dei presenti sono giovani, ma vi invito a prestarmi ascolto, perché io sono un po' più vecchia! Fermatevi un attimo e notate ogni piccolo dolore e acciacco che avete adesso. Quando avrete la mia età, i dolori e gli acciacchi che avete adesso, saranno moltiplicati varie volte! Se non avete acquisito fiducia nella grande equanimità dell'intelligenza aperta, quei piccoli disturbi saranno molto più esacerbati. Probabilmente non avete pensato molto alla fine della vostra vita e alla vostra morte, perché siete molto giovani, ma quando avrete passato i cinquant'anni, l'orizzonte diventerà più corto, e il vostro corpo inizierà a cadere a pezzi. Non descrivete queste cose e sarete in grado di risolvere qualsiasi cosa potrà accadervi, adesso o più tardi nella vecchiaia.

D: In questo momento sto lasciando una comunità con cui sono stata per lungo tempo, e alcune persone mi stanno criticando molto per questa mia decisione. Quando non ho risposto alle loro critiche iniziali, hanno cominciato ad accanirsi ancora di più nelle loro critiche. Forse perché ho iniziato ad affidarmi all'intelligenza aperta, quelle critiche non mi hanno ferito tanto quanto avrebbero fatto in passato.

R: A volte, quando siamo stati a lungo con un gruppo di persone che sono abituate a vederci reagire in un certo modo, esse avranno generato delle aspettative su come potremmo reagire alle loro critiche. Comunque, quando non reagiamo come si attendevano, potrebbero aumentare l'intensità delle critiche pensando: "Beh, se non riesco ad avere le reazioni che speravo da lei in questo modo, proverò con qualcosa di più forte!". Alcune persone ci vogliono bene e ci diranno delle cose carine, e ad altre persone saremo antipatici e ci diranno cose crudeli e cattive, ma in qualunque modo si esprimano, è semplicemente così che stanno le cose. E' tutto eternamente libero.

Ciò che sta accadendo adesso, riguardo alla situazione che stai descrivendo, è veramente incredibile. In passato, se avessi sentito dire cose negative su di te, lo avresti trovato difficile da accettare. Ti saresti potuta sentire totalmente distrutta, ma invece eccoti qua, a tuo agio in queste circostanze! Non c'è alcun bisogno di reagire o rispondere in alcun modo. Fai tranquillamente le tue cose. Qualunque cosa appaia, lascia che sia esattamente com'è. Qualunque cosa accada, affidati all'intelligenza aperta. L'equanimità è l'abilità di essere a proprio agio in tutte le situazioni, senza ostacoli, comprese le situazioni in cui siamo criticati ingiustamente!

D: Mi disturba tantissimo guardare il telegiornale perché a volte si vedono cose terribili. Ma anche se non guardo il telegiornale e non leggo i giornali, sto comunque in mezzo a gente che lo fa, e che parla continuamente di cose che mi disturbano. Noto così che la mia mente diventa instabile. C'è qualcosa che posso fare per questo?

R: Rilassati e abbi cura di te stesso come sei. Non importa che cosa urlano e gridano gli altri. Qualunque cosa gridano e urlano i giornali, la televisione e i film, è tutta fantasia. Non può avere alcun effetto su di noi se non permettiamo che lo abbia. Se guardiamo il telegiornale e ci lasciamo invischiare da tutta la negatività che è così prevalente, è una nostra scelta. Ma se semplicemente osserviamo tutto ciò che ci appare davanti, e ci rilassiamo completamente senza bisogno di attaccarci a nessuna di quelle descrizioni, iniziamo a riconoscere chi siamo veramente. Niente può disturbare la pace inerente alla nostra vera natura.

Io vivo in una piccola cittadina sul mare in California, e ogni anno alcuni artisti vengono sulla spiaggia durante la bassa marea e costruiscono delle statue di sabbia incredibilmente dettagliate.

Le statue hanno ogni piccolo dettaglio e sottigliezza che si vedrebbe sulle più elaborate statue di marmo o d'oro. Vengono impiegate molte ore di lavoro e viene messa grande cura nel costruirle. Poi però, lentamente e senza pietà, arriva l'alta marea e porta via quelle bellissime opere d'arte.

Similmente, qualsiasi cosa appaia, essa cambierà e alla fine svanirà naturalmente. La legge dell'impermanenza si applica a tutto. Ciò che ancora non è apparso, apparirà, e qualunque cosa appaia, svanirà. Le cose che sono accadute in passato sono tutte svanite, e adesso stanno apparendo altre cose. Il mondo intero potrebbe esplodere in un istante, ma l'indistruttibile intelligenza aperta sarà sempre qui. Allora perché non familiarizzare con essa? Quando riconosciamo ciò, di cosa possiamo aver paura?

D: Con tutte le cose che stanno accadendo, specialmente dall'11 settembre 2001, sento spesso tantissima ansietà. Ho sentito dire che è possibile essere a proprio agio pur sentendo insicurezza. Che cosa suggeriresti a chi sentisse un terrore opprimente per ciò che potrebbe accadere?

R: L'imprevedibile, magnifica manifestazione degli eventi farà quel che farà, quindi tanto vale rilassarsi e godersi lo spettacolo, perché non si sa mai cosa può accadere! Non importa quanto pensiamo che sia sicuro il nostro paese, non sappiamo mai cosa c'è dietro l'angolo. Una minaccia potrebbe venire sotto qualsiasi forma: un attacco al nostro paese, una persecuzione politica o religiosa, un'ingiustizia sociale, un terremoto, una guerra civile, la nostra morte o la morte di qualcun altro.

Qualunque cosa accade, accade. Ma quando ci affidiamo all'intelligenza aperta, possiamo lasciare che accada! Non pensiamo più "Oh no, non voglio che questo accada, voglio che la mia vita sia diversa!". Se dei missili cadono intorno a noi e altri paesi ci invadono, indovinate un po', non riusciremo a cambiare tutto ciò. Tanto vale affidarsi all'intelligenza aperta, perché allora avremo pace mentale, qualunque cosa accada.

Allora sapremo cosa fare in queste situazioni, e riusciremo a rispondere dalla saggezza, piuttosto che lasciarci prendere dal panico e farci coinvolgere dai nostri stati emotivi.

Credetemi, può accadere di tutto. Se stiamo vivendo la nostra vita basandoci sui dati, sarà molto difficile e doloroso per noi quando accadranno delle cose inaspettate. Tuttavia, se ci affidiamo all'intelligenza aperta, riusciremo a vedere l'accaduto come uno spettacolo incredibile. Invece di vedere le esperienze della vita come dei nemici o qualcosa di cui aver paura, le vediamo tutte come nostre alleate. Riconoscere che le apparenze sono di supporto all'intelligenza aperta è un modo di affidarsi ad essa. Vuol dire che diciamo dentro di noi: "Voglio riconoscere l'intelligenza aperta come base fondamentale del mio essere. Così voglio vivere la mia vita, e non mi arrenderò mai!". Che cosa vuol dire esattamente "Non mi arrenderò mai"? Vuol dire che, qualsiasi cosa accada, l'attenzione sarà sull'intelligenza aperta piuttosto che sulle apparenze.

D: Ti ho sentito accennare in un dialogo su Internet che a un certo momento della nostra pratica spirituale tutto potrebbe andare fuori controllo, e che potremmo avere un periodo molto turbolento in cui i nostri pensieri sembreranno come impazziti. Potresti spiegarmi esattamente che cosa intendi con questo?

R: Se abbiamo adottato delle intense pratiche spirituali per lungo tempo, possiamo pensare di essere riusciti a rinunciare o ad abbandonare tutti i pensieri e le emozioni negative. Possiamo pensare di essere andati oltre, e se qualcosa del genere appare di nuovo nella nostra mente ci potrebbe sembrare una regressione. Tuttavia, finché continuiamo a pensare così, stiamo evitando la libertà eterna dell'intelligenza aperta.

A un certo punto della nostra vita, dobbiamo abbandonare le nostre prese di posizione, gettare via il nostro cuscino da meditazione e gettare via tutte le filosofie, inclusa la nostra! E' in questo momento che si rivela la grande equanimità. Quando riusciamo a vedere tutto come assolutamente equo, e lasciamo andare la nostra abitudine a reprimere e controllare i contenuti della nostra mente, questo è il momento in cui -boom!- tutto ciò che abbiamo cercato di tenere a bada, ci inonderà.

Ci potrà essere un momento, non importa quanta pratica abbiamo fatto, in cui tutto salterà per aria! Tutti i grandi esseri che hanno realizzato i poteri della chiara luce della saggezza, dicono la stessa cosa: non importa quanto tempo ci siamo seduti sul cuscino assorti in meditazione, tutto alla fine andrà a pezzi. Lo stiamo vedendo accadere pubblicamente con molti personaggi importanti del mondo spirituale di oggi, non è vero? All'improvviso avvengono questi sconvolgimenti interiori, e molti di loro non erano preparati.

Potrebbero apparirci ogni tipo di pensieri folli, e non riusciremo a credere che stiamo pensando a questo genere di cose. Tutte le cose che stavamo respingendo, ad esempio fantasie sessuali e così via, che eravamo sicuri non potessero essere incluse nella pratica spirituale, appariranno tutte nella nostra mente. Anche se siamo riusciti a entrare in qualche stato estremo come il vuoto, il non-essere, il non-pensare, l'imparzialità o la neutralità, e siamo riusciti a mantenere a lungo quello stato, all'improvviso saremo assaliti da quei pensieri, allora lo stato che stavamo trattenendo, svanirà.

E' una descrizione molto evocativa, non è vero? Nonostante tutti i nostri tentativi di controllare i contenuti della nostra mente, neutralizzando gli stati negativi, all'improvviso tutto va fuori controllo! Allora, cosa fare? Se in quel momento siamo pronti a risolvere la situazione da soli, ad affidarci all'intelligenza aperta e lasciare che tutte le apparenze vadano e vengano, allora ci sarà semplicemente una grande risata! Ciò è stato descritto in tutte le grandi tradizioni: l'indistruttibile, immutabile risata che viene dal riconoscere tutto così com'è. Vediamo che è tutto equo, e che non esiste niente di cui aver paura in nessuna apparenza. L'intelligenza aperta sottostante i pensieri devoti e quelli avidi e odiosi, è identica. E' nella realizzazione della grande eguaglianza di tutte le apparenze, che il calore sincero della compassione naturale viene liberato. Finché non è realizzata, l'eguaglianza di tutte le apparenze rimane nascosta.

Non sarà possibile predire cosa accadrà in quei momenti di agitazione, ma quando capiteranno, saprete cosa fare oppure no. Se avrete avuto delle buone istruzioni, allora sarete preparati, e riuscirete a stare con tutto ciò che accadrà e a riderci sopra. Se non saprete cosa fare, sarà ora di affidarsi al proprio trainer, perché è a questo che servono. Saranno lì per essere di supporto in quei momenti terrificanti quando gli schemi della mente cominciano a crollare. Sapranno cosa sta succedendo quando i confini di tutti i concetti vengono completamente distrutti. Molti di noi hanno sentito parlare del lasciar andare tutti i sistemi di valori e ideali, e della distruzione di tutti i concetti. Beh, questo è ciò che vuol dire la distruzione di tutti i concetti. Non è come prendere un martelletto e distruggere la parola "concetti"; è selvaggio, energico, libero, oltre qualsiasi cosa si possa mai immaginare. Quindi se non vi è già successo, preparatevi acquisendo fiducia nell'intelligenza aperta!

MEZZI ECCELSI

CAPITOLO SETTE

"Attraverso la mia esperienza ho scoperto in modo conclusivo che l'amore porta sempre i risultati migliori. L'amore non ha bisogno di nient'altro: da solo l'amore è il mezzo più sublime ed eccelso. Si potrebbe dire che l'amore è il mezzo più idoneo in assoluto per creare pace e benessere nelle nostre vite, nelle nostre comunità e sulla Terra."

Ciò che mi interessa è l'espressione pratica dell'intelligenza aperta, in un modo che sia di genuino beneficio alle persone. Non sono interessata a una mera filosofia senza applicazione pratica, né a scrivere grandi trattati che nessuno capisce. Voglio condividere ciò che c'è di più essenziale e prezioso nella vita, in un modo diretto e pratico che possa aiutare le persone di tutto il mondo. Mi interessa la vita di ogni giorno, vissuta da persone comuni, con cuori che battono e polmoni che respirano.

I maestri possono insegnare in modo autorevole e convincente solo se il loro insegnamento è fondato sull'esperienza vissuta. La sola conoscenza teorica o ipotetica non ha potere trasformante. E' importantissimo conoscere la distinzione tra un'istruzione che si basa sull'esperienza diretta del maestro e una che è semplicemente teorica. Quando la saggezza del maestro è comunicata in modo chiaro e diretto, le persone che sono aperte, pronte e interessate a tale saggezza, possono riconoscerla rapidamente in se stesse. Un maestro che ha l'esperienza diretta dell'intelligenza aperta imperturbabile, potrà usare i mezzi idonei per introdurre lo studente a un'esperienza diretta dell'intelligenza aperta.

Ci sono molti maestri e insegnamenti in tutto il mondo, e l'uso di mezzi eccelsi può prendere forme molto diverse. I mezzi idonei possono sembrare duri e severi in alcune circostanze, o sottili e gentili in altre circostanze. Tuttavia, se il loro uso è completamente fondato nell'intelligenza aperta, la loro applicazione sarà infallibile in qualsiasi situazione.

Un maestro che incarna la bontà fondamentale dell'intelligenza aperta, può facilmente riconoscere i dati delle persone che vanno da lui per ricevere insegnamento, compresi i dati più sottili, di cui la persona stessa può non essere consapevole. Nell'aiutare le persone ad andare al di là dei propri dati, alcuni maestri usano dei metodi che possono a volte sembrare molto severi, ma questo non è un approccio adottato a Balanced View. Abbiamo trovato un'altra via che funziona incredibilmente bene, e questa via è l'amore.

Certo, l'amore può prendere diverse forme. Anche se le parole di un maestro possono sembrare dure nella loro espressione, se vengono offerte dall'amore, possono essere ricevute come amore, se lo studente è disponibile. Quando è necessario dare un messaggio diretto, con un po' di decisione, l'amore può essere così evidente che l'asprezza del tono non viene neanche notata. Il messaggio sarà innegabilmente amorevole, anche se potrà apparire come una palla di fuoco! L'amore in questi termini è sempre selvaggiamente compassionevole, e mantiene sempre una connessione completa con tutto e con tutti, in ogni luogo.

L'amore supera tutto. Lo sapevo anche prima che accadesse questo incredibile cambiamento, ventisei anni fa. Come madre di tre bambini, mi risultava impossibile umiliarli o picchiarli. Sapevo soltanto che volevo amarli incondizionatamente. Certo, come loro madre, vedevo dove era necessario cambiare la loro relazione con i dati, ma c'era sempre il modo di farlo senza dover usare comportamenti che avrebbero potuto ferirli. Attraverso la mia esperienza ho scoperto in forma conclusiva che l'amore dà sempre i risultati migliori. L'amore non ha bisogno di niente: da solo l'amore è il più sublime e idoneo dei mezzi. Si potrebbe dire che l'amore è il metodo eccelso per creare pace e benessere nelle nostre vite, nelle nostre comunità, e sulla Terra.

Negli insegnamenti e nelle comunità fondate sull'amore e formate da persone dedite a realizzare la loro vera natura, sono sempre evidenti il calore e la premura. Quando arrivano delle persone nuove in queste comunità, vengono accolte con gentilezza e buon cuore. Non esistono false gerarchie o tentativi di escludere o isolare qualcuno. In tali comunità, le qualità provengono dall'incredibile amore manifestato dal maestro e dai membri della comunità stessa. Quelle qualità sono il risultato di una grande volontà di esprimere e di vivere l'amore, e di non deviare mai da quell'ideale. L'amore è il mezzo principale del maestro.

Crescendo, acquisiamo un'identità personale specifica dall'essere stati esposti ai dati delle nostre famiglie e comunità. Abbiamo tutti dei modi di vivere che sono radicati in noi, di solito appresi da ciò che abbiamo visto in altre persone. Abbiamo creduto di essere i nostri dati e abbiamo creduto che anche gli altri lo fossero, e ciò ha creato dualità, giudizi e sofferenza. Tuttavia, quando incontriamo persone che si affidano all'intelligenza aperta, senza essere distratte dai dati, improvvisamente riconosciamo dentro di noi: "Wow! Non si focalizzano sui loro dati, e neanche io ho bisogno di farlo!".

Questo è un esempio di cosa voglia dire essere introdotti all'intelligenza aperta, e può avvenire nel contatto diretto con un maestro o nel contatto con una comunità in cui l'intelligenza aperta potente sia pienamente evidente.

Mantenendo l'intelligenza aperta, arriviamo a capire che l'identità convenzionale che avevamo creduto di essere, non è la nostra vera identità. Familiarizziamo sempre più con l'identità di saggezza che è naturalmente presente e completa in se stessa. Quando i mezzi eccelsi e la saggezza del maestro sono completamente presenti, l'identità di saggezza può essere facilmente ed efficacemente rivelata agli altri.

Nel cominciare a scoprire questo modo completamente nuovo di essere, in alcuni casi possiamo sentirci un po' disorientati, e inizialmente non sapere bene come agire. In seguito però, mantenendo l'intelligenza aperta, per brevi istanti, ripetuti molte volte, la saggezza gradualmente inizia ad esprimersi, assieme alla capacità di essere completamente rilassati ed efficaci in ogni situazione. Avremo una mente e un corpo completamente rilassati in tutte le situazioni, a prescindere dalla presenza o assenza di pensieri.

Nel vivere una vita basata sul riconoscimento continuo dell'intelligenza aperta ordinaria, si manifesta suprema audacia in ogni momento. Non esiste un manuale per indicare come si manifestano le nostre risposte alla vita. Qualsiasi cosa viene detta, è detta senza premeditazione né preoccupazione. Non sprechiamo più energia mentale ed emotiva in pensieri quali: "Oh, che cosa penseranno di me?" o "Che figura farò se faccio questo?", perché non esiste più quel tale riferimento a un'identità personale. Esiste soltanto una presenza naturale rilassata e senza sforzo, e la suprema audacia del comunicare con sincerità.

Riusciamo a rispondere a tutto senza sforzo e in modo spontaneo, perché non esiste più la paura fondata sull'ansia da anticipazione. Molte persone trovano che le loro paure semplicemente svaniscono. Vediamo chiaramente che la paura non è altro che un dato passeggero nell'intelligenza aperta, e come tale non ha alcuna natura indipendente o significato in sé. In realtà, è soltanto una forma della pura intelligenza aperta, un'effimera, vivida apparenza nella saggezza infinita che è la nostra vera natura. Qualsiasi cosa appaia è vista come perfetta esattamente così com'è, e la risposta appropriata appare naturalmente, indipendentemente da quanto possa essere difficile la situazione.

Una persona che si affida completamente all'intelligenza aperta, non ha alcun bisogno di accumulare meriti e virtù, perché nessuno di questi è necessario a ciò che è già completo. Un insegnamento autentico o puro, non devia mai da questa conclusione e non aggiunge mai niente che richieda miglioramenti di un sé difettoso. Esso afferma che esiste un unico sé e che è illimitato, indivisibile, infinitamente libero e intrinsecamente perfetto. Non dice affatto che abbiamo bisogno di accumulare meriti o virtù, o praticare varie attività per diventare abbastanza puri da poter capire e realizzare la nostra vera natura; esso afferma che è già realizzata! Inoltre, gli insegnamenti autentici e diretti spiegano che c'è un solo metodo: quello di affidarsi all'intelligenza aperta, in modo completamente naturale, finché diventa automatico. Ciò può essere spiegato in modi differenti, ma l'essenza dell'insegnamento è sempre la stessa. La disposizione ideale della persona che vuole riposare come intelligenza aperta, è di essere semplicemente abbastanza aperta da ascoltare gli insegnamenti e riposare regolarmente come intelligenza aperta. Solo questo. Non è una cosa difficile.

In molti percorsi, sono suggerite delle pratiche preliminari per coltivare meriti e virtù e per la purificazione del corpo, della mente e dello spirito. Tuttavia, è essenziale capire esattamente quale sia il loro scopo, perché senza la corretta comprensione, queste pratiche possono diventare una deviazione. Il vero scopo di ogni pratica è di rivelare impeccabile e immacolata saggezza. Una volta che avviene ciò, saranno naturalmente presenti il corpo, il linguaggio e la mente della saggezza, e tutti i suoi attributi e le sue attività. Non esiste niente che debba essere purificato, quindi il vero scopo delle pratiche preliminari è di rivelare che tutto del nostro corpo, linguaggio, mente, qualità e attività, è, adesso e per sempre, impeccabilmente puro. Quando i mezzi eccelsi e la saggezza dell'insegnante sono tali che ciò è comunicato in modo chiaro e diretto, allora l'inerente purezza di ogni cosa diventa molto presto evidente nelle persone interessate e aperte.

Alcune persone pensano di aver bisogno di andare in India o in Tibet o in qualche posto sacro particolare per trovare le circostanze perfette e per sentirsi in pace. Ma, dovunque andiamo, eccoci qua! Ci portiamo dietro i nostri dati che ricreano la nostra esperienza ovunque ci troviamo. Ciò di cui abbiamo bisogno è la completa apertura percettiva in ogni esperienza, e la si può trovare in ogni luogo. Dire che un'esperienza o un posto è meglio di un'altro ci allontana dai veri mezzi eccelsi e dalla saggezza. Dire che alcune cose sono meglio e alcune peggio è soltanto un'idea convenzionale, e i modi convenzionali di affrontare la vita devono essere esaminati con occhio acuto, perché raramente portano alla vera libertà o alla pace interiore.

L'assoluta semplicità di tutto, esattamente così com'è, è completamente libera da costrizioni o strutture filosofiche. Quando capiamo quanto siamo magnifici ed elevati come esseri umani, una porta si apre, e una volta entrati, non è più possibile tornare indietro. Diciamo a noi stessi: "Wow! Ciò che ho scoperto in me è incredibile!", e vogliamo condividere con tutti questo agio e questo benessere che abbiamo trovato. E' questo completo agio dell'essere, inerente al riposare come intelligenza aperta, che porta quell'incredibile luminosità alla pelle e un sorriso sul viso. Diventiamo allegri!

Se ci apriamo a ricevere istruzioni dirette che sono chiare e specifiche, anche mettendoci soltanto un briciolo di apertura mentale, unita all'intenzione di tornare ripetutamente all'intelligenza aperta, arriveremo a riconoscere la natura completamente evidente del nostro essere. E' molto importante ricevere istruzioni precise che portano rapidamente l'esperienza decisiva della vera natura del nostro essere. Istruzioni precise portano alla rapida realizzazione dell'eterna intelligenza aperta, e alla nascita di poteri di grande beneficio. Le istruzioni di cui sto parlando non corrispondono alla conoscenza convenzionale attuale. Mi riferisco piuttosto alla realizzazione che appare ogni tanto nel flusso mentale di alcune persone in un momento storico particolare e porta un insegnamento perfetto per le persone che vivono in quell'epoca. Questo insegnamento porta rapidamente al riconoscimento dell'intelligenza aperta, ed è sempre esposto in un linguaggio che può essere facilmente compreso dalle persone di quell'epoca.

In questi insegnamenti, non è necessario alcuno sforzo e non sono usati trucchi o espedienti di alcun tipo. Tutto ciò che è necessario fare è affidarsi all'intelligenza aperta per brevi istanti, ripetuti molte volte, finché diventa ovvio in ogni momento. Solo questo. Non è necessario fare nient'altro, o affidarsi a qualche altra cosa. Nell'affidarci all'intelligenza aperta troviamo finalmente quello che stavamo cercando attraverso tutte le pratiche che abbiamo seguito. A prescindere da ciò che stavamo cercando attraverso le nostre pratiche o attività mondane, troveremo la vera felicità e benessere che stiamo cercando affidandoci all'intelligenza aperta.

D: *So che in molte tradizioni la grazia del guru è una delle benedizioni più importanti offerte a un discepolo. Pensi che la grazia del guru sia una cosa importante da cercare o desiderare?*

R: Quando ci affidiamo completamente all'intelligenza aperta, siamo la grazia. La cosa più importante è avere un'esperienza personale della grazia del completo agio dell'essere. Uno dei significati di guru è: "Colui che porta via l'oscurità". Il miglior modo di usare il guru o il maestro è di potenziare la chiara luce dell'intelligenza aperta in cui apparite sia tu che il tuo maestro. L'intelligenza aperta è la vera forma del guru.

Se vogliamo essere totalmente devoti al guru o al maestro e non allontanarci da lui neanche per un istante, possiamo farlo, ma non è necessario, e non tutti vorranno farlo. Ci sono molte credenze e pratiche che possono aver avuto molto successo in passato ma che adesso non sono più efficaci allo stesso modo. Sta a noi trovare dei modi nuovi di cogliere l'essenza di quelle pratiche tradizionali e di applicare quell'essenza in modi che funzionino nel mondo moderno. Quando sentiamo espressioni quali "la grazia del guru", esse significano cose diverse a persone diverse, a seconda dei loro dati. Ci sono molte persone oggi che, sentendo la parola "guru" o ascoltando qualche discorso sull'avere un guru o dipendere dalla grazia del guru, scapperebbero immediatamente nella direzione opposta!

Ma se parliamo di ricevere supporto continuo da un maestro e dal suo insegnamento, questo risulta più facile da capire. Affidarsi al supporto di un maestro è la stessa cosa che prendere rifugio nella grazia del guru, ma "affidarsi al supporto di un maestro" è un'espressione che potrebbe apparire più invitante a molte persone. Qualsiasi cosa venga offerta, è importante che sia disponibile a tutti. La vera grazia del guru è universale e tocca tutti in modo imparziale. Permettere che tale grazia arrivi alle persone in tutto il mondo è più importante di qualsiasi altra cosa. Usare un linguaggio a cui la maggioranza delle persone possa relazionarsi è un'espressione di saggezza e abilità.

D: So che dovrei aver compassione per le persone che fanno del male a se stesse e agli altri, ma allo stesso tempo penso che dovrei almeno fargli notare l'effetto del loro comportamento sugli altri. Qual è l'approccio migliore in questo caso?

R: Quando arriviamo a capire che tutte le nostre apparenze non sono altro che intelligenza aperta, troviamo una naturale compassione per noi stessi e per tutti gli altri. La compassione non ha mai bisogno di essere coltivata o sviluppata, è inerente all'intelligenza aperta e può essere trovata solo nell'intelligenza aperta. Se fosse coltivata, potrebbe essere soltanto un artificio. Quando scopriamo la vera compassione in noi stessi, vediamo che essa nasce spontaneamente e non dobbiamo ricavarla da nessuna parte. In virtù di quella scoperta siamo in grado di vedere chiaramente cosa pensano e sentono gli altri. Riusciamo a vedere come si stanno aggrappando ai loro dati, e comprendiamo quanto ciò sia doloroso. Nella situazione che hai descritto, un approccio potrebbe essere di far notare direttamente il difetto alla persona in questione, ma i consigli non richiesti spesso non sono di grande aiuto. Potresti andare da lei e dirgli "Ehi, so che cosa ti sta succedendo e te lo voglio dire". Ma a Balanced View non troviamo che sia un metodo particolarmente efficace.

Se una persona mi chiede aiuto e mi invita a vedere insieme a lei i suoi dati, allora lo faccio, altrimenti non mi intrometto in alcun modo. Ci sono modi molto più semplici ed efficaci per aiutare qualcuno che dare opinioni senza essere stati prima invitati a farlo. Quando acquisiamo familiarità con l'intelligenza aperta che è alla base di tutto, ci si presentano molti mezzi efficaci per aprire uno spazio di ricettività nelle persone. Per esempio, possiamo restare pazientemente e amorevolmente accanto alla persona, accettandola esattamente così com'è. Questo spesso aiuta le persone a diventare più rilassate e ad incontrare uno spazio di potenziamento, dove prima c'era solo attaccamento ai dati. Quando ciò accade, le persone sono naturalmente più pronte a guardare in modo oggettivo e aperto a loro stesse e al proprio comportamento.

Se mi sembra che qualcuno abbia bisogno di aiuto, invece di parlare direttamente a quella persona, posso parlare della situazione che sta affrontando al gruppo di cui è parte, sapendo che la persona in questione ascolterà ciò che sto dicendo. Poi capisco subito se il messaggio è stato sentito e recepito veramente. In questo modo, tutte le persone che hanno ascoltato possono avere beneficio da quell'istruzione, perché condividiamo tutti molti dati uguali. Con questo metodo, siamo tutti indivisibili, ma nessuno è invisibile!

Ci sono molte persone che sono pronte ad affidarsi all'intelligenza aperta e che richiedono supporto in questo, e tali persone saranno probabilmente aperte ad ascoltare ciò che hai da dire. Tuttavia, se parli con persone che sono ambivalenti o non sono interessate, allora probabilmente troverai solo resistenza, ed è probabile che nessuno di voi due ricaverà alcun beneficio dalla conversazione. Usare giudizio nel parlare con le persone rende le cose più facili. Rilassarsi è meglio. Semplicemente rilassatevi!

UN NUOVO MODO DI ESSERE

CAPITOLO OTTO

"Quando familiarizziamo con ciò che è consapevole di tutti questi concetti, ma che non viene alterato da alcun concetto, allora ci collochiamo direttamente nella posizione dell'essere, che in realtà non è affatto una posizione. L'essere non ha indirizzo né locazione."

In ogni era in cui hanno vissuto gli esseri umani, ci sono sempre state persone che hanno voluto comprendere la vita in modo profondo. Tuttavia, fintanto che cerchiamo di capire la vita soltanto nel contesto del pensiero, non saremo mai in grado di comprendere l'essenza inconoscibile che è al di là del pensiero. Finché sperimentiamo la vita soltanto attraverso le diverse modalità del pensiero, l'inconoscibile rimarrà sempre fuori dalla nostra portata.

Credere che la nostra intelligenza comprenda solo i nostri pensieri e le nostre emozioni, è veramente molto primitivo, e questa credenza limita la comprensione che è possibile avere della nostra intelligenza. Se crediamo che l'intelligenza sia un derivato di una creazione biologica chiamata essere umano, saremo limitati da questo modo di pensare. La convinzione sarà: "Sono intelligente perché ho un corpo umano; avrò questa intelligenza finché vivrò, e alla mia morte questa intelligenza non ci sarà più".

Quando siamo chiusi in queste strutture mentali, tutto ciò che accade, sarà sempre riferito a noi stessi, al nostro sé individuale. Tutto è visto accadere a un "io", come soggetto in una relazione soggetto-oggetto. Anche se ci relazioniamo con altri cosiddetti soggetti, in realtà li vedremo come oggetti. Le altre persone nel mondo sono oggettificate e valutate in base a come possano arrecarci beneficio o non arrecarci benefico, e guarderemo ad ogni cosa come se in qualche modo disponesse del potere di influenzare i nostri pensieri ed emozioni.

Perché limitarci a uno scenario che afferma che siamo dei soggetti separati e individuali? Perché presupporre che la relazione soggetto-oggetto esista in assoluto, e che la realtà sia fatta di materia e possa essere descritta dalle percezioni? Vedere ogni cosa come solida ed esistente in sé, è soltanto un modo di vedere le cose, ma probabilmente non rivelerà mai la nostra vera natura. Sarebbe come esaminare un piccolissimo pezzo di un puzzle gigantesco, e cercare di valutare tutto il puzzle da quel singolo pezzo.

Se vogliamo conoscere l'essenza della vita e dell'intelligenza, allora dobbiamo familiarizzare con il loro perfetto conoscitore. Quando familiarizziamo con ciò che è consapevole di tutti questi concetti, ma che non viene alterato da alcun concetto, allora ci collochiamo direttamente nella posizione dell'essere, che in realtà non è affatto una posizione. L'essere non ha un indirizzo o una locazione. L'intelligenza aperta può essere sperimentata nel corpo umano, ma il corpo umano non è l'origine dell'intelligenza aperta. L'intelligenza aperta è universale, in realtà è al di là dell'universo: è lo spazio fondamentale in cui l'intero universo appare.

Di qualunque cosa parliamo: la vita, l'intelligenza, fare esperienze, essere, dobbiamo riconoscere che cosa è realmente consapevole di tutto ciò. L'intelligenza aperta è il conoscitore perfetto, consapevole di tutto; è inseparabile dall'intelligenza fondamentale di ciò che è. Questo fondamento dell'essere è consapevole di tutti i dati, tutti i sistemi di opinione, tutti i presupposti e vede tutti i dati come se stesso. Questo fondamento dell'essere è ciò che sta vedendo, conoscendo, spiegando, descrivendo, sperimentando ed esistendo.

Anche se possiamo aver accettato un sistema di credenze secondo il quale siamo un soggetto che percepisce degli oggetti, quando semplicemente ci rilassiamo ed esaminiamo "ciò che vede", allora ci accorgiamo che esiste soltanto intelligenza aperta, inclusiva di tutti i dati. Questa intelligenza aperta è il fondamento di ciò che crediamo di essere. Quando familiarizziamo con il fondamento dell'essere, allora vediamo tutto esattamente così com'è. Vediamo l'ampia portata della realtà esattamente così com'è, senza alcun investimento nel cercare di fissare la realtà ad essere una qualche cosa in particolare. Vediamo ogni apparenza come temporanea ed effimera, e sempre meno esiste una stabilità fissa ad ogni cosa. Quando acquisiamo familiarità con l'intelligenza aperta come fondamento di tutto, allora la portata della nostra esperienza cambia radicalmente.

Continuando a riconoscere che i nostri pensieri e le nostre emozioni abbiano un significato in sé, stiamo ignorando il fondamento del pensiero stesso, che è l'intelligenza aperta - il fondamento dell'essere. Esso è sempre presente, ma non notiamo che c'è. Tuttavia, se semplicemente ci affidiamo all'equilibrio di "ciò che vede", allora possiamo permettere a tutti gli imprevedibili pensieri ed emozioni di essere come sono, senza venire sopraffatti dal loro apparente significato.

Ci svuotiamo della nostra energia vitale quando continuiamo ad aggrapparci all'importanza di qualcosa che non ha una sua natura indipendente. Qualsiasi definizione possiamo dare alle impressioni della mente, come: "rabbia" o "gioia", oppure, "buono" o "cattivo", esse appaiono tutte nello stesso spazio fondamentale dell'intelligenza aperta, e sono fatte soltanto di questo spazio.

Dobbiamo andare direttamente all'origine di ciò che sta guardando, invece di cercare qualcosa fuori da noi stessi. Finché continuiamo a cercare, invece di affidarci a "ciò che sta guardando", non troveremo, perché è proprio ciò che sta guardando che è saggio.

Molti di noi hanno passato la maggior parte della vita a cercare, in un modo o nell'altro. Abbiamo cercato delle risposte, sollievo dalla sofferenza, o qualche tipo di libertà mentale. Possiamo non averlo definito "cercare", ma abbiamo sentito in qualche modo che esisteva qualcosa di più da avere o da sapere. A prescindere da come si sia espressa la ricerca, tutto si riconduce a quest'impulso alla libertà. Infatti, ogni singolo momento della nostra vita è un'espressione di quel bisogno di libertà. Abbiamo un grande senso di urgenza in tutto ciò che pensiamo, sentiamo e facciamo, e questo senso di urgenza non è altro che l'impulso alla libertà assoluta. Questo è ciò che stiamo sempre cercando, ma se non impariamo a rilassare la nostra mente, non avremo che pochi attimi fuggenti di libertà nella nostra vita.

Persino le azioni più violente e terribili sono in realtà espressioni di quello stesso impulso alla libertà. La gente cerca modi per alleviare la propria ansia in tutto ciò che fa e pensa. Abbiamo tutti imparato attraverso una lunga pratica, a credere che i nostri pensieri, emozioni ed esperienze siano reali e concreti. A causa di ciò, cerchiamo di avere pensieri, emozioni ed esperienze che ci diano sollievo, per quanto possano essere confusi i nostri tentativi. Per la maggior parte delle persone, però, i tentativi di alleviare l'ansia non funzionano mai, realmente. Al meglio, quei tentativi semplicemente neutralizzano alcuni dati, ma non portano alcuna sensazione duratura di sollievo o libertà. Ecco perché molte persone si ritrovano frustrate e confuse.

Anche la ricerca spirituale, per la maggior parte, è aggrovigliata in tentativi di cambiare un dato con un altro, e il risultato è che il cercatore non riesce a riconoscere la libertà che sta cercando. Tuttavia, affidandoci all'intelligenza aperta, andiamo al di là di tutti gli schemi convenzionali. Il Training di

Balanced View rivela che nulla dei nostri dati ha bisogno di essere diverso da ciò che è; esiste solo lo spazio fondamentale dell'intelligenza aperta, l'ordine naturale di tutto, che vede oltre tutti gli schemi convenzionali.

Tutti noi abbiamo cercato di uscire dai nostri pensieri negativi e di entrare in quelli positivi. Abbiamo cercato di uscire dalle nostre emozioni negative ed entrare in quelle positive. Abbiamo cercato di uscire dalle nostre esperienza negative ed entrare in quelle positive. Abbiamo cercato di uscire dalle nostre relazioni negative ed entrare in quelle positive. L'intento di ciò che chiamiamo la ricerca spirituale è spesso di entrare in un particolare stato e uscire da uno opposto. Non è vero? E finché cerchiamo di entrare in uno stato particolare e uscire da un altro, sia che lo chiamiamo ricerca spirituale o qualcos'altro, ci stiamo semplicemente spostando da una parte all'altra.

Allora, la distinzione chiave tra questo nostro tentativo e il Training di Balanced View, è che grazie al potere di affidarsi all'intelligenza aperta, ciò che stiamo cercando si rivela immediatamente. In altre parole, rilassate tutto ciò che credete di essere, tutte le idee su chi pensate di essere, e (schiocca le dita) lo trovate proprio qui.

Il fondamento della pura intelligenza aperta, che non è mai stato contrastato da nulla, è riconosciuto soltanto in questo completo rilassamento. Possiamo chiamarlo la fonte universale, o l'intelligenza cosciente, o pura intelligenza, o intelligenza aperta; è il fondamento senza opposti di tutto ciò che è. Quando ci rilassiamo in esso, vediamo che si riconosce da sé. Scopriamo che il fondamento dell'essere è auto-conoscente. Tutti i fenomeni sono infatti l'auto-conoscenza del fondamento senza opposizione.

In modo molto pratico, possiamo integrare questa comprensione nella nostra esperienza, semplicemente affidandoci all'intelligenza aperta, per brevi istanti, molte volte, finché diventa automatico. Che cosa significa ciò? Significa che, qualunque siano i nostri pensieri, se stanno descrivendo delle emozioni, sensazioni, esperienze, persone, luoghi, cose o qualunque cosa siano, ci rilassiamo ripetutamente per brevi istanti, finché questo fondamento rilassato dell'essere diventa ovvio in ogni momento. E' proprio così semplice.

Abbiamo i Quattro Supporti: 1. affidarsi all'intelligenza aperta; 2. il trainer; 3. i media per il training; 4. la comunità. Queste sono in assoluto le più potenti istruzioni sulla vita che si possano mai praticare.

Quando un pensiero appare nell'intelligenza aperta, semplicemente rilassatevi, senza il minimo sforzo per correggere ciò che appare. In questo modo, arriverete a comprendere che tutto ciò che appare esiste solo nell'intelligenza aperta. Non sto parlando dell'intelligenza aperta come fenomeno umano, ma dell'intelligenza aperta come centro e matrice dell'universo.

L'intelligenza aperta è pura, spaziosa e limpida come un cielo senza nuvole, e quindi anche la natura di tutti i pensieri, emozioni ed esperienze, è anch'essa infinita e spaziosa come il cielo, perché essi appaiono nell'intelligenza aperta e sono fatti soltanto di intelligenza aperta. Quando ci affidiamo all'intelligenza aperta, possiamo vedere che è così.

Tutto, nell'estensione infinita del fondamento dell'essere è completamente a proprio agio. Tutte le apparenze vengono dall'agio, ritornano all'agio, e l'andare e il venire sono anch'essi completamente a proprio agio. Quando ci rilassiamo, gioiamo di questo naturale agio dell'intelligenza aperta che è identica a ciò che siamo. Indipendentemente dal colore della nostra pelle, dal nostro sesso, o dal fatto di essere più o meno intelligenti, questo agio è completamente disponibile e accessibile a tutti in ugual modo. Chiunque siamo, come essere umani, ci è possibile godere del completo agio dell'essere in tutte le circostanze.

Percepire tutte le esperienze come intelligenza aperta vuol dire capire il significato di una piena e vitale apertura. L'intelligenza aperta che sto descrivendo qui non si muove né cambia in alcun modo. Concedetevi un momento, proprio adesso, e rilassatevi come la vera natura della vostra mente, l'intelligenza aperta imperturbabile e immutabile. Essa non ha alcun colore, forma, o sostanza che si possa trovare.

Quando arrivate all'intelligenza aperta che non ha colore o forma, cercate un centro o una circonferenza. Essa ha un centro o una circonferenza, oppure è infinita e aperta come lo spazio? Ora guardatevi in giro. Ciò che sta guardando si sposta da qualche parte? Le cose che vediamo possono cambiare, ma c'è qualcosa che cambia in ciò che guarda? Esiste un dentro e un fuori diviso dalla pelle? Esistono oggetti fuori da voi, o tutte queste cose sono in realtà apparenze all'interno dell'intelligenza aperta?

Non incontrando alcuna distinzione tra dentro e fuori, arrivate all'intelligenza aperta, che è vasta come il cielo. Arrivate anche a ciò che implica l'intelligenza aperta, cioè l'abilità di vivere la vita in un modo completamente gioioso e benefico, per voi stessi e per gli altri.

Se vi siete mai chiesti cosa sia l'intelligenza aperta, non è altro che questo. State riconoscendo l'intelligenza aperta quando permettete che tutto ciò che appare sia così com'è. Scoprirete che l'intelligenza aperta non ha un fuori o un dentro, nessuna dimensione, e nessuna caratteristica che possa essere dimostrata.

Per facilitare questa comprensione, chiedetevi per prima cosa: da dove vengono le apparenze, dove sono adesso, e dove vanno dopo? L'apparire, il permanere, lo scomparire - tutto ciò è anch'esso intelligenza aperta. In realtà non c'è mai stata alcuna transizione o cambiamento. Durante la vostra indagine vedrete che, così come la nebbia appare dall'aria e svanisce nell'aria, le apparenze sono la meravigliosa manifestazione dell'intelligenza aperta, nascono in essa e svaniscono in essa. Sono la luce dell'intelligenza aperta, nient'altro che questo. Apparenze e intelligenza aperta sono completamente sinonimi.

Ieri sera ho avuto una conversazione interessante. Stavo parlando con uno swami che ha vissuto a Rishikesh per molto tempo, e si stava lamentando dei cambiamenti avvenuti in quel luogo. Mi diceva: "Quando sono venuto a Rishikesh, molto tempo fa, questo era un piccolo posto con un'incredibile energia spirituale, e tutte le persone qui erano dei saggi o dei cercatori. Adesso, tutto è cambiato, e a tutte le persone che vengono non importa nulla della ricerca spirituale, vogliono solo divertirsi. Non sei d'accordo con me che il fiume Gange e questo posto sacro sono davvero speciali, e non è terribile quello che sta succedendo adesso"?

Ho risposto, "Sai, ogni posto è speciale. E non importa cosa appare né dove, la legge dell'impermanenza si applica comunque. Ciò che è apparso prima o poi svanirà, e ciò che non è ancora apparso, apparirà. Tutte quelle cose che un tempo accadevano, stanno scomparendo, e stanno apparendo delle altre cose. Quando le cose cambiano così drammaticamente come adesso, è semplicemente un'altra espressione dell'immutabile legge di cambiamento e dell'impermanenza".

Quella conversazione mi ha fatto pensare a un nuovo fiume sacro, dove si stanno riunendo adesso i cercatori spirituali. Sapete qual è quel fiume? L'Internet! Il fiume sacro dell'Internet è un'incredibile manifestazione, che può connettere esseri umani dappertutto. E sta scorrendo in tutto il mondo.

La tecnologia è andata molto avanti nel creare una fondazione per l'unità globale. Oggi, possiamo andare in luoghi remoti del Tibet e troviamo monaci con i cellulari! Si è formata una meravigliosa rete di comunicazione, e tutto ciò è parte di quel fiume sacro dove si può riunire l'umanità di tutto il mondo.

Per lungo tempo, gli insegnamenti diretti, come quelli di Balanced View, sono stati molto difficili da ricevere. Venivano insegnati da pochissime persone, e molte di queste persone erano inaccessibili. I cercatori dovevano andare alla ricerca di un maestro che li potesse istruire, e spesso dovevano affrontare delle prove prima di essere accettati e poter ricevere gli insegnamenti.

Adesso le cose sono cambiate. La tradizione dell'incontro dei saggi con i cercatori è molto importante, ma non abbiamo bisogno di attaccarci a idee tradizionali su come dovrebbero essere o apparire le cose. La saggezza non si è mai fermata in alcun posto, non appartiene a circostanze o a figure storiche, né ad alcuna tradizione. Non abbiamo bisogno di fissarci a nessuno dei nostri sistemi di credenze, non importa quanto elevati riteniamo che siano, o quante persone vi credano. Tutto ciò che abbiamo bisogno di fare è rilassarci nell'intelligenza aperta che è sempre presente. Essa è al di là di tutte le descrizioni convenzionali di questo o di quello, ed è sempre esattamente proprio qui.

D: *Il riferimento che hai fatto a Internet mi affascina. So che Internet è molte cose, ma non l'avevo mai pensata come "fiume sacro". Potresti parlarne un po' di più di questo?*

R: Beh, prima di tutto, Internet e i computer sono una grande metafora per l'apparenza e la scomparsa dei dati nello spazio fondamentale dell'intelligenza aperta. Per esempio, l'informazione digitale circola sotto forma di uno e zeri, ed essi formano un'immagine sul monitor del computer che sembra reale. Sono sicura che molti di noi sono andati su qualche sito internet e si sono persi per delle ore, ma la cosa che ci ha così catturati non è altro che una serie di uno e zeri che appaiono e scompaiono sullo schermo del computer!

Un altro esempio simile è la pittura puntillistica. Il puntillismo è uno stile di pittura in cui l'artista dipinge l'immagine senza usare delle pennellate ma applicando con la punta del pennello migliaia e migliaia di piccoli puntini. Quando il dipinto è visto da lontano, vediamo una fantastica immagine di un panorama o di un ritratto ma, avvicinandoci, vediamo che il dipinto è fatto da tantissimi puntini che nell'insieme creano l'immagine.

Sia nel puntillismo che nei bit e byte delle rappresentazioni computerizzate, stiamo vedendo dei gruppi di puntini, che possono essere paragonati a dati nell'intelligenza aperta. Se continuiamo a insistere che esiste una realtà inerente all'immagine che stiamo vedendo, la nostra conoscenza sarà molto limitata. Se, invece, riusciamo a riconoscere che l'immagine sullo schermo del computer, il dipinto puntillista, o le percezioni dei nostri sensi sono composte da dati e nient'altro, allora abbiamo aumentato la nostra capacità di riconoscere l'intelligenza aperta inerente a tutti i dati. Abbiamo aumentato la nostra capacità di conoscere ciò che è veramente alla base delle percezioni.

Un'altra cosa da prendere in considerazione, continuando con questa metafora, è il fatto che Internet sia completamente aperta a tutti, e il modo in cui è venuta in esistenza, attraverso dei modi radicalmente non-convenzionali di pensare. La rapida crescita di Internet, fino a diventare un grandissimo fenomeno globale, non è avvenuta tramite lo sforzo di un governo o una grande organizzazione; è stato uno sforzo a livello della gente comune, da parte di moltissime persone che sono riuscite a fare un grosso salto in avanti verso un modo nuovo di pensare. La Rete si è sviluppata grazie agli utenti originari che volevano che queste informazioni fossero libere. Sono nate applicazioni con fonti aperte come il sistema operativo Linux e l'enciclopedia di Rete Wikipedia, che potevano essere modificate dai loro utenti. Questo rappresentò una grande sfida all'idea corrente che ogni applicazione dovesse essere rigidamente controllata da un'autorità strutturale.

I primi pionieri di Internet predissero che centinaia di migliaia di persone avrebbero avuto computer propri e che Internet sarebbe arrivata in tutte le parti del mondo. Molte persone erano scettiche e dicevano che ciò non sarebbe mai accaduto. Il pensiero convenzionale era che la maggior parte delle persone non avrebbe mai comprato un computer e non avrebbe pagato per l'accesso a Internet. Beh, adesso vediamo quello che è successo! Quindici anni dopo quelle previsioni, molte più persone di quanto si era predetto possiede un computer o altri apparecchi simili, e l'accesso a Internet è disponibile in tutto il mondo.

Allo stesso modo, siamo adesso in un momento in cui sempre più persone acquisiranno familiarità con l'intelligenza aperta. Come il Web, Linux e Wikipedia, anche Balanced View è un movimento di gente comune. Questo movimento vuole mettere a disposizione di tutti, i mezzi eccelsi dell'intelligenza aperta. Dobbiamo fare questo per noi stessi come individui e per la nostra specie, perché se non lo facciamo, potrebbe essere la fine della nostra specie. Abbiamo bisogno di sviluppare una visione equilibrata per sopravvivere.

Per come la vedo io, uno degli scenari potrebbe essere che solo una frazione dell'umanità, diciamo circa un miliardo, acquisirà familiarità con l'intelligenza aperta. Lo scenario migliore sarebbe che tutti riuscissero a farlo, perché le istruzioni dirette su come acquisire familiarità con l'intelligenza aperta sono adesso direttamente accessibili. Questa predizione potrebbe sembrare esagerata, ma non era sembrata esagerata quindici anni fa quando pochi utenti dicevano che Internet sarebbe diventata accessibile a centinaia di milioni di persone?

Adesso siamo una cultura umana globale, con la capacità di condividere informazioni liberamente in tutto il mondo. Come risultato, stiamo sviluppando una maniera più standardizzata di comunicare. Abbiamo dei sistemi di linguaggio che stanno diventando sempre più omogenei e delle espressioni culturali che stanno diventando comuni a tutti. Iniziamo anche a vedere una certa standardizzazione del linguaggio e dei concetti che usiamo per scoprire la natura dell'esistenza. Ciò è paragonabile a milioni di persone che usano lo stesso sito web, come Google, per esempio. Tutte le persone che usano Google hanno una conoscenza base che è comune a tutti quelli che lo usano.

Forse a causa della standardizzazione della cultura globale, insegnamenti che prima erano limitati a una cultura o a una tradizione particolare, adesso stanno diventando accessibili a molte persone. Istruzioni dirette su come acquisire familiarità con l'intelligenza aperta sono adesso disponibili a tutte le persone che hanno accesso a Internet. Il Training di Balanced View è stato creato per essere facilmente accessibile alle persone del nostro tempo. Esso si riferisce alle esperienze di una vasta gamma di persone e non è limitato a una cultura o a una specifica tradizione. Questo Training può diffondersi facilmente in tutto il mondo, non solo grazie a Internet, ma anche perché viene comunicato in un linguaggio moderno che incontra i bisogni specifici delle persone di questa epoca.

GLI STATI AFFLITTIVI

CAPITOLO NOVE

"Mantenendo l'intelligenza aperta, scopriamo che non esiste separazione tra felicità e sofferenza. In pratica questo significa che sia con la felicità che con la sofferenza è possibile essere totalmente sereni e a proprio agio."

Il termine "stati afflittivi" si riferisce a pensieri, emozioni e sensazioni che sono sentiti come disturbanti. Molti di noi si sono sentiti a volte sopraffatti da stati profondamente angoscianti. Non riuscendo a sopportare un simile livello di dolore e sofferenza, continuiamo a cercare una via di uscita dal tormento di quegli stati, ma è probabile che non ci abbiano mai spiegato in modo chiaro come fare.

Quando ci affidiamo all'intelligenza aperta, troviamo la nostra via di uscita, scopriamo la nostra essenza che non è toccata da alcun tipo di stato emotivo. Quando osserviamo con discernimento, possiamo vedere che qualsiasi cosa accada nella nostra vita, anche se nel momento specifico può sembrare una tragedia immane, in realtà non ha il potere di alterare o cambiare la nostra intelligenza aperta. L'intelligenza aperta è assolutamente costante, non cambia mai. In ciò scopriamo la libertà vera e un'incredibile compassione per noi stessi e per gli altri. Scopriamo la saggezza rilassata di sapere come aver cura di noi stessi e del pianeta su cui viviamo. Scopriamo la nostra fondamentale bontà umana. Questo è ciò che offre il Training di Balanced View.

L'avere maestria sugli stati afflittivi non deriva dal coltivare stati positivi o dal trasformare stati negativi in positivi. La vera maestria viene rilassando la mente nella pura intelligenza aperta che è la sua essenza, e vedendo qualsiasi cosa appaia come una forma dell'intelligenza aperta stessa. La nostra mente è naturalmente saggia e benefica, ed è inseparabile dall'illimitata, infinita, pura intelligenza aperta. Quando cerchiamo di controllare i minimi dettagli della mente, sforzandoci di modificare o censurare ciò che accade in essa, ci tagliamo fuori dalla nostra natura essenzialmente serena, felice e benefica. Tutte le apparenze, sia che le descriviamo come dolorose, negative o positive, sono l'energia dinamica dell'intelligenza aperta e niente di più.

Siccome sono fatte della stessa intelligenza aperta, tutte le apparenze sono uguali, e poiché sono evanescenti come dei miraggi e prive di una qualsiasi realtà indipendente, non c'è nulla da guadagnare o da perdere da esse. Invece di resistere o desiderare queste apparenze, o cercare di cambiarle in qualche modo, semplicemente ci rilassiamo quando appaiono, e riconosciamo in ogni apparenza la pura intelligenza aperta che è l'essenza del nostro essere.

Mantenendo l'intelligenza aperta, tutti i dati si risolvono, ma ciò non avviene trasformando dati negativi in dati positivi. Niente di noi ha bisogno di essere cambiato! Allora, quando inizialmente sentiamo che non abbiamo bisogno di liberarci da pensieri ed emozioni negative, molte persone pensano: "Com'è possibile? Se lasciassi semplicemente scorrere i miei pensieri e le mie emozioni, diventerei un barbaro". Ma quando iniziamo a sviluppare fiducia nell'intelligenza aperta, lungi dal trasformarci in barbari, scopriamo la profonda pace che è la nostra natura fondamentale, e, continuando a rilassarci, inizieremo a manifestare la profonda saggezza che deriva dal non essere distratti da nessuna apparenza. Tutti i pensieri e le emozioni saranno ciò che saranno, ma non ci disturberanno più.

Quando parlo di stati estremamente afflittivi, non parlo da filosofo, ma come una persona che ha vissuto degli stati emotivi molto difficili e travagliati. Per anni ho cercato di superare i miei pensieri e le mie emozioni dolorose con tutti i mezzi possibili: attraverso il successo, la filosofia, la psicologia, la comprensione intellettuale, le preghiere, il socializzare, il sesso, l'alcol e la marijuana, solo per menzionare i principali. Comunque, ventisei anni fa, quando entrai in una situazione di particolare agitazione, nessuno degli approcci sopra menzionati funzionò più. Ero in uno stato di incredibile paura e non riuscivo a trovare conforto in nessuno dei sistemi di valori o nei rimedi su cui avevo contato prima. Non trovavo alcun sollievo in nulla di ciò che avevo imparato, né in alcuna tecnica di auto-aiuto, o in alcuna persona che conoscevo.

Nel mezzo di quella crisi, all'improvviso scoprii che tutti gli stati emotivi dolorosi che vivevo, avevano come fondamento un vasto, infinito puro spazio che è completamente libero da sofferenza. A quel tempo non sapevo esattamente come descrivere questa comprensione, sapevo soltanto che rilassarmi in quello spazio portava sollievo immediato da quel dolore. Infatti, più riposavo, e sempre più vedevo che quello spazio portava lo stesso sollievo in tutte le esperienze, sia in quelle positive che in quelle negative. Il sollievo non era separato da ciò che appariva, ma era l'origine dell'apparenza e includeva l'apparenza stessa. Più riposavo come quel sollievo, più un caloroso senso di benessere cominciava a pervadere tutto. Gradualmente scoprii la capacità di essere in tutte le situazioni senza impedimenti, e di rimanere completamente a mio agio qualunque cosa accadesse. Questo è stato il seme di ciò che è diventato il Training di Balanced View.

Balanced View insegna che i pensieri e le emozioni non hanno un'esistenza indipendente, e non sono altro che apparenze effimere nell'intelligenza aperta, senza alcun potere in se stesse. Molti di noi hanno imparato a usare la propria mente in modo molto limitato, per descrivere se stessi e ciò che sta accadendo nel mondo. Ma quando noi abbiamo solo questa relazione limitata con la mente, non abbiamo l'entusiasmo o l'energia per il meraviglioso contributo che siamo in grado di dare al mondo e a noi stessi. Anche se, visti da fuori, sembriamo delle persone realizzate, non stiamo vivendo pienamente quando ci paragoniamo a ciò che potremmo essere se non cercassimo di controllare nel dettaglio tutti i nostri pensieri e tutte le nostre emozioni. Se passiamo la vita intera a lottare con i nostri pensieri e le nostre emozioni come se avessero una loro natura indipendente, non riusciremo mai a vederle per ciò che sono veramente.

Nel pugilato, due lottatori cercano di colpirsi a vicenda fino all'incoscienza. Beh, quando trascorriamo la vita in una sfiancante pratica, cercando di liberarci dagli stati di sofferenza, è come se avessimo un incontro di pugilato nelle nostre menti! Prendendo i nostri pensieri e le nostre emozioni per dei nemici di cui aver paura, sentiamo il bisogno di pestarli fino a sottometterli, sempre con la paura che se non lo facciamo, loro ci sfiancheranno con i loro attacchi, giorno dopo giorno, fino a ridurci ko per sempre!

Analizzare pensieri ed emozioni, rifiutarli, o cercare di cambiarli con approcci diversi, serve solo a rinforzare la loro apparente realtà. In realtà stavamo lottando soltanto con delle ombre, ma ogni tentativo di cambiarle o migliorarle ha dato a quelle ombre un'apparente sostanzialità.

Continuiamo sempre a cercare qualcosa che ci farà sentire meglio. Nel tentativo di migliorarci, potremmo dire, "Domani mi comporterò bene. Non mi arrabbierò e non perderò le staffe". Arriva il giorno dopo e non riusciamo a tenere sotto controllo né i pensieri né le emozioni, e perdiamo le staffe, proprio davanti al nostro capo! Vogliamo liberarci da pensieri ed emozioni negativi trasformandole in positivi, ma non è possibile farlo permanentemente. I pensieri e le emozioni sono inerentemente spontanei e imprevedibili. Cercare di controllarli è come cercare di trattenere il riflesso della luna in un pozzo. Non esiste niente da trattenere, e non esiste un "io" che possa trattenere! Sia il soggetto che l'oggetto sono come un miraggio.

Potremmo comprare un libro di auto-aiuto che ci spieghi come affrontare la depressione e la mancanza di autostima. Ci sentiremo felici e pieni di speranza per un po', ma quando mettiamo il libro da parte, cosa succede? I vecchi pensieri negativi ritornano. Quindi prendiamo un altro libro di auto-aiuto con altre soluzioni, e accade la stessa cosa di prima perché stiamo semplicemente usando un dato per cambiarne un altro. E' un lavoro poco fruttuoso, e non funziona mai realmente.

Dovremmo comprendere che non sono solo i pensieri e le emozioni negative che sono di disturbo, ma che tutti i pensieri e le emozioni sono in un certo senso di disturbo se non riconosciamo che fondamentalmente sono tutte delle vivide apparenze dell'intelligenza aperta. Cerchiamo di trattenere quelli che ci piacciono, ma non ci riusciamo. E cerchiamo di liberarci di quelli che non ci piacciono, ma non riusciamo a fare neanche questo, in entrambi i casi è doloroso!

Mantenendo l'intelligenza aperta, scopriamo che non esiste separazione tra felicità e sofferenza. Vediamo che sia con la felicità che con la sofferenza, possiamo essere completamente sereni e a nostro agio. Come? Affidandoci all'intelligenza aperta che è la natura fondamentale sia della felicità che della sofferenza, e scoprendo lì la vera pace. Scopriamo l'agio dell'essere che non è mutato da nessuno stato emotivo. Questo significa che avremo molte nuove possibilità nella vita: non abbiamo bisogno di aggrapparci ai vecchi preconcetti sulla felicità e la sofferenza quando appaiono in noi. Abbiamo una comprensione molto più profonda del fatto che, in qualunque maniera appaiano le nostre gioie e le nostre sofferenze, la loro base fondamentale è la stessa.

All'inizio, per molte persone, è più facile affidarsi all'intelligenza aperta negli istanti in cui appaiono dati positivi o neutri, ed è più difficile farlo quando sono presenti quelli negativi. Continuando ad affidarci all'intelligenza aperta con gli stati positivi e neutri, la nostra capacità di rilassarci aumenta.

Alla fine riusciremo ad affidarci all'intelligenza aperta sempre di più anche con gli stati negativi. Quando appaiono gli stati negativi, può essere molto difficile inizialmente godere dell'agio del nostro essere, perché tutto in noi sta urlando: "No, no! Questa non può assolutamente essere l'intelligenza aperta!". Potrebbe anche sembrarci assolutamente impossibile affidarci all'intelligenza aperta con stati come il panico, la rabbia, l'odio, la confusione e la gelosia, ma ciò non vuol dire che è veramente impossibile. Ci siamo semplicemente addestrati a credere che quelle emozioni siano una minaccia. Tuttavia, affidandoci all'intelligenza aperta riusciamo a comprendere la natura non-minacciosa delle emozioni dolorose. Continuando a riposare come intelligenza aperta per brevi istanti, ripetuti molte volte, ci rendiamo capaci di mantenere l'intelligenza aperta anche quando appaiono stati afflittivi.

Molte volte abbiamo cercato metodi per liberarci dagli stati afflittivi utilizzando antidoti. Tuttavia, anche se riusciamo a trovare un modo di affogare i nostri stati afflittivi per un po' con una bottiglia di vodka, o fumando uno spinello o prendendo una pillola di ecstasy, quando l'effetto finisce che cosa succede? Ritornano immediatamente gli stati negativi. Forse gli antidoti che usiamo non sono così estremi come quelli che ho appena menzionato. Invece di prendere droghe o ubriacarci, magari guardiamo la televisione tutto il giorno, guardiamo della pornografia, giochiamo a interminabili videogiochi, dormiamo o mangiamo troppo. O magari chiamiamo degli amici e spettegoliamo, lavoriamo orari lunghissimi o facciamo altre attività che ci distraggono dal nostro dolore. Qualunque siano i metodi di fuga, sono tutti degli antidoti, e nessuno di loro è capace di risolvere completamente i nostri pensieri e le nostre emozioni negative.

A prescindere da quanto vi sentiate intrappolati in quegli stati afflittivi, vi esorto a non usare antidoti, ma semplicemente a rilassarvi e ad affidarvi all'intelligenza aperta. Se vi sentite proprio invischiati in qualcosa, usate il supporto dei Quattro Supporti, e poi fate del vostro meglio per affidarvi all'intelligenza aperta e acquisire familiarità con l'essenza di chi siete. Potenziate la natura rilassata del vostro essere, vedendo tutto come un'espressione di quel puro essere, qualsiasi cosa appaia si risolverà naturalmente da sola.

Possiamo continuare a dare significato alle storie se vogliamo, ma perché mai sprecare tempo? Una storia genera l'altra. Tutte le storie sulle nostre presupposte mancanze cominciano a infuocarsi: "Non sono abbastanza bravo", "Non voglio innamorarmi perché quella persona mi potrebbe lasciare", "Non avrò mai il lavoro che voglio, perché non sono abbastanza competente", o "Non posso fare quello che voglio veramente perché non ho abbastanza soldi". Più ci limitiamo con queste storie, più sofferenza generano. Potremmo usare le nostre storie per cercare di avere più pace mentale, ma ciò aumenta semplicemente l'agitazione della nostra mente. Usare storie per cercare di calmare la mente è come cercare di diminuire le bolle di sapone nel bagnoschiuma agitando l'acqua!

Molte persone credono di essere soggette a diversi stati d'animo, e che essi siano creati dai pensieri, e che quindi i pensieri abbiano un terribile potere sulle loro vite. Quei diversi stati d'animo arrivano alle nostre menti come delle perturbazioni climatiche deprimenti, e come risultato il nostro benessere ne soffre. Poi ci assicuriamo che soffrano anche gli altri! Vero? Ci possiamo svegliare una mattina con il pensiero, "Sono una persona così orribile che avrò sicuramente una pessima giornata!". Poi reagiamo a quel pensiero come se avesse completo potere su di noi, ed ecco, come per magia, diventa realtà! E in seguito infliggiamo il nostro cattivo umore su chiunque vediamo!

In una vita basata sugli stati d'animo, ogni giorno è una montagna russa di salite e discese. Abbiamo pensieri felici in cima alla montagna russa e poi ci capita un pensiero triste e all'improvviso la montagna russa cade a picco! Se reagiamo con paura, il viaggio diventa ancora più terribile, e molto presto ci troveremo nel "buio tunnel degli orrori". Restando su questa montagna russa, e credendo che ogni cambiamento di umore rifletta chi siamo, diventiamo ciechi alla nostra più profonda realtà interiore, che non è mai toccata da alcuno stato d'animo, pensiero o emozione. Rinchiusi nella paura e nel dolore, diventiamo insensibili alla nostra sofferenza e a quella degli altri.

La verità è che i pensieri e le emozioni non hanno mai avuto alcun potere su di noi. E' soltanto il modo in cui reagiamo a essi che sembra dare loro potere. La base fondamentale di tutti i pensieri e le emozioni è la chiara luce dell'intelligenza aperta, l'essenza completamente rilassata della mente che è sempre a proprio agio. Intelligenza aperta è sinonimo di saggezza, amore ed energia. Potenziando l'essenza del nostro essere, la nostra vita diventa infusa di queste qualità, e sappiamo sempre cosa fare e come agire.

Abbiamo tutti la scelta di come usare le nostre menti: o cerchiamo di cambiare i pensieri e le emozioni che appaiono nella mente, o riposiamo nel puro essere che è lo spazio fondamentale della mente, la nostra super-intelligenza intrinseca. Ciò è molto importante da capire perché la prima opzione porta a confusione e sofferenza, e la seconda porta alla vera libertà. Affidarci all'intelligenza aperta ci porta oltre i parametri di una vita basata sugli stati d'animo, alla scoperta dell'eternamente pura intelligenza aperta che è la nostra vera natura.

Se passiamo la vita intera a dare significato ai nostri pensieri e alle nostre emozioni, le nostre labbra si congeleranno in un'espressione preoccupata e tutta la luce se ne andrà dai nostri occhi. Non passerà molto tempo che saremo seduti a un tavolo in un ospizio per anziani lamentandoci della nostra artrite e della mancanza di movimento intestinale e indicando i difetti di tutti:

"Oh, guarda che capelli blu che ha quella! E quella signora lì ha barato a tombola!". Non sarà cambiato niente, ma ora avremo 80 anni, i nostri corpi saranno deteriorati e saremo ancora persi nelle solite storie.

Il vero benessere non viene da un processo di selezione in cui diciamo, "Questo è ciò che è positivo di me e questo è ciò che è negativo". Non siamo divisi in una parte che è fondamentalmente sbagliata e peccaminosa, e un'altra parte chiamata "intelligenza aperta" che è meravigliosa e pura. Molti di noi sono cresciuti pensando di essere dei peccatori e di essere in qualche modo fondamentalmente sbagliati, ma a un certo punto dobbiamo capire che tali idee non sono assolutamente vere e non hanno alcun potere. In caso contrario siamo in prigione a vita, sia che viviamo come monaci o casalinghe o dirigenti aziendali o come carcerati a San Quintino. Le vere sbarre della prigione sono nella mente! La libertà dalla prigione la troviamo quando riconosciamo che gli stati afflittivi sono già liberi, perché la loro unica essenza è l'intelligenza aperta.

Poiché crediamo di essere un'identità personale che sarà distrutta alla nostra morte, tutto ciò che sembra una minaccia all'identità personale ci fa sentire molto vulnerabili. Avremo paura di terremoti, uragani, agitazioni politiche, violenza e terrorismo, perché queste cose minacciano la nostra esistenza fisica. L'unico modo di risolvere questo terrore è di arrivare a capire che non dipendiamo da niente per la nostra esistenza, neanche dalla sopravvivenza fisica. Le paure che molti di noi hanno: di ammalarsi gravemente, di invecchiare, di morire, di non avere abbastanza denaro, delle opinioni negative degli altri, cessano quando manteniamo l'intelligenza aperta, perché l'intelligenza aperta non può mai essere ferita minimante da alcun risultato. Quando capiamo che niente può intaccare il nostro benessere, neanche la morte, allora abbiamo veramente scelta nella vita. Non siamo più rinchiusi nell'idea di un "povero me" che è vittima di sofferenze; siamo liberi di vivere come l'essere illimitato ed eterno che veramente siamo.

Se avete fatto delle cose terribili nella vostra vita, o se siete stati un modello di virtù, in ogni caso questo momento è uguale per tutti. Una stanza può essere stata al buio per molto tempo, ma nel momento in cui si accende la luce, il buio scompare immediatamente. Quindi, rilassatevi, sorridete e godetevi la vita. Così è come bisognerebbe essere in tutte le situazioni. Quando appaiono quegli stati di sofferenza tempestosi, rilassatevi completamente, poiché non avete bisogno di far nulla con essi. Essi spariscono da soli in sé e per sé, come la scia di un uccello in volo, e non sono mai stati separati neanche per un istante dalla pura intelligenza aperta. Se riposate come intelligenza aperta per brevi istanti, molte volte, vedrete che è così.

D: E' la prima volta che sento usare il termine "stati afflittivi" e non sono sicura esattamente a che cosa ti riferisci quando usi questa definizione. Potresti darmi degli esempi specifici di emozioni o stati che consideri afflittivi?

R: Certo, sarei felice di rendere il termine il più chiaro possibile. "Stati afflittivi" si riferisce a pensieri, emozioni e sensazioni che sono sentiti come presenze che arrecano disturbo. La prima categoria di stati afflittivi include i pensieri e gli stati emotivi legati al desiderio. E' importante capire veramente l'importanza del desiderio nell'esperienza umana. Non c'è niente di sbagliato nel desiderio in sé, perché il desiderio ultimo è quello di conoscerci come intelligenza aperta. Il desiderio, l'anelare, di solito vuol dire desiderio per cose come la salute, rimanere giovani, il cibo, i soldi, il sesso, il lavoro, le relazioni, il tempo libero o cose di questo tipo.

Il desiderio viene assieme all'idea che se riusciamo ad avere ciò che desideriamo, otterremo il benessere. Aggrapparci a quella credenza porta a un ciclo senza fine di desideri che non conducono mai al benessere. Anche se la nostra esperienza ci insegna ripetutamente che il desiderio non porta ciò che stiamo cercando, continuiamo lo stesso a desiderare. Possiamo dire che la ripetizione cieca del desiderare è una forma di follia, perché continuiamo a ripetere le stesse cose aspettandoci tuttavia risultati diversi.

Il secondo principale stato afflittivo è l'aggressività, che può essere chiamata anche rabbia o odio. La rabbia e l'odio verso persone, luoghi o cose è una forma di aggressività che vediamo manifestarsi in famiglie, comunità, nazioni e nel mondo. Molte volte, però, l'aggressività è diretta non solo a oggetti esterni, ma anche verso noi stessi. Siamo coinvolti in rabbia e odio, e odiamo i nostri pensieri, le nostre emozioni, le nostre sensazioni e sentiamo il bisogno di cambiarli. Come risultato, siamo arrabbiati con noi stessi, e questo porta solo rabbia verso gli altri.

Il terzo principale stato afflittivo include la presunzione, la vanità, l'orgoglio e l'arroganza, che sono degli aspetti che portano le persone ad avere esagerata stima di sé stessi e delle proprie opinioni. Le persone orgogliose e arroganti pensano di sapere cosa sia giusto, e se le altre persone non sono d'accordo con loro, sono convinte che abbiano torto. Essi esprimono e difendono le proprie forti opinioni in un modo che non onora e non tiene in considerazione le opinioni degli altri.

La chiusura mentale, che tradizionalmente è chiamata ignoranza, è il quarto principale stato afflittivo. Quando abbiamo la mente chiusa, ci escludiamo dal riconoscimento dell'intelligenza aperta. Diciamo: "E' possibile che ci sia l'intelligenza aperta, ma non mi interessa. Voglio continuare a seguire o a evitare tutti i miei pensieri, le mie emozioni e le mie sensazioni". Finché non riusciamo ad affidarci all'intelligenza aperta di fronte a vanità, orgoglio o arroganza, non riusciremo mai ad accettare i contributi e i suggerimenti del trainer, del training e della comunità nella quale abbiamo posto il nostro impegno. Accettare i contributi del trainer vuol dire che accettiamo che ci sia un'altra persona esattamente come noi, che si sta già affidando all'intelligenza aperta senza bisogno di sforzarsi, e poiché ha già realizzato i poteri di saggezza dell'intelligenza aperta, può abilmente mostrarci come affidarci all'intelligenza aperta.

L'ultimo stato afflittivo è l'invidia e la gelosia. L'invidia può essere definita come rancore e risentimento nel vedere il successo di un altro, e la gelosia come un'inquietudine mentale derivata dal sospetto o dalla paura di competizione. E' veramente un inferno continuare a girare intorno ai nostri pensieri, alle nostre emozioni e alle nostre esperienze, prendendole per vere e cercando di farle diventare un qualcosa. Quando stiamo continuamente cercando di soddisfare, evitare o sostituire pensieri ed emozioni con qualcosa di migliore, non riusciamo più a uscire da quell'inferno. Wow, questi stati da cui siamo afflitti cominciano a sembrare proprio deprimenti, non è così!

Il punto importantissimo di cui tener conto riguardo agli stati afflittivi è di non rifiutare ciò che appare. Non rifiutare gli stati afflittivi vuol dire che quando appaiono ci affidiamo all'intelligenza aperta invece di reagire o desiderare che non ci siano.

Affidarsi all'intelligenza aperta non vuol dire evitare o rifiutare qualcosa, né sopprimere o reprimere. Gli stati afflittivi e il potere della saggezza sono la stessa cosa. Anche se ciò può sembrare inconcepibile in questo momento, affidandoci all'intelligenza aperta dimostreremo a noi stessi che è così. Veniamo a capire nella nostra esperienza personale che tutti quegli stati eccessivamente problematici come la paura, la rabbia, l'aggressività, l'invidia, la gelosia, la vanità, l'orgoglio e il desiderio, in realtà non esistono, esattamente come non esiste niente di concreto in un miraggio. Tuttavia, finché cerchiamo di soddisfare, evitare o rifiutare ciò che appare, non riusciremo mai a vedere che è così.

Quando riposiamo "in quanto" stati afflittivi e non li respingiamo, essi si sciolgono in se stessi, e quando si sciolgono in se stessi, diventano qualcosa di meraviglioso invece di qualcosa di terribile. Come un fiore di loto fiorisce dal fango e non ha neanche una macchia di fango su di sé, allo stesso modo da quegli stati completamente afflittivi appare un potere di saggezza totalmente incredibile, assolutamente immutato dalle apparenze a prima vista negative.

Quando gli stati afflittivi non vengono rifiutati, essi diventano spaziosi ed espansivi, perché la natura dell'intelligenza aperta è completamente aperta e senza ostacoli. Quando appaiono e noi ci affidiamo all'intelligenza aperta, allora permettiamo che l'apertura presente nelle emozioni che ci disturbano diventi evidente. Non ci è di maggior beneficio sentire apertura, buon umore e caloroso affetto verso gli altri, che sentirci tormentati da stati di sofferenza?

Affidandoci all'intelligenza aperta, invece che rimanere coinvolti negli stati afflittivi, cominciamo a sentire sempre più compassione, fino al punto in cui sentiamo compassione per tutto il tempo. Invece di agire basandoci sugli stati afflittivi, ci potenziamo con l'intelligenza aperta e una gentilezza amorevole apparirà dall'interno di essi. La nostra mente diventa completamente chiara, e tutto ciò che vediamo, diventa luminoso e radiante. Quando gli stati afflittivi non vengono rifiutati, si sciolgono in se stessi, e da dentro di essi appaiono un senso di giustizia e una visione equilibrata che portano intuizioni su come agire abilmente in tutte le situazioni.

Quando ci affidiamo all'intelligenza aperta per brevi istanti, molte volte, tutti questi stati svaniscono in se stessi, e ciò che appare al loro interno è estasi, compassione, amore incondizionato, lucidità e una visione equilibrata. Questa è una cosa incredibile! Questo è il vero significato della non-dualità. Estasi, compassione, amore incondizionato, chiarezza, e una visione equilibrata sono la condizione fondamentale degli stati afflittivi.

UNA MORTE SERENA

CAPITOLO DIECI

"Quando acquisiamo familiarità con l'intelligenza aperta, non abbiamo più nulla da temere; neanche una malattia mortale ci fa paura. Riusciamo ad essere in qualsiasi situazione senza impedimento."

Quale apparenza potrebbe risultarci più difficile da affrontare della morte? La morte è inevitabile e nessuno ne è escluso. Un dilemma umano fondamentale è che viviamo tutta la vita sapendo che alla fine moriremo. Nel riconoscere questo dilemma universale sviluppiamo una grande sensibilità e compassione per noi stessi e per gli altri, perché ognuno di noi sa che tutti muoiono, non solamente noi.

Tuttavia è importante capire in modo profondo che la nascita, la vita e la morte, sono tutte apparenze eternamente libere di una condizione più fondamentale. Quando familiarizziamo con il fatto che tutte le apparenze, inclusa la morte, sono completamente aperte e non sono mai diventate un qualcosa con una sua natura indipendente, allora, quando arriva la morte, siamo pronti, e non ne siamo particolarmente turbati. La morte può quindi essere un momento rilassato e sereno, completo e identico a qualunque altro.

Mantenere l'intelligenza aperta nell'esperienza diretta con qualsiasi dato durante la nostra vita, è una preparazione per il dato finale della morte. Grazie al potere del mantenere l'intelligenza aperta, senza cercare di correggere alcuna apparenza, tutte le esperienze che si incontrano nella vita diventano una pratica per quell'ultima esperienza. Se non capiamo che la morte è semplicemente una parte del processo della vita, potremmo essere spaventati e confusi quando arriva il momento.

Se siamo arrabbiati perché stiamo morendo ed elaboriamo delle storie su quella rabbia, allora cercheremo di aggrapparci alla vita. Se cerchiamo di evitare la morte e tutte le emozioni collegate al morire, allora ci sentiremo molto infelici. Se non abbiamo familiarità con l'intelligenza aperta, quando stiamo per morire potremmo spaventarci e aggrapparci al dato della vita e del vivere. Ci aggrapperemo disperatamente alla vita invece di capire che stiamo per incontrare l'ultimo dato che mai avremo: la morte. Se, invece, durante la nostra vita familiarizziamo con l'intelligenza aperta immediata, allora quando questa sarà presente in modo evidente e meraviglioso al momento della morte, sapremo come riposare serenamente come tale intelligenza aperta.

Alcuni anni fa la mia adorata sorella minore è morta di cancro. I medici le avevano detto che le rimanevano solamente due mesi di vita, e lei informò tutta la famiglia della sua prognosi. Quando una famiglia riceve una notizia simile, ogni membro ha una sua reazione personale. La notizia può in qualche modo spingere i membri della famiglia a guardare più profondamente a chi siamo, o almeno a chi crediamo di essere e a chi crediamo che sia il membro della famiglia che sta morendo. Questo è accaduto alle persone della mia famiglia e anche a mia sorella.

Fortunatamente, la pratica di mia sorella di affidarsi all'intelligenza aperta era già qualcosa su cui poteva fare affidamento per supportarsi nella preparazione alla morte. Lei arrivò ad accettare il fatto che era giunta alla fine della propria vita e che stava morendo. Nel momento in cui diventò chiaro che la fine era prossima, ci chiamò a stare con lei. Quando morì, eravamo tutti sul letto intorno a lei. Io le stavo tenendo la mano, e quando fece il suo ultimo respiro, riuscii a sentire l'ultimo battito del suo cuore. Aveva sofferto in silenzio, ma insieme alla sofferenza c'erano in lei un senso di grande sollievo e una profonda pace mentale.

Con il suo ultimo respiro, sul suo viso sereno apparve il sorriso più incredibile che avessi mai visto in vita mia. Stava sorridendo come se avesse avuto la visione più incredibile che si potesse mai immaginare. Molte ore dopo la sua morte, quel sorriso era ancora lì. Era in uno stato di totale lucidità e pace, quello stato naturale di completa lucidità che è totalmente al di là del corpo.

Quando moriamo, se abbiamo già riconosciuto la realtà di ciò che siamo, entriamo senza sforzo in quello stato naturale di completa lucidità. La lucidità era così chiara in lei perché era riuscita ad accettare la propria morte con grande serenità, grazie alla pratica dell'affidarsi all'intelligenza aperta. Era così ben preparata, che la morte le portò completo sollievo e la risoluzione di tutti i dati, compresi quelli che aveva avuto sulla morte.

La semplicità e la bellezza della sua morte ha avuto un incredibile impatto e ha toccato tutta la famiglia in modo meraviglioso. Il suo modo di morire è stato veramente una forma di comunicazione di amore, ed ha avuto un effetto significativo e duraturo su tutti noi. Il risultato è stato che tutti i dati che avevamo sui membri della famiglia, i giudizi, le opinioni e le idee che avevamo l'uno dell'altro, fondate su storie del passato, svanirono tutti.

A volte pensiamo che le persone siano il loro passato, e continuiamo cercare di definirle usando quel metro di misura. Per sentirci più a nostro agio, vogliamo poterle definire in qualche modo, ma ciò ci impedisce di vederle come sono veramente. Quando morì mia sorella, fummo tutti toccati in modo davvero profondo dall'essere presenti alla sua morte, e tutti i giudizi che avevamo furono cancellati in ciascuno di noi. Le tensioni più evidenti e quelle più sottili, gli schemi negativi, le discussioni e le analisi psicologiche finirono, e le nostre relazioni furono trasportate su un altro livello.

Quando parliamo dell'importanza della morte, per noi è davvero essenziale capire che la morte è qualcosa in cui possiamo e dobbiamo acquisire familiarità prima che accada. Mia sorella era arrivata a conoscersi molto profondamente attraverso la sua pratica di affidarsi all'intelligenza aperta. Nel Training di Balanced View acquisiamo familiarità con noi stessi in una pratica molto simile, che consiste nel familiarizzarci gradualmente con noi stessi come intelligenza aperta. Progressivamente acquisiamo familiarità con la nostra vera identità: la condizione fondamentalmente perfetta che è la natura di tutto. Questa intelligenza aperta è il fondamento e l'essenza di tutti i nostri dati, compresi quelli sulla morte.

Quando moriamo, vi è l'immediata intelligenza aperta che è eternamente presente, insieme a una completa perdita della memoria della vita e l'assenza di un qualsiasi desiderio di tornare.

Quando familiarizziamo con l'intelligenza aperta, non abbiamo niente di cui aver paura; neanche una malattia mortale ci farà paura. Riusciamo a essere in qualunque situazione senza impedimento. Questa crescente familiarità con l'intelligenza aperta ci sarà da guida in tutti gli appuntamenti con i medici, tutte le preoccupazioni che abbiamo per i cambiamenti nella nostra vita causati dalla malattia e dalla vecchiaia e in tutte le preoccupazioni sulla morte.

L'attitudine che abbiamo verso la morte ci porta libertà oppure ci imprigiona. Se pensiamo che la morte sia la nostra fine, considereremo la morte come una nemica, e sarà qualcosa di cui avremo una paura mortale! Non vorremo che avvenga, perché pensiamo che sia la nostra fine, ma pensare che la morte sia la fine è soltanto una supposizione su come stanno le cose.

Alla morte, sono soltanto i dati che cambiano. Non esiste alcun altro cambiamento. Se vogliamo sapere come sarà morire, semplicemente andiamo a dormire stasera. Quando ci addormentiamo, la nostra struttura concettuale cambia da qualcosa che nello stato di veglia sembra in qualche modo gestibile, a qualcosa che nello stato di sogno è fantasmagorico e dove immagini di ogni tipo cominciano ad apparire.

In modo simile, quando stiamo morendo, comincia a sfuggirci la presa e non riusciamo più a controllare le nostre esperienze. Se durante la nostra vita abbiamo praticato il non controllare le apparenze dei nostri pensieri, delle nostre emozioni e delle nostre esperienze, allora quando moriremo non saremo sconvolti dallo scompiglio che potremmo sperimentare.

Quando siamo vivi, abbiamo un certo tipo di pensieri e di emozioni, ma quando stiamo per morire, essi cambiano radicalmente. Non abbiamo più lo stesso tipo di esperienze bensì delle esperienze imprevedibili che non avevamo mai avuto prima. Una delle cose che accade è che i diversi meccanismi sensoriali del nostro corpo iniziano a non funzionare più. La vista, il tatto, l'olfatto e l'abilità di sentire o rispondere a ciò che viene detto, tutte queste cose se ne andranno una alla volta. Infine, anche il respiro e il battito del cuore si fermeranno.

Potremmo avere delle emozioni che a noi risultano nuove riguardo all'esperienza della morte, e potremmo avere pensieri del tipo: "Ho mangiato il mio ultimo pasto! Non vedrò mai più i miei cari! Sto andando non so dove e nessuno può venire con me!". Se durante la nostra vita abbiamo assecondato, rinunciato o sostituito i nostri dati per sentirci meglio, non avremo più l'energia mentale per farlo. Perderemo anche la nostra presunta abilità di trovare benessere pensando o cercando di controllare i nostri pensieri. Se non abbiamo imparato ad affidarci all'intelligenza aperta, nessuna delle strategie che abbiamo sviluppato durante la nostra vita per affrontare i pensieri e le emozioni che ci disturbavano ci sarà di aiuto quando stiamo morendo.

Questo è il tipo di pensieri, emozioni ed esperienze molto intense che avremo, e potranno essere molto più dolorosi di qualsiasi cosa avremo mai sperimentato prima. Se ci affidiamo all'intelligenza aperta però, è probabile che riusciremo a lasciare che tali esperienze siano esattamente come sono. Ci facciamo distrarre dalle apparenze soltanto quando pensiamo di dover fare qualcosa riguardo a ciò che appare. Tutti i pensieri, le emozioni e le sensazioni che appaiono alla morte, possiamo lasciarli essere ciò che sono. Qualsiasi pensiero o emozione svanirà da solo in se stesso, come una linea tracciata nell'acqua. Le apparenze non hanno alcun potere su di noi se non permettiamo che lo abbiano.

Se non ci siamo affidati all'intelligenza aperta, il processo della morte ci potrà spaventare molto, perché sembrerà essere la nostra fine. Potrà esserci una lotta disperata per aggrapparsi alla vita. Oppure, potremmo essere sollevati dal fatto che sta per finire la sofferenza. Tuttavia, se invece di perderci nel dato del morire ci affidiamo all'intelligenza aperta, allora tutte le nostre esperienze e reazioni potranno liberarsi tranquillamente. Resteremo lì riposando nella serenità di tutto esattamente così com'è.

L'intelligenza aperta non cambia mai ed è sempre presente come ciò che percepisce tutte le cose che stanno accadendo, non solo durante il processo della morte, ma anche durante il processo della vita. L'intelligenza aperta è ciò che conosce la morte, ma la morte, così come la nascita, non può toccare l'intelligenza aperta. Potremmo credere che l'intelligenza aperta dipenda dalla Terra, dal sole, dal tempo, dallo spazio o dalla vita per esistere. Ma l'intelligenza aperta non dipende da nulla per essere naturalmente presente; non dal battito del cuore, non dal respiro, non dal calore del corpo, e neanche dall'universo. Quando il battito del cuore, il respiro e il calore del corpo finiscono e non c'è più l'universo, l'intelligenza aperta è.

Più riusciamo a potenziare l'intelligenza aperta completamente, più arriviamo a una realizzazione esperienziale della natura fondamentale dell'intelligenza aperta, che è al di là di tutte le categorie concettuali ed intellettuali. Se affidandoci all'intelligenza aperta abbiamo familiarizzato con il processo della morte, allora riusciremo ad essere completamente in pace quando ciò accade. Quando l'intelligenza aperta diventa brillante al punto da eclissare ogni cosa, inclusa la vita e la morte del corpo fisico, riusciamo ad essere completamente rilassati e avere il completo piacere del nostro corpo reale, che è il corpo dell'intelligenza aperta.

Essere presenti come intelligenza aperta, non è uno stato strano applicabile solo ad alcune persone. E' lo stato naturale di tutti gli esseri umani, e più familiarizziamo con esso, più riusciamo a essere a nostro agio in tutte le circostanze, compresa quella della morte.

D: In molti degli insegnamenti di oggi sentiamo parlare di essere "non nati". Che cosa vuol dire esattamente in relazione a ciò di cui parli?

R: Molti di noi pensano di essere un'entità distruttibile, cioè il corpo, e pensano che l'intelligenza aperta sia generata da questa entità. Presumiamo di essere nati e che moriremo. L'idea di essere nati ci è stata indottrinata sin dall'inizio. Molti genitori dopo che il loro bambino è nato dicono: "Ecco il nostro bambino! Siamo felicissimi che sia nato!". Questa idea di essere nati è continuamente rinforzata in noi. La morte è anch'essa sempre nel sottofondo di tutto, perché insieme all'idea di essere nati viene anche l'idea che moriremo. Una volta che abbiamo imparato di essere questo corpo distruttibile, sentiamo di poter essere distrutti nell'inevitabilità della morte. Allo stesso tempo, potremmo avere dei dati inconsci che evitano sottilmente questa conclusione, come: "Tutti moriranno, ma non io. In un modo o nell'altro eviterò la morte. Gli altri potranno ammalarsi seriamente, ma io no. Non invecchierò e non morirò".

In alcuni insegnamenti, può venir fatto accenno al tema dell'essere "non nati". Questa affermazione va contro tutto ciò che abbiamo sentito finora. Prima sentiamo di essere nati e all'improvviso sentiamo di non essere nati! Che fare di ciò? La verità è che "essere nati" è un dato estremo tanto quanto "non essere nati". Ciò che evidenziamo nel Training di Balanced View, è che "nati" e "non nati" non sono due cose distinte. Che cos'è consapevole di essere nato o non nato? Quello che pensiamo come non nato o come nato non è mai stato separato, ed entrambi i concetti sono dovuti all'intelligenza aperta.

Questa realizzazione non può essere raggiunta attraverso speculazioni intellettuali, ma solo con l'esperienza pratica del completo rilassamento del corpo e della mente in tutte le circostanze. Quando abbiamo sviluppato completa fiducia nell'intelligenza aperta, la stabilità perfetta e la chiarezza mentale diventano evidenti. Non sto suggerendo di sedersi tutto il giorno su un comodo sofà, ma di rilassare completamente il corpo e la mente in tutte le situazioni, qualunque cosa appaia. Solo rimanendo profondamente nella condizione fondamentale questi concetti possono essere capiti.

Molti di noi passano la vita intera con la paura della morte, perché in generale crediamo di essere nati e che moriremo, e che inoltre siamo qualcosa di solido, stabile e limitato che finirà alla morte. Tuttavia, ciò che chiamiamo "io" non ha una sua natura indipendente, e la sua unica natura è la condizione fondamentale presente in tutto.

D: Sono cresciuta con un'educazione religiosa che propone delle versioni terrificanti di cosa potrebbe accadere dopo la morte. Trovo veramente difficile essere a mio agio con quelle vecchie idee di cui mi vorrei liberare ma che sembrano avere ancora presa su di me.

R: Alcune tradizioni hanno delle descrizioni molto complesse degli stati dopo la morte. Qualunque siano queste descrizioni, l'istruzione chiave è semplicemente di affidarsi all'intelligenza aperta nell'incontro diretto con tutto ciò che appare. E' importante riconoscere che sono solo apparenze dell'intelligenza aperta. Qualunque sia l'apparenza, semplicemente rilassiamoci.

Come ho detto prima, con la morte fisica del corpo, appaiono tutti i tipi possibili e immaginabili di apparenze mai incontrate prima. Molte delle apparenze hanno a che fare con i nostri sistemi di credenze. Se crediamo molto intensamente che accadranno delle cose orribili dopo la morte, allora è possibile che tali dati appaiano al momento della morte. Non sto dicendo che accadrà a tutti, ma molte persone hanno delle credenze molto rigide su certe cose, così che quando stanno per avere l'esperienza della morte, potrebbero apparire tutte le credenze che hanno avuto in vita.

Quando viviamo la nostra vita intera focalizzandoci sulle idee di chi pensiamo di essere, cercheremo sempre di mettere il tappo su tutte le cose cui non vogliamo pensare, su tutti i dati, pensieri ed emozioni negativi. Quando iniziamo ad affidarci all'intelligenza aperta, che cosa succede? Il tappo non c'è più! Una volta che non c'è più il tappo, tutte le apparenze cominciano ad apparire ovunque come fuochi di artificio nel cielo. Ma se abbiamo familiarizzato con l'intelligenza aperta, questo non sarà un problema. Quando appaiono tutti i dati negativi, possiamo affidarci all'intelligenza aperta, per brevi istanti, molte volte, finché diventa automatico. Questa è l'istruzione chiave.

D: *Vedo che la maggior parte delle persone si rapporta con paura alla morte, oppure cerca di ignorarla il più possibile, ma nella mia vita voglio capire veramente che la morte è parte integrante della vita. Potresti dare degli esempi pratici per capire meglio ciò che stai dicendo?*

R: Ci sono molti esempi di ciò di cui sto parlando. Per esempio, mi meraviglio sempre di quante persone vengano qua per vivere vicino al mare e comprano una casa al bordo di una scogliera che si sta erodendo! Non vedono che la scogliera si sta gradualmente sgretolando e che prima o poi la loro casa cadrà nell'oceano? Sembra che pensino di essere in qualche modo al di fuori dei processi della natura.

Quando siamo completamente a nostro agio in noi stessi però, sappiamo di essere parte della natura. Possiamo guardare la casa a picco sulla scogliera che si sta sgretolando e dire: "Aha! Questa scogliera che si sta sgretolando è esattamente come me; anch'io mi sto sgretolando in ogni momento. Non durerò a lungo e neppure quella casa sulla scogliera!". Quando riusciamo ad accogliere tutte le cose più impensabili come la morte e la distruzione con facilità, allora ci sentiamo totalmente tranquilli e a nostro agio con noi stessi, e anche con tutti gli altri. Ci sentiamo a nostro agio con la natura e con tutto, e non ci sentiamo separati da nulla.

Ora, che cosa dire dei fiori nel giardino? La ragione per cui amiamo così tanto i fiori è che sono un riflesso molto bello di ciò che siamo. Venendo da un ricco e vigoroso vuoto, siamo come i semi che germogliano, passano attraverso le loro fasi di crescita e fioritura gloriosa, e gradualmente invecchiano, marciscono, diventano concime e svaniscono di nuovo nella terra. Ecco cosa fa nascere il nostro interesse per fiori di cui gioiamo: sono un riflesso preciso di noi stessi. Non ci aggrappiamo alla rosa dicendo: " Ti prego non andare via, non riuscirò a sopportarlo se mi lasci!". Sappiamo che quella rosa appassirà e morirà, ed è così per la rosa come è per noi.

Tutti i pensieri che appaiono e gli eventi che succedono, accadono naturalmente per noi come per i fiori nel giardino. Sono come una stella cadente nel cielo notturno e svaniscono da sé. Non può essere fatto niente per incoraggiarli o impedire loro di apparire. Anche se amiamo tantissimo alcune persone, un giorno le dovremo lasciare; moriremo noi o moriranno loro. Quando siamo completamente a nostro agio, la natura completamente rilassata del nostro essere sarà naturalmente presente qualsiasi cosa accada, sia che stiamo con le persone che amiamo nella loro forma fisica che senza, e lo stesso con gli animali o con i fiori che amiamo.

Ho un'ultima storia che potrebbe aiutarci ad avere una prospettiva diversa. Tempo fa viveva un grandissimo maestro che insegnava, fra le varie cose, che era necessario abbandonare il mondo, vivere in una caverna e sedersi in meditazione assorta per molti anni per realizzare l'assoluto.

Ma a un certo punto, disse a se stesso: "Non è così". Quest'uomo eccezionale, vide che l'assoluto non era un qualcosa che si poteva acquisire ma che invece è sempre presente e che non esiste alcuna destinazione né un qualcuno per andarvi. Egli riuscì a superare tutto ciò che aveva insegnato in precedenza e ad uscire dalla gabbia della sua stessa filosofia.

Mentre stava morendo, era completamente a suo agio, e arrivò a dire: "La mia gioia nel morire è molto, molto più grande della gioia dei commercianti quando fanno grandi affari, o di coloro che sono orgogliosi delle loro vittorie in guerra, o di quei saggi che sono entrato nell'estasi del perfetto rapimento. Quindi ora, come un viaggiatore che si mette sulla strada quando è il tempo di farlo, non resterò più in questo mondo, ma andrò a vivere nella grande estasi dell'immortalità". Ora, questa è senza dubbio una prospettiva bella e confortante sulla morte!

PRATICHE
CAPITOLO UNDICI

"Esistono diversi tipi di pratiche che sono adatte a persone differenti, perciò in questo senso non esiste una pratica che sia in sé giusta o sbagliata. La giusta comprensione è che tutto è perfetto in ogni momento, esattamente così com'è. Questo è l'atteggiamento di completa bontà dell'intelligenza aperta, la visione totalmente equilibrata."

La più semplice e diretta di tutte le pratiche è di affidarsi all'intelligenza aperta e di ritornarci ripetutamente. Affidarsi all'intelligenza aperta è qualcosa che tutti noi possiamo fare; è assolutamente accessibile e disponibile a tutti e non dipende da circostanze particolari. Qualunque cosa accada, possiamo essere a nostro agio con tutte le apparenze del momento, vedendole semplicemente come forme passeggere di intelligenza aperta. In questo modo superiamo tutti gli ostacoli potenziali non vedendo nulla come ostacolo. Niente può essere un ostacolo o una minaccia. Togliamo via tutti i freni e andiamo a tutto gas! Con questo tipo di entusiasmo siamo a nostro agio con qualsiasi cosa appaia.

A volte le persone presumono che "essere a proprio agio" voglia dire che non bisogna fare altro che sedersi sotto un albero, ma non significa questo. Qualunque cosa facciamo, sia che stiamo seduti, sia che stiamo lavorando molto duramente, manteniamo l'intelligenza aperta mentre facciamo tutte queste cose. In qualunque modo viviamo la nostra vita, riposiamo imperturbabilmente. Possiamo avere meditato continuamente per anni o aver fatto delle pratiche incredibili durante la nostra vita, o essere stati impegnati con la nostra azienda, con la nostra carriera o la nostra famiglia. Sono tutte delle opportunità perfette per potenziarci, quindi possiamo continuare con le stesse attività mentre ci affidiamo all'intelligenza aperta. Non è necessario escludere nulla. Il risultato del mantenere l'intelligenza aperta è sempre un aumento in efficienza, bontà, pace mentale e attività benefiche. Alla fine ciò porterà alla perfetta stabilità mentale.

Se ci sentiamo attratti dal mantenere l'intelligenza aperta, allora fa per noi. Se non ci sentiamo attratti, allora probabilmente non fa per noi in questo momento. La maggior parte delle persone vive la propria intera vita senza sapere mai niente sull'intelligenza aperta, quindi soltanto il sapere che esiste è incredibile. Tuttavia, ciò non vuol dire che mantenere l'intelligenza aperta sia giusto e che le altre cose siano sbagliate. Suggerirei di scegliere una pratica e di impegnarsi in tale pratica al cento per cento. Solo voi potete scegliere qual è la pratica adatta a voi, ma qualunque essa sia, impegnatevi al cento per cento.

Esistono diversi tipi di pratiche che sono adatte a persone differenti, perciò in questo senso non esiste una pratica che sia in sé giusta o sbagliata. Una delle cose meravigliose dell'intelligenza completamente positiva che unisce tutto, è che qualsiasi insegnamento una persona desideri o di cui abbia bisogno, le apparirà, in un modo o nell'altro. Esistono tantissimi tipi di pratiche, osservanze e modi di essere, e sono tutte espressioni valide. Sono espressioni perfette per chiunque partecipi ad esse. La giusta comprensione è che tutto è perfetto in ogni momento, esattamente così com'è. Questo è l'atteggiamento di completa bontà dell'intelligenza aperta, la visione totalmente equilibrata.

Tuttavia, se stiamo mantenendo l'intelligenza aperta e insieme a ciò stiamo facendo una pratica la quale presuppone che ci sia un soggetto che sta andando verso la destinazione dell'intelligenza aperta, questo è mischiare due cose che non vanno bene insieme, come acqua e olio. Affidandosi all'intelligenza aperta non esiste destinazione, né un qualcuno che ci possa andare. L'intelligenza aperta, eternamente libera e pura, è già qui adesso, e non siamo mai stati separati da essa. Non c'è niente da realizzare o da raggiungere, non è necessaria alcuna pratica per portarci dove siamo già. Quando ci rilassiamo, familiarizziamo con ciò che è sempre stato.

Possiamo essere coinvolti in qualsiasi pratica: la ripetizione di un mantra, il servizio disinteressato, la meditazione, il canto o un'altra forma di devozione, o qualsiasi altra cosa, a patto che capiamo che non ci sta portando da qualche parte. Se pensiamo di essere un cercatore che fa delle pratiche per arrivare a una destinazione, allora dimentichiamo di riconoscere la pura intelligenza aperta che è già presente e già libera. Se le pratiche sono condotte con l'idea che ci stanno portando da qualche parte, in realtà rinforzeranno la nostra identificazione con un'entità personale limitata, e a prescindere da quante pratiche facciamo con quell'atteggiamento, la destinazione del completo benessere dell'intelligenza aperta rimarrà fuori dalla nostra portata.

D: Vedo molte persone oggi che fanno proseliti per la propria religione. Hanno molta convinzione nella loro fede e pensano di dover convertire gli altri. Personalmente non amo il proselitismo, ma allo stesso tempo so che persone come i miei genitori stanno soffrendo, e che trarrebbero beneficio da questo insegnamento. Che cosa posso fare in questo caso?

R: Una volta che abbiamo compreso la nostra sofferenza, comprendiamo veramente la sofferenza degli altri, non soltanto intellettualmente, ma in un modo completamente chiaro e sentito. Desideriamo molto intensamente fare qualcosa per gli altri e non esistono delle regole su cosa fare e cosa dire. Tutto avviene in modo spontaneo. Un approccio è di aspettare un'apertura da parte degli altri e parlare loro in modo appropriato, ma ancora meglio di questo è il potere del vostro esempio.

Se qualcuno vede un cambiamento in te, potrebbe dire, "Che cosa ti è successo? Ho notato qualcosa di diverso in te. Sembri molto più a tuo agio". Non è necessario imporre un messaggio a qualcuno o dire qualcosa che non è stato richiesto e che può non essere benvenuto. Probabilmente ciò sarà controproducente. Se i tuoi genitori vedono un cambiamento in te, e sono interessati a sapere di più su come sei cambiato, te lo chiederanno spontaneamente. In questo caso, ci sarebbe attrazione piuttosto che promozione.

D: Ci sono vantaggi nello stare con altri che si stanno affidando all'intelligenza aperta, o è piuttosto una questione individuale?

R: Innanzitutto, l'intelligenza aperta è uguale dappertutto e per tutti, e non esiste un aumento dell'intelligenza aperta causato dall'essere in un luogo particolare. Tuttavia, è molto naturale e di aiuto per noi esseri umani stare in compagnia di altri che hanno gli stessi interessi.

A Balanced View abbiamo i Quattro Supporti che forniscono un infallibile supporto per il riconoscimento istintivo dell'intelligenza aperta nella propria esperienza diretta. I Quattro Supporti sono la semplice pratica dei brevi momenti di intelligenza aperta, il training, i trainers e la comunità mondiale.

I Quattro Supporti sono come le quattro gambe di una sedia. La sedia deve avere tutte e quattro le gambe altrimenti non serve. Se una sedia ha meno di quattro gambe ci vorrà molta energia per stare seduti e non sarà un vero supporto. Ci vorrà più fatica di quanto valga la pena per sedersi. Quando la sedia ha tutte e quattro le gambe ci possiamo fidare senza sforzo e senza far nulla. Possiamo contare sulla sedia.

Tutti i Quattro Supporti sono necessari per il potenziamento radicale dell'individuo e di tutta la società. I Quattro Supporti suscitano la potente intelligenza aperta della società umana.

Questa è una faccenda umana semplice, diretta e pratica. Se abbiamo degli amici che vivono come noi, ciò rende le cose più facili, perché possono capirci ed esserci di supporto. Una comunità di persone che si affida all'intelligenza aperta, rinforza e riafferma la nostra scelta di vivere come intelligenza aperta. Utilizziamo l'intelligenza aperta inerente ai Quattro Supporti per potenziare le nostre azioni e creare un cambiamento rivoluzionario nella società umana.

D: Mi sembra una cosa bellissima poter semplicemente stare lì ad affidarsi all'intelligenza aperta, ma se avessi cinque bambini da sfamare? Non potrei restare seduta tutto il giorno, soddisfatta della mia situazione individuale.

R: Beh, stai parlando di te o è un esempio ipotetico? Perché allora non parlare di una persona reale? Io ho un marito, tre figli e otto nipoti! Il consiglio è lo stesso, che tu abbia cinque bambini da sfamare o meno: affidarsi all'intelligenza aperta, ripetutamente, qualunque siano i dati circostanziali della nostra vita. Qualunque cosa stiate facendo e qualunque cosa stia accadendo nella vostra vita, quella è la circostanza perfetta per acquisire fiducia nell'intelligenza aperta. Brevi istanti di intelligenza aperta, ripetuti molte volte, diventano automatici.

D: La devozione è molto importante nella mia vita, ma non ti ho mai sentito usare questa parola. Potresti parlare della devozione e se sia necessario coltivare la devozione del cuore?

R: Affidandosi all'intelligenza aperta, la devozione si rivela naturalmente. Non so nulla sul coltivare la devozione, perché non è una cosa che ho mai fatto. Ciò che è successo, è che ho compreso che il fondamento implicito di tutti i miei innumerevoli dati è la libertà senza tempo. Ho riconosciuto che questa libertà è inseparabile dai dati, e che tutti i miei dati sono equivalenti. Sono diventata incredibilmente devota a questo, devota senza tregua a questo. Da ciò è nata la devozione per tutto il mondo. Questa è diventata la mia ragione di vita: la devozione a tutti. Ho una famiglia molto grande! Se senti questo impulso alla devozione, ritieniti molto fortunata e approfittane, perché è un modo di goderti veramente il puro piacere della vera relazione.

Quando le persone parlano della devozione del cuore, il "cuore" non è nel corpo. Il cuore è l'essenza di tutto così com'è. Il cuore è inseparabile dall'intelligenza aperta; l'amore è inseparabile dall'intelligenza aperta e Dio è inseparabile dall'intelligenza aperta. In questo training usiamo la parola "intelligenza aperta" invece di "Dio" o "coscienza", perché l'intelligenza aperta è una parola che tutti gli esseri umani possono capire. Quando le persone acquisiscono familiarità con l'intelligenza aperta, allora conoscono ciò da cui tutto è conosciuto.

Quando ci affidiamo all'intelligenza aperta per brevi istanti, ripetuti molte volte, stiamo riposando come amore, stiamo riposando come il cuore, stiamo riposando come saggezza e stiamo riposando come devozione a tutto, esattamente così com'è. Quanto sentiamo parole come cuore o devozione, è importante capire cosa sono veramente. La devozione nel senso assoluto è la completa devozione all'essenza del nostro essere, l'assoluta e inarrestabile devozione del cuore che non può essere accesa o spenta. E' naturale a tutti noi e la riconosciamo quando ci affidiamo all'intelligenza aperta. E' una cosa bellissima.

D: *Potresti parlare della necessità della preghiera?*

R: Questa è una domanda che viene fatta di tanto in tanto, ed è una cosa alla quale ho pensato molto nella mia vita. La parola "preghiera" vuol dire "richiesta", ma se volete pregare, è importante conoscere qual è la richiesta suprema. Pregare per conoscersi come intelligenza aperta è una preghiera che vale la pena fare. Con questa preghiera state veramente pregando a voi stessi!

Ora, per molte persone il pensiero di pregare a se stessi fa un po' paura! Guardiamo le nostre vite e pensiamo: "Ha detto che quando prego sto pregando a me stesso. E' un pensiero un po' scoraggiante considerando ciò che ho fatto della mia vita!". Tuttavia, non stiamo pregando a noi stessi come identità personale inventata, ma stiamo pregando a noi stessi come l'ordine naturale di tutto, la super-intelligenza che è alla radice di tutti i nostri pensieri e di tutte le nostre azioni. Stiamo pregando a ciò che fa fiorire le piante. Non vi sembra un'idea bellissima e ispirata? Non è meravigliosa semplicemente da contemplare?

Qualunque sia stato il vostro concetto di divinità o di essere divino, va comunque bene, ma ricordatevi che tutto ciò che si può concettualizzare è un dato che appare nell'intelligenza aperta. Conoscendo l'intelligenza aperta, conosciamo ciò che è genesi di ogni cosa. E' il sovrano creatore di tutti i concetti di divinità e dei loro opposti. Tutti quei concetti sono equi, e sono superati dalla profonda saggezza che è nel cuore di tutte le apparenze.

D: Che cosa pensi del vegetarismo? E' necessario essere vegetariani per riconoscere più facilmente l'intelligenza aperta?

R: Quando ero giovane, ho sentito parlare di vegetarismo, ma non ero vegetariana. Avevo anche sentito parlare della meditazione, ma non ho mai meditato. Avevo anche sentito parlare di persone chiamate guru, ma non mi venne neanche in mente che potessero essere delle persone che avrei incontrato. Può darsi che abbia letto qualcosa sulla non-dualità, ma non era qualcosa che mi interessava esplorare o su cui mi interessava ragionare.

Ciò che sapevo per mia esperienza, è che esiste una base invisibile di amore in tutto, e che gli esseri umani sono in sé perfetti. Lo avevo saputo fin da bambina, e non avevo bisogno di spiegazioni scientifiche o di libri di filosofia che me lo dicessero.

cambiamento radicale che sperimentai ventisei anni fa, fu un'apertura o affinamento della mia percezione, in cui vidi tutto come assolutamente indivisibile. Da quel momento in poi, fare una qualsiasi cosa per ottenere qualcosa, sembrava completamente assurdo, come per esempio diventare vegetariani per ottenere una raffinata percezione dell'intelligenza aperta. Era ovvio che non era assolutamente importante. Sedersi su un cuscino e osservare i propri pensieri, emozioni e sensazioni che appaiono e scompaiono, per arrivare a una destinazione, neanche questo aveva più senso per me.

Quando la libertà infinita dell'intelligenza aperta è così facilmente accessibile in tutto ciò che sta accadendo, proprio qui e ora, perché aggiungere tante altre cose per cercare di farla accadere? Respiriamo, e ogni parte del respiro è pieno di intelligenza aperta primordialmente pura; questa stessa intelligenza aperta è l'essenza delle piante e della carne che mangiamo, così in questo senso è tutto uguale. Nel momento in cui decidiamo che le cose non sono uguali o che alcune cose sono meglio di altre, questo è un allontanarsi dalla vera saggezza.

Le mente della saggezza è la mente che riconosce che tutto è uguale. La sua saggezza viene dall'essere onnicomprensiva, completamente oltre tutti gli opposti e tuttavia inclusiva di tutti gli opposti, e non dal catalogare i fenomeni. La saggezza stessa è una base di completa imparzialità e serenità, che non si è mai biforcata, divisa o separata. E' un grande sollievo non dover giudicare tutto come positivo o negativo! L'impossibile diventa possibile, permettendo che tutto sia così com'è. Questo può andare contro tutto ciò in cui crediamo, ma quando cominciamo ad avere fiducia nell'intelligenza aperta, scopriamo che è proprio così.

D: *Mi sembra che in tutte le antiche tradizioni, i ricercatori più sinceri e seri raggiungevano il loro stato elevato imponendosi austerità, o se non austerità, sottoponendosi a qualche seria disciplina. Praticare l'austerità o sottoporsi a serie discipline è qualcosa che anche tu consigli?*

R: La saggezza non può essere sviluppata tramite l'austerità o qualsiasi altra cosa, perché tutto è già saggezza. Se affermiamo che attraverso l'austerità arriveremo alla saggezza, stiamo affermando che esiste un qualcuno che sta andando verso qualche traguardo. Abbiamo un soggetto che sta andando verso l'oggetto di una destinazione. Quando ci affidiamo all'intelligenza aperta, non esiste alcun soggetto o oggetto dall'inizio senza inizi, e tutto ritorna nell'equilibrio perfetto.

Possiamo esaminare la figura storica di qualcuno come il Buddha, che a un certo punto della sua vita di ricercatore errante, ascoltò un insegnamento che richiedeva di essere celibe e vivere in solitudine. Quindi andò a vivere in solitudine e diventò celibe. Poi vide che questo non era sufficiente e andò da un altro maestro che gli diede altre istruzioni su come controllare i suoi pensieri e le sue emozioni, ma neanche questo portò a qualcosa. Poi, provò una pratica di completa austerità fisica e mentale. Si allontanò completamente da tutti e da tutto, non mangiò quasi più, e si torturò con varie austerità, fino a quasi morirne.

Dopo aver provato tutto, alla fine si mise seduto e si rilassò, e come risultato tutto ciò che aveva tentato di neutralizzare con le pratiche: il desiderio, la rabbia, la gelosia, il rimorso per aver abbandonato la moglie, il figlio e i genitori, esplosero dentro di lui. Quando si rilassò e permise a ogni cosa di essere così com'era, riuscì a mantenere l'intelligenza aperta senza bisogno di cercare di cambiare o spingere via nessuno di quei dati. In tal modo realizzò la vera natura della realtà interiore.

Dopo quella realizzazione, non insegnò a tutti che dovevano sedersi e chiudere gli occhi, e che se si fossero seduti abbastanza a lungo allora sarebbe successo qualcosa. Insegnò che qualunque stato afflittivo appare, non bisogna cercare di evitarlo, sostituirlo o cambiarlo in alcun modo. Invece, bisogna lasciarlo essere così com'è.

Dalla mia esperienza personale e da quella di altri so che questo principio è vero. Non importa quanto ci sentiamo tirati da ciò che sta accadendo dentro o fuori di noi, dobbiamo rilassarci completamente, e in quel rilassamento, la libertà infinita che è il fondamento immutabile di tutti i dati si rivelerà. Rilassare completamente il corpo e la mente può essere fatto ovunque, anche quando sono presenti moltissimi pensieri e molta attività fisica.

Non cercate di capire ciò con il pensiero, o di aggrapparvi alle idee che avete imparato dai libri. E' tutto nella vostra propria esperienza; fidatevi della vostra esperienza e della completa libertà che è il fondamento di tutte le percezioni.

D: Tantissime tradizioni dall'Occidente e dall'Oriente richiedono che i monaci e i preti siano celibi. Essere celibi è essenziale per la realizzazione suprema in questa vita?

R: Beh, se essere celibe è qualcosa che vuoi fare, va benissimo, ma non è necessario. Non è necessario fare nulla per essere chi siamo, perché siamo già ciò che siamo! Se affermiamo che è necessario fare qualcosa, stiamo facendo un passo indietro da chi siamo. Allo stesso modo, non è escluso niente, così se qualcuno si sente naturalmente attratto dal celibato, va benissimo. Tuttavia, se prendiamo il celibato come la chiave per raggiungere la destinazione di chi siamo, allora quella sarebbe una deviazione. Se scegliamo il celibato perché vogliamo vivere in tal modo, è un'altra cosa.

Il celibato è un aspetto molto specifico della più ampia questione della sessualità che tutti devono affrontare. Il celibato neutralizza il desiderio sessuale, ma non risolve completamente il fenomeno del desiderio sessuale. Solo grazie al potere dell'intelligenza aperta può essere compreso il pieno scopo del desiderio sessuale.

Uno dei grossi problemi, che aumenta significativamente gli altri problemi del mondo, è l'aumento della popolazione. Per questo particolare problema, l'unica speranza di contenere realmente la popolazione della specie umana è che sempre più persone realizzino l'intelligenza aperta. Solo grazie al potere dell'intelligenza aperta otteniamo una prospettiva chiara e positiva sul desiderio sessuale.

D: Non dovremmo cercare la solitudine per evitare tutte le distrazioni del mondo?

R: Più vi rilassate, più sottili diventano le vostre percezioni. Forse all'inizio le vostre percezioni erano coinvolte nel mondo e nello stare con gli altri, ma più vi rilassate, più è probabile che appaiano una serie di percezioni completamente nuove. Una delle percezioni potrebbe essere di voler stare in solitudine, ma questo è semplicemente un altro dato. Quando la vera natura dei fenomeni viene compresa, la solitudine diventa obsoleta; non c'è alcun bisogno della solitudine o di alcun altro estremo. Se vedete la solitudine semplicemente come una scelta che avete fatto, piuttosto che come qualcosa che porti da qualche parte, allora va bene, ma se la vedete come necessaria per la vostra libertà, allora diventa una prigione.

Esiste un altro modo di guardare alla questione della ricerca della solitudine. Una delle cose che si presentò molto presto nella mia pratica del mantenere l'intelligenza aperta, fu il pensiero di vivere in solitudine. "Oh, come sarebbe meraviglioso vivere in un posto sacro come un ashram in India o un monastero in Tibet, dove potrei stare da sola senza computer e senza telefono!". Ma il contesto in cui ritenni quei desideri fu: quale scelta sarà di maggiore beneficio alla totalità, e come possono essere meglio usati i miei talenti per essere di beneficio a tutti? La razza umana è a un punto così critico che abbiamo bisogno che più persone possibile contribuiscano il maggior beneficio possibile alla totalità, in un modo decisivo. Questo è urgentemente importante.

La Meditazione

CAPITOLO DODICI

"Un momento di immediata intelligenza aperta porta più chiarezza di una vita intera di meditazione forzata. Quel singolo momento di immediata intelligenza aperta ci introduce a ciò di noi che non cambia mai. In questo senso, ogni momento può essere la suprema meditazione, qualunque cosa quel momento contenga."

Il traguardo della meditazione è spesso definito come la stabilità mentale che continua giorno e notte, e la completa equanimità qualunque cosa appaia nella mente. Il Training di Balanced View è libero dai punti di vista dottrinali di tutte le forme di meditazione che richiedono di alterare la mente per conformarla a un particolare credo. E' meglio non continuare a cercare di correggere la mente in alcun modo, ma semplicemente rilassarsi nella sua base immutabile. Persone di tutto il mondo stanno scoprendo che, lasciando la mente nel suo stato naturale di intelligenza aperta, si rivela un'intelligenza intrinseca. Non è necessario cambiare o correggere il flusso degli eventi mentali. Quando alteriamo la mente, questa intelligenza rimane nascosta e fuori dalla nostra esperienza. Ciò che possiamo aspettarci di trovare in questa intelligenza segreta è: perfetta stabilita mentale, empatia, e idee e attività eccelse che sono di beneficio a tutti. Ci possiamo aspettare di essere più calorosi, amichevoli e cooperativi in un modo molto naturale.

In parole semplici, nessuno può procedere attraverso progressi meditativi verso la propria intelligenza aperta. E' una logica assurda cercare qualcosa che è già qui, e fare ciò ci distrae dalla semplice intelligenza aperta. Nell'intelligenza aperta, la meditazione appare semplicemente come un dato uguale agli altri, senza diritti o privilegi speciali. Nell'intelligenza aperta, tutti i dati sono uguali ed è questa la comprensione e il riconoscimento a cui dobbiamo arrivare.

Rilassare la mente imperturbabilmente durante la giornata, senza alterare il suo contenuto in alcun modo, garantisce un accesso rapido all'intelligenza aperta. Affidarsi all'intelligenza aperta per brevi istanti ripetuti molte volte finché diventa spontaneo e continuo.

In tal modo, l'intelligenza completamente aperta diventa predominante in ogni momento. Non abbiamo bisogno di trovare un particolare periodo della giornata in cui riposiamo la nostra mente, come per esempio una sessione di meditazione. Se decidiamo un orario particolare, è possibile che stiamo separando quel momento di pratica facendolo diventare in qualche modo diverso dagli altri, e questo può creare un ostacolo allo scoprire che l'intelligenza aperta è presente in ogni momento. Non abbiamo bisogno di cercare l'assorbimento meditativo in un orario o un posto speciale, perché non può essere trovato fissandosi su un punto fino ad escludere gli altri.

In quella che potremmo chiamare meditazione "forzata", la concentrazione viene diretta a un punto particolare, a un mantra da ripetere, al respiro, alla fiamma di una candela o all'osservazione dei propri pensieri. L'attenzione può essere focalizzata su qualcosa o su nulla, ma anche focalizzare l'attenzione su nulla vuol dire focalizzare l'attenzione su qualcosa! Quando l'attenzione focalizzata viene usata nella meditazione, si creano in realtà dei nuovi dati che sottilmente rafforzano sia l'identità personale sia la dicotomia soggetto/oggetto: esiste un soggetto che si concentra sull'oggetto della meditazione.

Focalizzarsi sul respiro o chiudere gli occhi, sono tentativi di fare qualcosa di speciale per alterare la mente. L'intelligenza aperta non ha alcuna base sottostante e non dipende da nulla, quindi assumere delle posture specifiche è un artificio non necessario. Senza la fiducia che viene dall'affidarsi all'intelligenza aperta, la nostra intelligenza aperta, che è naturalmente aperta e spaziosa, sarà limitata e ristretta dai desideri per i risultati della pratica della meditazione. Quando seguiamo tali metodi, ci rendiamo ciechi a ciò che è già qui, pensando che l'intelligenza aperta sia l'effetto della causa della meditazione. Poiché l'intelligenza aperta è già presente e già realizzata, è un errore pensare di arrivarci nel futuro.

Nella spontanea intelligenza aperta non c'è bisogno di avere alcun punto speciale di concentrazione, di avere un orario speciale o un posto speciale, o di mettersi in una particolare postura o avere dei punti fissi di riferimento. Tutto ciò di cui abbiamo bisogno, è di affidarci all'intelligenza aperta che è sottostante a tutte le apparenze. L'intelligenza aperta è un'estensione indifferenziata che è naturalmente presente ovunque; essa include tutto ed è in tutto. Non esiste un "qualcuno" che osserva "qualcosa'altro", perché nell'intelligenza aperta nulla è mai stato trasformato in qualcosa. Ciò che vede, il vedere, e ciò che è visto, appaiono e scompaiono tutti nell'intelligenza aperta, la natura immutabile di tutto ciò che va e che viene.

Il momento non-forzato dell'affidarsi all'intelligenza aperta include tutto e abbraccia tutta la vita. Tutti i pensieri, incluso il pensiero "Io", appaiono e scompaiono nell'intelligenza aperta, ma essa rimane immutata dal loro apparire e scomparire. L'intelligenza aperta non è un soggetto o un oggetto. Essa non ha punti di riferimento, quindi non è necessario alcun punto specifico di attenzione. L'approccio semplice è quello di mantenere l'impeccabile intelligenza aperta in tutte le situazioni, senza bisogno di concentrarsi su qualche circostanza particolare o di correggere gli eventi mentali. Non venire distratti dai pensieri è il punto chiave: manteniamo l'impeccabile intelligenza aperta mentre permettiamo a tutte le percezioni di essere completamente libere, senza restrizioni e senza cambiamenti. Non cerchiamo di neutralizzare nulla in alcun modo; lasciamo che la piena forza dei pensieri, delle emozioni e delle esperienze abbia completa libertà, mentre riposiamo come la loro essenza basilare. Non abbiamo bisogno di un nascondiglio speciale per i nostri pensieri o per le nostre emozioni; affrontiamo tutto, e semplicemente ci rilassiamo.

Possiamo creare una nuova definizione di meditazione: "La liberazione di tutte le limitazioni mentali". Questo vuol dire che tutto ciò che appare è visto come una forma di pura intelligenza aperta, quindi nulla è considerato un problema, e nessuna limitazione è necessaria. Nulla è percepito che sia mai stato trasformato in qualcosa. La chiara luce dell'intelligenza aperta non è mai rimasta bloccata in nessun posto. Nell'intelligenza aperta, così come in un cielo perfetto e immacolato, non esiste nulla che si possa tenere o trattenere. Un singolo momento di immediata intelligenza aperta porta più chiarezza di una vita intera di meditazione forzata. Quel singolo momento di immediata intelligenza aperta ci introduce a ciò di noi che non cambia mai. In questo senso, ogni momento può essere la suprema meditazione, qualunque cosa quel momento contenga.

Molti di noi hanno familiarità con vari tipi di meditazione e possono anche aver meditato per anni. Abbiamo sentito parlare di concetti che sono associati alla meditazione come: "l'estinzione della mente" o "l'esaurimento di tutti i fenomeni", e potremmo intendere che tali concetti vogliano dire che non avremo più pensieri o emozioni. Questo è un grosso malinteso. La cosa importante non è non avere pensieri o emozioni, ma non essere distratti dai pensieri e dalle emozioni.

Con la meditazione possiamo avere accesso a stati sublimi di ogni tipo, ma questi non sono mai completamente liberi, sono soltanto degli stati, e gli stati sono necessariamente temporanei. Qualsiasi cosa sia ottenuta tramite sforzo, alla fine svanirà, ma la nostra vera natura è costantemente con noi e lo sarà sempre. Tutti gli stati sottili e rarefatti che sono associati alle pratiche spirituali come lo stato non-concettuale, l'estasi, il vuoto, la neutralità o qualunque cosa sia, sono semplicemente dei dati. Non è necessario avere un punto di riferimento da nessuna parte, incluso nelle rarefatte esperienze meditative. Fare ciò limiterebbe seriamente l'accesso all'intelligenza aperta.

Beatitudine e sofferenza sono uguali. Questo può essere capito soltanto dalla prospettiva dell'intelligenza aperta. Non cercate di raggiungere la beatitudine o di respingere la sofferenza. Semplicemente mantenendo l'intelligenza aperta, tutto è realizzato. Essere attaccati alla beatitudine o ad altre esperienze meditative è soltanto sofferenza. Per favore, non fatevi contagiare dalla malattia della ricerca di esperienze meditative!

La mente convenzionale e tutte le affermazioni scientifiche su di essa sono solo dati; non esiste qualcosa chiamato "la mente" che sia un magazzino per i dati e che abbia una natura indipendente dall'intelligenza aperta. Un modo facile di descrivere la mente è di vederla semplicemente come un dato, e quando appaiono dei pensieri nella mente, semplicemente affidarsi all'intelligenza aperta.

Anche se appaiono dati di non-riconoscimento dell'intelligenza aperta, di distrazione per i pensieri, o di lunga elaborazione del pensiero, ci sarà sempre maggior comprensione che è tutto dovuto all'intelligenza aperta e a niente altro. L'unica libertà che esiste, è la libertà nella percezione immediata, e questa non è cosa cui possiamo arrivare pensando, filosofando o meditandoci sopra. Tutto ciò che dobbiamo fare, è riposare imperturbabilmente come intelligenza aperta, e tutte le contrazioni mentali si rilasseranno.

Anche se alcuni hanno meditato per decenni, la dimostrazione della piena evidenza dell'intelligenza aperta nella vita quotidiana non avviene tramite la meditazione. L'intelligenza aperta è già realizzata. Ciò che già è, non ha bisogno di una causa per essere ottenuto come effetto; basta semplicemente notare che l'intelligenza aperta è presente in ogni percezione.

Molte persone che hanno praticato la meditazione hanno raggiunto un punto in cui hanno compreso che in definitiva non c'è alcun bisogno di meditare, perché niente è necessario per stabilire ciò che già è. Alla fine sono arrivati alla conclusione che tutto quel pensare e meditare sulla natura della mente era superfluo, perché il fondamento della mente è il fondamento assoluto di tutto, e in quel senso non esiste separazione. E' già qui ed è già realizzato. Tutto ciò che appare nel fondamento di tutto è il fondamento di tutto.

Non sto suggerendo che, pur amando la meditazione, dobbiate smettere. Se la meditazione è una delle pratiche che scegliete di fare, non c'è bisogno di cambiare, ma è importante sapere che la meditazione non è un mezzo per portarvi a una destinazione. Se pensate che sia un mezzo per una destinazione, questo creerà l'idea che la destinazione della libertà è sempre in qualche posto lontano da voi, dove arriverete in un tempo futuro, invece di essere già qui e ora, e già realizzata.

Potete vederla in questo modo: ogni apparenza nell'intelligenza aperta è una meditazione. Qualunque cosa sia: ricevere un massaggio, scalare una montagna, fare l'amore, defecare, è tutta meditazione ed è tutto equivalente. Affidandoci all'intelligenza aperta per brevi istanti, ripetuti molte volte, ogni esperienza è come essere seduti sul cuscino da meditazione. In questa semplice pratica c'è un moto naturale per farsi coinvolgere in tutto in modo completamente organico; fiorisce una nuova connettività con la vita intera che fluisce in modo libero e realmente felice.

D: Dove dovrebbe essere focalizzata l'attenzione della mente durante la meditazione?

R: Da nessuna parte. Affidatevi semplicemente all'intelligenza aperta.

D: *La meditazione con il mantra può essere combinata con l'affidarsi all'intelligenza aperta?*

R: Mettiamola in questo modo: il mantra supremo è il completo affidamento all'intelligenza aperta. Uno dei significati della parola "mantra" è "ciò che calma la mente". Quindi se stiamo cercando qualcosa che calma completamente la mente, lo troveremo nell'affidarci all'intelligenza aperta. Una volta che ciò viene compreso, allora la ripetizione del mantra può essere una piacevole attività come qualunque altra, piuttosto che una pratica che porti a una qualche destinazione, perché riposando scopriremo che la destinazione è esattamente qui.

D: *Ho meditato per anni, ma adesso sto cercando di integrare la mia pratica con l'affidarmi all'intelligenza aperta. Il problema è che adesso quando medito, mi sento come se mi stessi sforzando di affidarmi all'intelligenza aperta, e questo mi fa venire il dubbio se dovrei affatto meditare.*

R: Ciò che ogni meditatore sta veramente cercando è di vivere lo stato meditativo per tutto il giorno e in tutte le circostanze, non solo nelle circostanze particolari, come ad esempio quando siamo seduti sul cuscino. Stiamo parlando della meditazione completamente spontanea che pervade la veglia, il sogno e il sonno. Questo può accadere rapidamente o lentamente con l'introduzione all'intelligenza aperta e la pratica dei brevi istanti di intelligenza aperta, ripetuti molte volte, finché l'intelligenza aperta è evidente giorno e notte. Il traguardo supremo della meditazione è di affidarsi all'intelligenza aperta, in completa equanimità, qualunque cosa appaia.

Certo, la maggior parte di noi vorrebbe arrivarci nel modo più facile possibile! La meditazione dovrebbe essere un'espressione semplice e rilassata dell'intelligenza aperta omnipervasiva. Se pensiamo di poter meditare soltanto quando siamo seduti su un cuscino o in un posto speciale, ciò non è necessariamente vero; è soltanto ciò che crediamo. Nel mio caso, non avevo una pratica di meditazione in cui mi sedevo su un cuscino ogni giorno, ma meditavo a modo mio, affidandomi all'intelligenza aperta per brevi istanti, ripetuti molte volte, in tutte le circostanze e in tutte le condizioni. In questo modo la meditazione molto rapidamente permeò la veglia, il sogno e il sonno.

Non sto dicendo di non meditare. Potete fare quello che volete, ma quando state meditando, permettete che tutto sia esattamente così com'è, come fareste in ogni altro momento. Non forzate niente, semplicemente rilassatevi. Qualunque siano i pensieri, le emozioni e le sensazioni, essi sono l'illimitata capacità e creatività dell'intelligenza aperta. Sono inseparabili dall'intelligenza aperta, come lo splendore del diamante è inseparabile dal diamante stesso.

Inizialmente può sembrare che ci sia l'intelligenza aperta che è consapevole dei dati che ci distraggono, come un gatto che osserva un topo. Ma, più riposiamo naturalmente, più vediamo che l'intelligenza aperta e i dati sono inseparabili. Anche se diciamo, "Mi sto affidando all'intelligenza aperta", e "sta apparendo un pensiero nell'intelligenza aperta", questi sono entrambi dei dati che hanno come base soltanto l'intelligenza aperta.

Non è necessario fare alcun tipo di meditazione focalizzata, come ad esempio seguire il respiro, pensare a delle cose specifiche, visualizzare una deità, concentrarsi sulla fiamma di una candela o qualunque altra cosa. Semplicemente affidatevi all'intelligenza aperta! Sempre di più, tutto si risolverà, e diverrà chiaro che tutto è veramente di natura non-duale. Se affermiamo che sono necessarie delle condizioni particolari e che l'intelligenza aperta dipende da tali condizioni, sarà molto difficile capire che tutto è una singola estensione non-duale, perché abbiamo posto delle condizioni su di essa e crediamo che

135

dipenda da qualcosa. L'intelligenza aperta è il fondamento di tutto e non dipende assolutamente da nulla.

D: Quindi, possiamo dire che il traguardo della meditazione è raggiunto quando la meditazione non serve più?

R: Oh, adoro sentire ciò; questa è musica per le mie orecchie! Che profonda espressione di saggezza!

Non sto dicendo niente di nuovo sull'argomento. Nel corso della storia la suprema meditazione del riposo imperturbabile è stata tramandata di generazione in generazione, estendendosi nel tempo come una catena di montagne d'oro. Il lignaggio dell'intelligenza aperta ordinaria è talmente puro, che non ha linee. L'intelligenza aperta è assolutamente completa in se stessa. Essa non ha bisogno di adottare dottrine, tradizioni, metodi, costumi o luoghi speciali, perché è il fondamento di tutti essi e anche di tutto il resto.

La pratica è per tutti. Non dipende da condizioni come età, intelletto, educazione, sesso o luogo. Siamo già ciò che siamo, quindi perché dovremmo passare attraverso un calvario di decenni per essere ciò che siamo? Affidarsi all'intelligenza aperta è l'unica cosa necessaria. È rapido e certo!

D: In alcune tradizioni viene insegnato che il sonno profondo è simile alla meditazione, ma nella mia esperienza il sonno è il sonno e la meditazione è la meditazione, e il sonno non ha alcuna relazione con la meditazione. Potresti aiutarmi a chiarire questo punto?

R: Il sonno e la meditazione sono apparenze uguali ad ogni altra apparenza, e tutte le apparenze hanno alla radice l'intelligenza aperta. Qualunque cosa sia, non c'è "due". Questo è ciò che significa non-dualità: che non sono mai esistite due cose separate. Meditazione vuol dire affidarsi all'intelligenza aperta, e quando semplicemente ci rilassiamo come questo stato naturale, esso diventa sempre più familiare. Con la crescente familiarità, vediamo che l'intelligenza aperta è inseparabile da tutto. E' inseparabile dai sogni, dalla veglia e dal sonno ed è inseparabile da nascita, vita e morte. Riconoscendo ciò, andiamo al di là di tutte le definizioni che abbiamo usato per descriverci.

Se abbiamo meditato per molti anni e ci siamo persi in uno stato concettuale come il non-essere, l'estasi, il vuoto o la chiarezza, allora potremmo restare in quello stato per anni se lo desiderassimo. Alcune persone si sono addestrate a restare in ogni tipo di stato. Siamo in India adesso, e l'India è una meravigliosa manifestazione di queste cose, non è vero? Tuttavia, se comprendiamo che questi stati non sono altro che intelligenza aperta, allora andiamo al di là dell'essere legati a degli stati. Al di là dell'essere legati a degli stati c'è la chiara luce della saggezza, che non richiede alcuno stato. Essa non adotta mai alcun estremo ed è di incredibile beneficio.

Quando siamo coinvolti in qualche stato, è molto difficile occuparsi dei problemi seri che sta affrontando il mondo, perché lo stato in cui siamo ci sta probabilmente suggerendo che non esiste un mondo. Se siamo in uno di quegli stati, abbiamo in verità trovato un ostacolo all'intelligenza aperta, anche se ci può sembrare molto migliore dei nostri dati ordinari. Abbiamo adottato una posizione estrema, mentre l'intelligenza aperta non ha mai estremi. Dalla prospettiva dell'intelligenza aperta, non c'è alcuna presa di posizione come "il mondo esiste" o "il mondo non esiste". Esiste soltanto la completa presenza dell'intelligenza aperta, qui e ora. Se veramente esaminiamo la natura di ciò che appare e non cerchiamo di descriverla, vediamo che questa affermazione è corretta.

Uno stato è semplicemente un'altra illusione: un altro miraggio o sogno. Essere in un qualche stato può farci sentire meglio, esserci di beneficio e potremmo anche riuscire a convincerci che sia di beneficio a tutti. Ma quanto beneficio ci può essere realmente, quando milioni di persone nel mondo non hanno una dieta equilibrata, acqua pulita o una gestione dei rifiuti adeguata? Al di là di tutti gli stati si trova la grande saggezza che non è legata a schemi concettuali. Questa saggezza può dire e fare qualsiasi cosa: può muoversi ovunque, può portare beneficio senza sforzo e in modo molto fruttuoso, e non ha legami né confini.

D: Ho praticato per molti anni una meditazione specifica e, avendo ricavato molto beneficio da essa, non mi sento proprio di smettere. Potresti spiegarmi che cosa è che sostieni a riguardo della mia pratica?

R: Molto spesso le menti e i corpi di coloro che hanno meditato a lungo sono già più a loro agio, così se hanno la fortuna di essere esposti al training di affidarsi all'intelligenza aperta, riescono a essere pienamente presenti senza dover pensare a tutto ciò che viene detto.

Alcune persone possono aver praticato diversi tipi di meditazione per anni, mentre qualcun altro può aver dovuto affrontare trenta anni di prigione, ma tutte queste sono delle pratiche. Nella maggior parte delle pratiche, ci siamo allenati a esaminare il contenuto della mente e a vedere una parte di essa come positiva e una parte di essa come negativa. Sia che siamo un ardente praticante spirituale o uno che ha commesso ripetute azioni negative in entrambi i casi c'è un continuo coinvolgimento nel fondare le nostre azioni sui nostri pensieri e sulle nostre emozioni. Quando cerchiamo un insegnamento, spesso ne cerchiamo uno che si conformi ai nostri predeterminati dati, secondo i quali alcune cose sono positive e altre negative. Questo non è l'approccio migliore se la nostra meta è di sviluppare fiducia nell'intelligenza aperta, perché l'intelligenza aperta è al di là di tali schemi concettuali.

Alcuni di noi si fanno molto coinvolgere dai dati che appaiono nella mente e dicono a se stessi: "Oh no, devo liberarmi da questi dati negativi, devo essere puro per arrivare alla natura del

Buddha!"'. La natura del Buddha non è altro che un'etichetta per intelligenza aperta perfetta e attività straordinarie.

Dall'inizio senza inizio della grande eguaglianza dell'intelligenza aperta, non c'è mai stato niente da cambiare. Non è mai esistita alcuna impurità da nessuna parte. Esiste solo completa apertura, e in questa spaziosa intelligenza aperta, tutto è pervaso dalla saggezza che è naturalmente presente e originariamente pura. Incredibilmente, è proprio grazie al potere dell'affidarsi all'intelligenza aperta, senza cercare di correggere gli eventi della mente, cambiandoli da negativi in positivi, che scopriamo l'intelligenza completamente benefica che è alla base di tutto.

Se pensiamo che ci sia qualcosa di impuro o malvagio in noi, che non può essere cambiato, allora è il momento di rilassarci come intelligenza aperta e lasciare che i dati si risolvano. Questa è la conclusione a cui arrivò lo stesso Buddha. Aveva provato tantissime pratiche diverse, ma alla fine smise di cercare e si sedette sotto l'albero del Bodhi. E che cosa accadde? Lasciò andare tutte le sue pratiche precedenti e semplicemente si affidò all'intelligenza aperta. Non lo fece in un modo particolare. A volte stava in piedi, a volte seduto, a volte faceva un pisolino, ma qualsiasi cosa apparisse, egli lasciava libero sfogo a tutti i pensieri e tutte le emozioni, invece di cercare di abbandonarli, evitarli o alterarli con tutti i tipi di pratiche estenuanti che aveva condotto in precedenza.

Tutte le paure, i dubbi, i rimorsi, le fantasie sessuali e ogni altra cosa, gli apparvero mentre era seduto lì. Le antiche scritture Buddhiste li chiamavano demoni, ma questi non venivano da fuori, era solo l'apparire delle sue questioni più intense. Tutti noi sappiamo com'è, non è vero? Siete mai stati seduti in meditazione, pronti a vivere una bellissima meditazione, sentendovi benissimo in voi stessi, ma all'improvviso ecco: immagini della rivista Playboy, fantasie sui divi del cinema o sulla persona dell'altra parte della stanza e i desideri ardenti che vengono con tutte queste fantasie. In un attimo penserete all'anello di diamanti che desiderate, o alla macchina, a dove volete vivere, al tipo di lavoro che desiderate o a ciò che avreste dovuto studiare mentre eravate a scuola o ad iscrivervi al prossimo corso di meditazione e così via!

Questo è più o meno ciò che accadde al Buddha sotto l'albero del Bodhi, ma lui semplicemente restò lì seduto e lasciò accadere tutto, qualunque cosa fosse. Non cercò di contenerlo o controllarlo o cambiarlo. Smise completamente di fare alcuno sforzo e lasciò che tutto fosse così com'era. Era potenziato dalla grande equanimità alla base di tutte le apparenze. Quindi, affidandosi all'impeccabile intelligenza aperta, vide tutto come impeccabile intelligenza aperta, finché tutto era impeccabile intelligenza aperta. Quando comprese direttamente che la pura intelligenza aperta, il fondamento di tutti i fenomeni era la sua vera natura, toccò la terra e disse, "È questo. Ho capito che tutte quelle cose che stavo cercando di accumulare, cambiare o evitare sono tutte semplicemente apparenze della saggezza e inseparabili dal fondamento di tutti gli esseri".

La più semplice di tutte le pratiche è affidarsi all'intelligenza aperta, perché include tutto dall'inizio, senza separare nulla. Non avete bisogno di cambiare drasticamente il vostro stile di vita. Semplicemente iniziate ad affidarvi all'intelligenza aperta durante la vostra giornata, e vedrete che rapidamente l'intelligenza aperta diventerà sempre più ovvia nella vostra vita. L'approccio supremo è l'intelligenza aperta senza sforzo e onnicomprensiva che include tutta la vita. Se vi affidata all'intelligenza aperta ripetutamente, nascerà in voi questa convinzione. Potete contarci senza ombra di dubbio.

COMPLETO BENESSERE

CAPITOLO TREDICI

"La maggior parte di noi non ha mai saputo che in ogni singolo istante della notte e del giorno stiamo in realtà riposando nel completo benessere. Non c'è mai un singolo istante in cui ne siamo lontani, a prescindere da cosa stiamo pensando, provando, o sperimentando."

Fin da giovane, avevo una forte convinzione che ci fosse qualcosa nella vita di assolutamente prezioso. Anche se nessuno ne parlava, questo valore era ovvio per me. Intuitivamente, sentivo che se fossi riuscita a scoprire completamente quella preziosità, la vita sarebbe stata meravigliosa. Avrei compreso di essere immersa nella preziosità e sarei riuscita a vivere in qualità di quell'essenza preziosa. Allora sarebbe stato possibile provare un tenero calore affettivo con tutti. La mia mente sarebbe stata sempre in pace e le mie interazioni sarebbero diventate potenti, dolci, rilassate e amorevoli. Sapevo che in qualche modo questo era possibile.

Da adulta ho scoperto che quello che avevo pensato fosse vero da bambina, è assolutamente vero! Questo modo di vivere è possibile, non solo per me, ma per ogni persona al mondo. Aneliamo tutti a quell'amore e a quella pace perfetta. Vogliamo che ciò sia vero, a prescindere da quanti altri sistemi di credenze abbiamo acquisito durante la nostra vita. Desideriamo ardentemente che ogni istante della nostra vita abbia quella meravigliosa pulsazione di calore e benessere.

Beh, non solo è possibile, è già presente dentro di noi. Indipendentemente da come appaiano le cose, se siano positive o negative, spirituali o non-spirituali, dolorose o estasianti, ogni apparenza ha lo stesso benessere come sua essenza.

Avere il benessere non vuol dire avere soltanto pensieri e sensazioni piacevoli. Durante la nostra vita avremo una varietà di pensieri, emozioni e sensazioni diverse, ma il vero benessere deriva dal fatto che non siamo più dominati da essi. Non ci definiscono e non ci turbano più, perché sappiamo che appaiono nell'intelligenza aperta che non è stata mai ostacolata da niente. Quando siamo stabili nella pratica dell'affidarci all'intelligenza aperta, essa rimane ovvia per noi qualunque cosa accada. Non abbiamo più bisogno di mantenerla. Invece di essere persi per tutto il tempo nel pensiero convenzionale, il nostro cuore e la nostra mente si aprono, e capiamo che tutto è incluso nell'intelligenza aperta, la quale rimane immutata e sempre libera, qualunque cosa accada.

Quando ci rilassiamo nella spaziosità completamente aperta che è l'essenza del nostro essere, vediamo qualcosa di noi che possiamo non aver riconosciuto prima. La maggior parte di noi non ha mai saputo che ogni singolo istante della notte e del giorno stiamo in realtà riposando nel completo benessere. Non c'è mai un singolo istante in cui ne siamo lontani, a prescindere da cosa stiamo pensando, provando o sperimentando. Comunque, nella misura in cui crediamo che i nostri pensieri e le nostre emozioni abbiano potere su di noi, in quella misura non saremo consapevoli del benessere che è sempre presente. Quindi, se pensiamo di essere separati dal benessere, e che ogni pensiero ed emozione che appare possa avere effetto su di noi, allora questa sarà la nostra esperienza.

Il benessere della saggezza non è lo stato di felicità cercato dal pensiero ordinario. Inseguire i pensieri, le emozioni e le esperienze per avere la felicità non è affatto benessere. Inseguire i pensieri è ciò che facciamo quando speriamo di ottenere benessere, ma essere in questo stato è molto doloroso, perché la speranza è senza fine ed è impossibile da soddisfare. Quello di cui abbiamo bisogno è di scoprire il benessere che è già presente, piuttosto che aspettarci di trovarlo nel futuro. Il futuro sperato non arriva mai, ma ciò che è infinito ed eterno è già qui adesso.

Desiderare il benessere viene dal semplice fatto che vogliamo sentirci bene. Volerci sentire bene prende tante forme diverse, come per esempio voler essere riconosciuti, voler rettificare un torto, voler essere sani, volere un equilibrio nella vita e così via, ma viene tutto dalla stessa radice: il desiderio di una vita di benessere. Anche le persone molto egoiste, arrabbiate, offensive e ipocrite vogliono solo sentirsi bene. Sono tutti come noi, non sono differenti. Vogliono sentirsi bene, non vogliono stare male!

Abbiamo cercato per tutta la vita un modo per sentirci bene. Dall'inizio, quando impariamo da altre persone a fare affidamento sul pensiero ordinario, molto di ciò che impariamo tratta di come manipolare i nostri pensieri e le nostre emozioni per sentirci bene. Per esempio, da piccoli possiamo aver mostrato rabbia e aver colpito un altro bambino, e qualcuno avrà detto, "Sei un bambino cattivo! Non devi arrabbiarti e picchiare gli altri!'" quindi abbiamo pensato, "Ah, arrabbiarmi e picchiare gli altri è qualcosa che mi caccerà nei guai. E' sbagliato e devo correggerlo". Un altro esempio è che i nostri genitori di solito ci insegnano che dobbiamo evitare la rabbia e sostituirla con un comportamento positivo: "Non arrabbiarti, sii gentile con tal persona".

L'implicazione è che dobbiamo mostrare di essere buoni, anche quando non ci sentiamo così, per andare d'accordo con gli altri e sentirci bene. Ma anche le persone più buone su questa terra non troveranno il benessere solo dal comportarsi bene. Ci sarà sempre qualcosa che si smuove nel sottofondo che non è così "buono", come la morte o una malattia grave, o qualche emozione o evento imprevedibile. "Buono" è soltanto un'etichetta e non troveremo mai il benessere in un'etichetta.

Le manipolazioni del comportamento che ci sono state insegnate da bambini, non ci porteranno mai all'essenza del sentirci bene, perché sono solo antidoti. E' come mettere un cerotto su una ferita profonda. Anche se possiamo ottenere qualche conoscenza pratica su come vivere la vita, usare antidoti per pensieri, emozioni e altre esperienze non è abbastanza per ottenere la vera felicità. Le strategie per manipolare pensieri ed emozioni non ci renderanno mai permanentemente felici, non importa quanto bravi diventiamo nei nostri programmi di gestione dei pensieri. Non importa quanto eccellenti pensiamo siano tali programmi di auto-miglioramento, non ci sentiremo sempre bene, mentre ciò che vogliamo è il benessere in ogni momento. Classificare costantemente i nostri pensieri, e cercare di manifestare dei pensieri positivi per sostituire quelli negativi non porta alla felicità, ma a un'esistenza artificiosa. Diventiamo un classificatore di pensieri 24 ore su 24. Questa non è libertà, è una vita adatta a un robot.

Cercare di sostituire pensieri ed emozioni negativi con quelli positivi vuol dire semplicemente andare da un dato all'altro, e quest'agitazione senza fine non ci lascerà mai scoprire il riposo sereno del completo benessere. Nel pensiero ordinario non esiste alcun riconoscimento della realtà indistruttibile della saggezza infinita, nonostante questa realtà permei tutti i dati. Quando siamo identificati con i nostri pensieri e crediamo di essere il pensatore, non ci sarà alcuna esperienza di intelligenza aperta completamente aperta, che è lo spazio fondamentale in cui sia i pensieri che il pensatore appaiono e scompaiono. Questo spazio primordiale fondamentale è ciò che veramente siamo; ma a causa della costante identificazione col pensiero ordinario, abbiamo dimenticato lo spazio dell'intelligenza aperta. Aggrappandoci alle parti temporali, abbiamo dimenticato la totalità senza tempo.

E' impossibile arrivare a uno stato permanente di benessere partendo dalla conoscenza ordinaria. Anche se conoscessimo tutto ciò che è possibile sapere nel campo dei fatti e della scienza, quel raggiungimento non porterebbe mai uno stato di permanente soddisfazione o di benessere, perché è fatto soltanto di dati temporanei. La vera saggezza si trova nella capacità di non distrarsi dall'intelligenza aperta ed è realizzata soltanto dalla pratica dell'affidarsi all'intelligenza aperta. Invece di seguire le apparenze, continuiamo ad affidarci all'intelligenza aperta per brevi istanti, ripetuti molte volte, finché l'agio dell'essere diventa automatico. In questo modo familiarizziamo gradualmente con l'intelligenza aperta come fondamento delle percezioni. Diventiamo sempre meno identificati come entità separata intrappolata in un corpo, e scopriamo che la nostra condizione fondamentale è l'intelligenza aperta eternamente libera che pervade e trascende tutti i dati.

Finché siamo identificati soltanto con questo morbido corpo animale, la situazione ci appare davvero un po' minacciosa, perché ci sentiamo come intrappolati in esso. Ci saranno sempre molte persone che ci diranno che siamo venuti in esistenza solo alla nascita, e, una volta che crediamo a ciò, avremo paura di un altro evento che si approssima, chiamato morte. Se pensiamo di essere soltanto un corpo, la morte può sembrare una prospettiva terrificante.

Magari pensiamo che la conoscenza scientifica ci aiuterà, perciò ci riempiamo di informazioni di ogni tipo. Ma anche se potessimo scoprire tutto ciò che è possibile scoprire secondo la conoscenza corrente su questo vulnerabile corpo animale e sulla sua psicologia, queste descrizioni convenzionali ci proteggeranno dalla morte? A prescindere da cosa abbiamo imparato su noi stessi, niente di tutto ciò ci ha dato il completo benessere che desideravamo, perché la conoscenza convenzionale ignora l'intelligenza aperta come aspetto auto-conoscente, inseparabile dalla condizione fondamentale. E' grazie all'intelligenza aperta che conosciamo il nostro corpo e tutto il resto; l'intelligenza aperta è la radice primaria di tutta la conoscenza, esiste prima di ogni pensiero, incluso il pensiero "Io". Soltanto nell'intelligenza aperta possiamo trovare il benessere che stiamo cercando, perché soltanto l'intelligenza aperta è permanente, e soltanto l'intelligenza aperta è la nostra realtà fondamentale. Questa è l'unica conoscenza reale.

Esiste una sola cosa che può portarci il benessere totale, cioè conoscere la nostra condizione fondamentale, e questa deve essere un'esperienza vissuta. Quando torniamo ripetutamente all'intelligenza aperta, acquisiamo gradualmente sempre più familiarità con la nostra natura fondamentale. Allora il nostro pensiero perde i suoi margini timorosi e fiorisce in un gioioso benessere. In un modo completamente naturale sentiamo una più grande intimità e connessione con gli altri. I nostri pensieri, quando li notiamo, non sono più così tanto sulle nostre preoccupazioni egocentriche; diventano gradualmente più dinamici, più pieni di energia e più interessati alla vita di tutti. Capiamo in modo istintivo che tutto è realmente indivisibile, e che nessuno è un estraneo. Sentiamo una naturale intimità con tutti.

Cominciamo ad avere molto più a cuore il nostro pianeta e tutti gli esseri che ci vivono, e nasce in noi un'espressione molto dinamica di compassione e saggezza che fluisce naturalmente al servizio di tutti. Vediamo delle meravigliose soluzioni non soltanto ai nostri problemi ma a quelli di tutti, e troviamo naturalmente la forza e il coraggio di manifestare tali soluzioni.

Questo è ciò che abbiamo veramente bisogno di conoscere di noi stessi in questo momento della storia dell'uomo, oggi più che mai. Sono sempre esistite delle persone tra noi che hanno riconosciuto la vera natura della realtà, ma oggi è la prima volta nella storia degli esseri umani che molte persone hanno abbastanza apertura mentale e che hanno inoltre a loro disposizione le informazioni per realizzare completamente la propria natura fondamentale. In questa realtà troviamo la capacità di risolvere i nostri problemi individuali e anche i problemi del nostro mondo.

Come si può realizzare? Dobbiamo familiarizzare con l'essenza che è alla base di tutti noi come essere umani. Tutte le soluzioni vengono da quell'essenza.

Il benessere che abbiamo sempre cercato, in realtà non può essere trovato, perché non è mai stato perso. Lo abbiamo cercato nei pensieri, ma non siamo riusciti a trovarlo, perché i pensieri vanno e vengono, e non possiamo trattenerli, non importa quanto duramente ci proviamo. Se diciamo, "Avrò solo dei pensieri felici e amorevoli e così otterrò il benessere", beh, nessuno ci è mai riuscito. La verità è che il benessere esiste già in tutto: esiste nei pensieri felici e amorevoli, ma esiste anche nei pensieri, nelle emozioni e nelle esperienze negative. Sono tutti fatti dello spazio fondamentale dell'intelligenza aperta, che è la natura stessa della felicità.

L'intelligenza aperta primordiale è sinonimo di pace; è l'amore stesso. Abbiamo la tendenza a etichettare i nostri pensieri come positivi, negativi, felici o tristi, e cerchiamo di trattenere quelli che ci piacciono. Tuttavia, l'etichetta non è la definizione assoluta di niente. Tutto condivide la stessa essenza. Quell'essenza dell'amore e della saggezza che conosce tutto ed è consapevole di tutto non è mai stata intrappolata da alcuna definizione. L'essenza di chi siamo non è mai stata intrappolata in nessun luogo e non è mai stata trasformata in alcuna cosa. E' la libertà stessa, e lo sarà sempre.

D: Il tema del benessere è molto importante per me, perché mi sembra di averne veramente poco! Ho degli sbalzi di umore tremendi. Un istante mi sento bene e il successivo sono di pessimo umore. E questo peggiora nella relazione con il mio partner, il quale è anche soggetto a sbalzi di umore. Non so se riuscirò a trovare il benessere finché ho questi sbalzi tremendi di umore o finché rimango con il mio partner attuale.

R: Lascia che ti dia un esempio che ti può aiutare ad avere una più ampia prospettiva sugli umori che vivi. Ho ricevuto una telefonata stamattina da una persona che mi parlava delle difficoltà che aveva avuto negli ultimi giorni. Erano delle cose molto importanti, quindi l'ho semplicemente ascoltata con amore, e questo era ciò di cui aveva bisogno. Sapevo che il suo dolore era semplicemente un'espressione dell'intelligenza aperta, e anche se non ho detto molto, la mia capacità di rimanere a mio agio con la sua storia l'ha aiutata a vedere la sua situazione sotto una nuova luce.

Prima del mio cambiamento di percezione, sarei stata molto turbata dal dover avere a che fare con una persona che esprime molte lamentele. Avrei pensato, "Perché devo ascoltare queste cose?". Il mio umore dipendeva dalle circostanze esterne e da cosa stavano facendo e dicendo gli altri, quindi cambiavo umore continuamente. Mi svegliavo la mattina e pensavo, "Oh no, un altro giorno da affrontare!", perché mi sentivo vittima dei miei umori e delle mie emozioni. Abbiamo imparato a dare significato ai nostri umori e questo gli dà molto più potere. Diciamo: "Sono di pessimo umore oggi, fate attenzione!". Oppure, se ne abbiamo avuto abbastanza di trattare male la gente, potremmo dire, "Anche se mi sento malissimo, agirò in modo compassionevole", ma ciò aggiunge semplicemente un altro livello di falsificazione.

Ventisei anni fa vissi un'esperienza profonda che mi portò a vedere che tutto è completamente equo e non c'è alcun bisogno di descrivere le cose in un modo particolare. Ciò che è, è. E' fatto tutto della stessa condizione o fondamento intelligente. Vidi che non era necessario essere dominata dagli umori. C'è così tanto sollievo e libertà in questa realizzazione! Gli umori non significano assolutamente niente, sono come delle perturbazioni climatiche passeggere che non hanno alcun effetto sul nostro innato benessere.

E' molto più semplice affidarsi all'intelligenza aperta e lasciare che tutto sia così com'è. Qualunque cosa appaia è come un miraggio. Come una linea tracciata nell'acqua, si risolverà da sola e svanirà naturalmente. Non è necessario agire su nulla di ciò che appare. Non abbiamo bisogno di far niente perché vadano via le nuvole; esse svaniscono da sole in se stesse. Vengono dallo spazio, sono spazio durante tutta la loro comparsa e scompaiono nello spazio. Questo spazio rimane immutato ed è ciò che siamo veramente: puro spazio consapevole. L'apparire, il permanere e l'andare via sono anch'essi spazio.

Allora, cosa dire? Non sta accadendo niente. Non esiste niente cui reagire. Quando semplicemente lasciamo andare tutto in serenità, allora la vita diventa molto più facile e non abbiamo più tanto bisogno che le cose cambino. Lasciando che tutto sia così com'è, ci apriamo allo spazio di profonda conoscenza e all'abile agire. Se non lasciamo che tutto sia così com'è, affidandoci all'intelligenza aperta, non riusciremo mai ad accedere a questo livello di conoscenza e abilità.

Se siamo in una relazione turbolenta con un partner, possiamo diventare come quei piccoli guerrieri dei videogiochi, facendoci battaglia con i nostri dati conflittuali. Ogni conversazione diventa un nuovo campo di battaglia! Ma, se anche una sola persona nella relazione inizia ad affidarsi all'intelligenza aperta, allora saprà con certezza che non ha bisogno di farsi coinvolgere o turbare dai propri dati o da quelli dell'altro. Non sentirà più il bisogno di difendere o di attaccare. Parole che prima ci sembravano come dei proiettili e delle bombe sono viste come innocenti nuvole di passaggio. Una persona che si affida all'intelligenza aperta può rimanere completamente equanime qualunque cosa venga detta, e può relazionarsi abilmente all'altra persona nel modo più compassionevole e amorevole possibile. Non sto parlando di essere buoni. La compassione non è necessariamente gentile, ma ha sempre il risultato di amore e beneficio.

Quando uso la parola "amore" non sto parlando dell'amore che dipende dall' emozione di amore. Quello non è amore vero;

è qualcosa che chiamerei amore ordinario. Se avete bisogno che le persone si comportino in un certo modo per sentire amore per loro, quello è amore ordinario. Se sentiamo il bisogno di ricevere l'amore da qualcun altro, quello è amore ordinario. Non sto parlando di quel tipo di emozione ordinaria. L'amore vero, o l'amore perfetto di cui sto parlando, è uguale all'intelligenza aperta irremovibile. Sto parlando di potenziare l'amore che è l'essenza di tutto. Lo spazio fondamentale di tutto ciò che appare è l'amore immutabile, e qualunque cosa appaia è la sua manifestazione dinamica.

Ma questo non lo capiremo mai se continuiamo a descrivere tutto con etichette di "buono" e "cattivo". L'unico modo per conoscere l'onnipresenza dell'amore perfetto è di permettere che le descrizioni appaiano e scompaiano come vogliono. Riconoscendole tutte come uguali vengono trasmutate in amore e saggezza. E' come il processo di raffinamento dell'oro. Scaldando l'oro grezzo, le scorie si sciolgono, e alla fine rimane solo l'oro puro. Se dovessimo continuare il processo di raffinamento finché persino l'oro si fondesse via completamente, non rimarrebbe altro che puro spazio, e quello spazio è uguale all'amore. L'esperienza decisiva dell'amore alla base di ogni apparenza è il vero benessere.

D: Non ho mai trovato alcuna persona, circostanza, pratica spirituale o qualsiasi altra cosa che mi abbia mai veramente dato il benessere, e non spero più di riuscire a raggiungere l'ideale di cui stai parlando. Perché mai dovrei credere che quello che stai offrendo qui sia in qualche modo diverso da quello che ho sperimentato prima d'ora?

R: Dagli inizi della nostra vita abbiamo cercato il benessere dappertutto. Abbiamo iniziato cercandolo nella casa in cui siamo nati, ma la maggior parte delle nostre case e di chi si è preso cura di noi non sono riusciti a darci un benessere su cui potevamo contare. Molto presto abbiamo cominciato a cercarlo nelle cose, come ad esempio nei giocattoli e nei mondi immaginari che ci siamo inventati. Ma non siamo riusciti a trovare veramente il completo benessere neanche in quelle cose, così abbiamo continuato a cercare. Crescendo lo abbiamo cercato al di fuori della famiglia: nella scuola, nelle amicizie, nelle relazioni, nelle università, nel lavoro, nelle istituzioni, nelle relazioni sentimentali, nel cibo e così via, ma il benessere ci sfugge continuamente quando lo cerchiamo fuori di noi. Vogliamo assolutamente trovarlo, ma la maggior parte delle persone non ha idea di come fare. Abbiamo provato vari metodi e pratiche spirituali, ma la maggior parte di questi non ha portato a niente. Molti continuano finché alla fine diventano troppo vecchi e disillusi per continuare a cercare.

Ogni giorno noi esseri umani affrontiamo ogni tipo di sofferenza, sia nelle nostre vite personali che nel mondo intorno a noi. La sofferenza è ovunque ed è oggi più ovvia e innegabile che mai, a causa delle forme immediate di comunicazione che abbiamo, le quali ci trasmettono notizie di incredibili sofferenze da tutto il mondo. Nonostante ciò, è possibile scoprire il vero benessere. La via per quel benessere è di mantenere l'intelligenza aperta in modo rilassato per brevi istanti, ripetuti molte volte. Basta questo.

Questo è ciò che distingue il Training di Balanced View. Mentre la maggior parte delle pratiche spirituali cerca di purificare o arrangiare i contenuti della mente nella speranza di raggiungere una meta lontana, Balanced View insegna che siamo già completi, e l'unica cosa necessaria è identificarci con la stabile intelligenza aperta, invece che con il pensiero ordinario. Quando l'intelligenza aperta diventa ovvia, si scopre un benessere che va oltre qualsiasi cosa avreste mai potuto immaginare.

Tutti noi abbiamo questa preziosa opportunità nella vita, di goderci la stabilità dell'intelligenza aperta, ma la maggior parte di noi non sa neanche che è possibile. L'intelligenza aperta è il fondamento di tutte le percezioni, e in quel fondamento esistono sicurezza, amore assoluto e totale benessere. Questa è la nostra vera natura.

Vediamo sempre di più che, non solo i nostri dati personali, ma tutti i dati sono inclusi nell'intelligenza aperta. Non c'è niente da rifiutare o da escludere. E' soltanto vedendo come l'attaccamento ad alcuni dati ha causato la nostra sofferenza, che siamo motivati a mantenere l'intelligenza aperta, altrimenti non ci riusciamo. A tutti noi è stato insegnato che aggrappandoci ai dati otterremo forza e felicità, ma in realtà ciò ci rende deboli e infelici. Soltanto quando vediamo questo punto chiaramente, possiamo essere liberi dall'attaccamento al pensiero ordinario e provare puro piacere nella stabile intelligenza aperta.

Quando riusciamo a capire come l'attaccamento ai dati ha creato sofferenza nella nostra vita, vediamo immediatamente come ciò sia vero per tutti. Diciamo: "Wow, tutti sono esattamente come me!" Questo non solo ci porta alla spontanea compassione, premura e affetto per tutti, ma ci permette di aiutare veramente gli altri, forse per la prima volta, e di essere felici! Vediamo che tutta la sofferenza umana deriva dalla stessa radice: l'attaccamento ai dati.

La nostra vera identità è nell'intelligenza aperta naturalmente stabile, e la scopriamo acquisendo fiducia nell'intelligenza aperta come base di tutte le percezioni. L'intelligenza aperta non ha assolutamente condizioni e non dipende dalla nostra felicità o infelicità, o dall'essere impegnati nella ricerca spirituale o meno. Infatti, nell'intelligenza aperta, felicità e tristezza sono uguali. Sapere ciò vuol dire scoprire il vero affetto che abbraccia tutto.

Se questa non è la vostra esperienza, lo può essere, e se vi affidate all'intelligenza aperta per brevi istanti, molte volte, finché diventa automatico, lo sarà. Ci sono stati momenti della mia vita in cui anch'io mi sentivo divisa in due dalle stesse cose che hai descritto, perché non avevo ancora imparato qualcosa di diverso. Non sapevo come ottenere la stabilità nel completo sollievo che istintivamente sapevo esistere. La maggior parte di noi non ha mai avuto nessuno che gli dicesse, "Non è necessario soffrire così". Una volta che iniziamo ad avere fiducia nell'intelligenza aperta, spontaneamente sappiamo come amare noi stessi e gli altri. Cominciamo ad affidarci all'intelligenza aperta, questo è l'unico modo in cui riusciremo ad amarci veramente. Soltanto questo, semplicemente rilassatevi. L'efficacia di questa semplice istruzione è profonda oltre ogni misura.

Solo in questo modo possiamo arrivare a conoscere tutto di noi stessi e del mondo. Quando ci affidiamo all'intelligenza aperta, allora capiamo la vera natura di noi stessi e del mondo. Sappiamo che cos'è il benessere e dove si trova, e sappiamo cosa è reale e permanente, e cosa è temporaneo e sfuggente. Sappiamo tutto sul nostro corpo e su come averne cura, e anche come affrontare le nostre emozioni. Sappiamo come pensiamo e anche come pensano e si emozionano gli altri. Quando acquisiamo familiarità con noi stessi come intelligenza aperta, allora vediamo con chiarezza. Riusciamo per la prima volta a essere veramente presenti con le persone in modo naturale, basato interamente su un sincero senso di affetto e premura.

Non c'è mai alcuna ragione perché appaia qualcosa che non sia premura e affetto, perché, in ultima analisi, non esiste altro che amore. Tutto è saturo dell'essenza del benessere, e quando potenziamo quel benessere, esso fluisce in tutte le nostre azioni. Senso di affetto e premura nelle azioni porta sempre ad ulteriore senso di affetto e premura. In questo modo, il nostro benessere si può diffondere in tutto il mondo, e raggiungere tutti. Possiamo essere un esempio per gli altri del potere dell'intelligenza aperta.

L'IDENTITÀ INDIVIDUALE
CAPITOLO QUATTORDICI

"Abbiamo una scelta molto facile da fare. E' la scelta tra il continuare a descrivere e perpetuare storie fondate su un'errata percezione della nostra identità o imparare a conoscere l'intelligenza aperta che è l'unica origine e fondamento di tutte queste descrizioni."

L'intelligenza aperta della natura non prende mai forma in modo permanente. Essa rimane puro spazio, qualunque siano le apparenze che vanno e vengono al suo interno. L'estensione illimitata dell'intelligenza aperta è il solo "io" che sia mai veramente esistito, quindi riconoscetela come voi stessi. Nessuna intelligenza aperta individuale è mai esistita. L'identità personale è solo un dato nell'onnicomprensiva pura visione dell'intelligenza aperta. Crede di essere qualcosa che è nato, che passa una vita di veglia, sogno e sonno, e poi muore. Ma l'illimitata intelligenza aperta che è la nostra vera identità rimane inalterata da tutto ciò.

Dal momento in cui si crede che l'identità personale esista, tutte le apparenze susseguenti saranno relazionate a quell'identità invece che alla loro vera origine: l'intelligenza aperta onnicomprensiva. Quando crediamo di essere individui con un'esistenza auto generata causata da fattori biologici, ci separiamo dalla singola estensione non-duale della natura. Pensiamo, "Esisto come entità separata, sono concreto di per me stesso, e anche tutti gli altri sono concreti".

Ogni dato cui ci aggrappiamo rende ancora più concreta la nostra identità personale. La maggior parte di noi pensa che la propria identità personale sia il conglomerato dei propri dati passati. Purtroppo le nostre storie personali finiscono spesso per diventare delle storie di conflitti senza fine. Siamo automaticamente in conflitto con noi stessi e con gli altri, perché siamo coinvolti nella fatica di dimostrare costantemente a noi stessi che esistiamo in forma indipendente. Ci rendiamo concreti con i dati che relazioniamo alla nostra identità personale, e poi entriamo in competizione con gli altri per cercare di asserire di essere speciali e superiori. La separazione viene costantemente affermata, perché ci siamo attaccati a un'identità fondata sulla separazione e divisa dalle identità degli altri.

In realtà, non siamo altro che una manifestazione fenomenica dell'intelligenza aperta. I bambini piccoli non hanno il senso di "io", non importa cosa dicano le credenze convenzionali. Al momento della nascita non abbiamo il senso di essere qualcuno in particolare, e non abbiamo neanche il senso che le altre persone siano delle entità indipendenti. Il nostro modo di vedere è completamente aperto. Ci vogliono anni per sviluppare un forte senso di "io". Avete notato come i bambini piccoli inizialmente fanno riferimento a se stessi con il proprio nome invece di dire "io"? L'ho notato con i miei figli e i miei nipoti. Mio nipote Jack non ha iniziato a usare la parola "io" fino ai due o tre anni. Sentiva le persone che lo chiamavano "Jack", e allora diceva: "Jack vuole una caramella". Non diceva, "Io voglio una caramella". Solo più tardi, quando imparò l'idea "Io sono il corpo", iniziò a usare la parola "Io".

Se fin da quando siamo piccoli ci sentiamo ripetere continuamente che siamo qualcuno, allora ci abituiamo all'idea e cominciamo a crederci. Dopo anni e anni in cui ci è stato detto che siamo una persona, alla fine concludiamo, "Sì, ho un'identità personale; questo corpo e questa mente sono io". Impariamo a vedere orientandoci con gli oggetti, ripetutamente vedendo le cose come oggetti separati e poi descrivendole ed etichettandole. Questo rende ancora più concreta la nostra identità personale, facendola diventare il soggetto di tutti quegli oggetti, e rinforzando la nostra idea che tutte le cose siano separate. Questo modo di vedere avviene gradualmente e non tutto in una volta. Ma solo perché qualcosa è ripetuta continuamente non vuol dire che sia vera! E' come se qualcuno ci dicesse continuamente: "La terra è piatta". La gente ha creduto che fosse così per secoli, ma questo non ha mai fatto diventare la terra piatta.

La consolidazione di un'identità personale avviene un pensiero alla volta. L'identità fissa è semplicemente inventata, è una totale fantasia! La definizione assoluta di un'identità individuale, così come qualsiasi altra descrizione, è il fondamento dell'intelligenza della natura. Rimanere coinvolti nelle descrizioni e nel loro significato è una follia senza fine.

La nostra vera identità è l'intelligenza aperta, che è l'origine di tutte le percezioni e non può essere distrutta o alterata in alcun modo. Questo è molto importante da capire. L'intelligenza aperta non è generata dall'essere umano. L'essere umano dipende dall'intelligenza aperta per la propria intelligenza, e non ha alcuna natura indipendente che sia separata o diversa da quella natura. Grazie al potere dell'intelligenza aperta, che è l'origine di ogni pensiero, diventa sempre più ovvio che l'intelligenza aperta è l'unico fondamento dell'identità personale, e che dobbiamo identificarci soltanto con l'intelligenza aperta, piuttosto che con il pensiero ordinario che cerca di dimostrare l'esistenza indipendente del mondo dei fenomeni.

Quando riconosciamo veramente che l'identità personale non ha sostanza e non ha un'esistenza in sé, allora è molto più facile per noi identificarci con l'intelligenza aperta, e non attaccarci all'illusione della personalità individuale. Quando, un pensiero alla volta, facciamo la scelta importantissima di mantenere l'intelligenza aperta, invece di identificarci con le descrizioni del mondo frammentato dei soggetti e degli oggetti, allora la realtà della nostra vera natura diventa ovvia.

Quando viviamo la nostra vita basandoci sui dati, l'unica cosa che vediamo sono quei dati. Ci vediamo come manager e direttori della nostra identità, e pensiamo che stia a noi difenderla e prenderci cura di essa. Allora le attività della nostra vita saranno tutte concentrate a difendere e costruire quell'identità, e questo è un modo molto stancante e frustrante di vivere. Cercheremo continuamente di proteggerci e difenderci da qualsiasi intrusione da parte di qualcuno o qualcosa, e cercheremo senza tregua di cambiare la natura di ciò che ci appare nella mente. Sentiremo il bisogno di renderci concreti e poi di competere con gli altri per dimostrare che la nostra natura indipendente è migliore della loro.

Una volta che siamo convinti di avere un'identità personale, sperimenteremo ogni tipo di conseguenze spaventose associate al tentativo di proteggerla e migliorarla. Ci perderemo in una vita di speranza e paura: sperando che accadano alcune cose ma avendo paura che non accadano, avendo paura che accadano alcune cose ma sperando che non accadano.

Se abbiamo incluso nella nostra identità personale l'idea di un cammino religioso o spirituale, e stiamo cercando di purificarci per diventare una persona migliore, è probabile che passeremo molto tempo a fare ciò. Cercare di liberarci dell'ego o di qualche altra entità inventata è un lavoro enorme, proprio come cercare di appiattire la terra sarebbe un lavoro enorme! Infatti, è impossibile liberarci dell'ego o della personalità, perché non hanno natura indipendente e non esistono come un qualcosa che si possa cambiare! Per realizzare la nostra natura, dovremo arrivare alla conclusione che non abbiamo mai avuto alcun ego. Quando riusciremo a far ciò, diremo: "Dov'è l'individuo su cui stavo lavorando così intensamente per migliorarlo? Non riesco a trovare questo ego che pensavo fosse al quadro di comando. Non c'è altro qui se non intelligenza aperta!".

Se cerchiamo di fare qualcosa per perfezionarci o per liberarci da un "ego", allora non raggiungeremo mai la nostra meta, perché non è possibile liberarsi di qualcosa che non esiste. Non è possibile entrare nella mente e cancellare un ego che pensiamo sia lì; il tentativo di farlo darà più potere a questo ego inventato. Poiché non è mai esistita un'identità che possa essere alterata, tutto questo coinvolgimento nell'aggiustare, migliorare o eliminare, porta a credere ancora di più nell'identità personale! Così, se stiamo esaminando i nostri pensieri, emozioni ed esperienze cercando di migliorarli, allora tutto questo coinvolgimento serve solo a rafforzare la convinzione di avere un'identità personale, che in realtà non abbiamo.

La nostra unica vera natura è infinita e non nata, e appartiene all'intelligenza aperta stessa. E' completamente libera da nozioni di causalità, tempo e spazio. Quando ci affidiamo all'intelligenza aperta, ci identifichiamo con la stabile, fondamentale essenza di tutti i dati biografici che abbiamo creduto di essere. Grazie al potere dell'affidarsi all'intelligenza aperta, sperimenteremo sempre di più la nostra natura essenziale. L'identità personale che prima ci era sembrata così solida, comincia a diventare sempre meno concreta. Per brevi istanti, ripetuti molte volte, riconosciamo la nostra natura essenziale, e facendo questo, essa diventa sempre più ovvia.

Abbiamo una scelta molto facile da fare. E' la scelta tra il continuare a descrivere e perpetuare storie fondate su un'errata percezione della nostra identità, o imparare a conoscere l'intelligenza aperta, che è l'unica origine e fondamento di tutte quelle descrizioni. Quando riposiamo come intelligenza aperta e lasciamo che tutto sia esattamente così com'è, sappiamo cos'è la saggezza. Capiamo la vera natura dell'esistenza. Nasce in noi la chiara luce della saggezza e possiamo ridere per esserci presi così sul serio! Se pensate di essere la vostra mente, semplicemente rilassatevi. In quel completo rilassamento si rivela l'intelligenza aperta naturalmente presente che è lo spazio fondamentale della mente.

Se siete ancora convinti di avere un'identità personale, allora potrebbe esservi di aiuto investigare dove si possa trovare quell'identità. Gli scienziati hanno considerato la questione di dove si possa trovare quel senso di "Io", ma nessuno è mai riuscito ad arrivare a una conclusione definitiva. Si trova nel cervello? No, non possiamo veramente dire che è lì. Si trova nel cuore o in qualche altra parte del corpo? No, non riusciamo a trovarlo definitivamente neanche lì. Se investighiamo a livello delle cellule del corpo e osserviamo con un microscopio elettronico le particelle che formano il nostro corpo, possiamo trovarlo lì? Se facessimo venire qui i vostri genitori e gli mostrassimo quelle particelle, direbbero per caso, "Oh, ecco il nostro bambino!". No. Vedrebbero solo delle particelle infinitamente piccole che si muovono a delle velocità incredibili, che emergono dallo spazio e poi svaniscono in esso.

Infine allora, la nostra identità personale è fatta di solo spazio, e il nostro "io" emerge dal puro spazio. Tutto, qualunque cosa sia, è fatto di questo spazio consapevole che è uguale all'intelligenza senza tempo, la natura suprema di tutto.

Quando investighiamo noi stessi in questo modo, arriviamo alla gioia della certezza di sapere che non è mai esistito nessuno separato dall'intelligenza aperta. Questa comprensione smentisce completamente l'idea di un soggetto individuale separato dalla totalità. Molto presto iniziamo a vedere che non esiste altro che l'indivisibile estensione della natura stessa, che si rivela momento per momento, nel continuo fluire di tutto ciò che appare. Tutto è un'espressione naturale della natura, che appare spontaneamente come vasta, incredibile manifestazione di se stessa. L'intelligenza aperta è la base dell'abilità di conoscere e capire tutte le apparenze. Gradualmente sviluppiamo la fiducia che l'intelligenza aperta è la nostra natura fondamentale.

D: Sento di essere coinvolto in un continuo giudicare me stesso e gli altri. Per esempio, quando le persone entrano nella sala, subito la mia mente va in esaurimento con tutti i giudizi che arrivano su di loro. So che è una caratteristica molto negativa, e ho veramente voglia di smettere, ma è un'abitudine molto radicata. Potresti aiutarmi?

R: Quando vediamo le persone, abbiamo la tendenza a identificarle in base alle loro caratteristiche: pelle nera, pelle bianca, occhi blu, occhi scuri, attraente, non attraente e ci lasciamo coinvolgere da tutte quelle descrizioni. Poi facciamo diventare quelle descrizioni una ragione per vedere gli altri come separati da noi. "Questo è simpatico, quello è antipatico, queste persone non le considererò proprio, perché rappresentano tutto ciò che non mi piace!".

Quando ci mettiamo anche sottilmente in competizione con gli altri, rafforziamo la nostra identità. Vogliamo far vedere che siamo in qualche modo migliori, o invidiamo gli altri per i modi in cui sembrano migliori di noi. In questo processo sviluppiamo disarmonia e separazione in noi stessi, e poi naturalmente sviluppiamo disarmonia e separazione con gli altri.

Mettiamo che una donna entri nella stanza, e che cominci ad avere dei pensieri su di lei. "Oh guarda, tiene i capelli a coda di cavallo. Non è molto carina, vero? Chissà dove ha preso quei vestiti. E non ha neanche una bella pelle!". Oppure: "E' molto più bella di me. Mi sento così gelosa!". Più siamo identificati con la nostra identità personale, più appariranno pensieri come questi. Questo è tutto parte del processo con cui abbiamo creato una falsa identità usando i nostri dati: il nostro sesso, nome, acconciatura dei capelli, i vestiti che indossiamo, la nostra età e tutto il resto. Siamo arrivati a credere che tali cose definiscano chi siamo. Se non abbiamo riconosciuto l'intelligenza aperta come fondamento di tutte le percezioni che abbiamo di noi stessi, cominceremo a rendere noi stessi concreti in questo modo. Allora automaticamente faremo la stessa cosa con gli altri. Giudicheremo ed etichetteremo chiunque vedremo, e cercheremo di renderli concreti descrivendoli e categorizzandoli come in opposizione a noi o allineati con noi. Con questo processo affermiamo e rendiamo ancora più concreto ciò che crediamo sia la nostra natura indipendente.

Tuttavia, nessuno di noi è nato pieno di opinioni su se stesso e sugli altri. Non siamo nati conoscendo il nostro nome, sesso, identità, colore della pelle o nazionalità. Siamo nati come siamo: un'espressione fenomenica dell'intelligenza aperta, con un'innata saggezza che non ha mai avuto bisogno di attenersi ad alcuna descrizione. Siamo nati e viviamo con un'istintiva conoscenza della nostra identità. Idee fisse su cosa pensiamo di essere e cosa pensiamo siano gli altri, in termini di sesso, età, apparenza esteriore, idee politiche, filosofie e così via, sono completamente inutili per il nostro benessere e la nostra capacità di funzionare efficacemente come esseri umani. Infatti, più la nostra percezione è libera, meglio è.

Rilassandoci sempre più nella nostra vera natura, che è la pura intelligenza aperta alla radice di tutta la nostra conoscenza, guardiamo il mondo e, senza avere idea di come sia accaduto, tutti e tutto ci sembrano molto più belli! Tutte le idee che avevamo su quanto fosse solida e stabile la nostra identità personale e quella altrui, cominciano a scomparire. Il nostro bisogno di far mostra delle nostre abilità e competere con gli altri svanisce in modo naturale, senza dover fare altro che mantenere l'intelligenza aperta per brevi istanti, finché diventa automatico.

Quando ci identifichiamo con l'intelligenza aperta, diventiamo premurosi, interessati e compassionevoli in modo naturale, e questa compassione naturalmente si riversa verso tutti. Sempre di più vediamo le cose attraverso gli occhi della saggezza. La saggezza è il nostro modo naturale di vedere. E' l'intelligenza aperta che sta vedendo, quindi più ci affidiamo all'intelligenza aperta, più vediamo come intelligenza aperta, e quel puro vedere è sinonimo di amore, saggezza ed energia. Diventiamo sempre più felici!

Cominciando ad affidarci alla stabilità dell'intelligenza aperta, gradualmente il nostro modo ordinario di considerare le cose cambia. Invece del pensare ossessivo riguardo a "me", alle "mie cose" e a "come vivrò", tutto si rilassa. Amiamo lo stesso le persone che ci sono vicine, ma non abbiamo disperato bisogno di attaccarci alle persone per identificarci o per essere felici. I nostri pensieri e le nostre emozioni vengono spontaneamente coinvolti in cose che sono di beneficio a tutti. Invece di pensare solo a noi stessi e a che cosa possa arrecarci beneficio, tramite il supremo auto-beneficio dell'identificazione con l'intelligenza aperta, automaticamente vogliamo essere di beneficio agli altri.

Vediamo come la sofferenza sia causata dall'attaccamento a un'identità personale e al prenderla per vera. Quando capiamo come ci siamo ingannati in questo modo, sentiamo una profonda connessione con tutti e tantissima compassione e premura. Quando le persone sono perse in se stesse, non pensano di solito alla sofferenza degli altri perché sono troppo occupate con la loro. Ma quando comprendiamo la radice unica della sofferenza che tutti condividiamo, allora non possiamo fare a meno di rispondere a tutte le cose che hanno causato sofferenza nel mondo.

Il potere più grande che possa avere un essere umano è nella saggezza dell'intelligenza completamente aperta. Quando ci sorprendiamo a pensare con compassione al benessere di tutti, beh, questo è semplicemente un modo super-meraviglioso di essere. E' una crescita bellissima! Questa non è una compassione che possa essere sviluppata o ottenuta in qualche modo; essa esiste già nell'intelligenza aperta. Non è necessario nulla di speciale; essa è già realizzata. L'unica cosa che abbiamo bisogno di fare è acquisire fiducia nell'intelligenza aperta, affidandoci a essa ripetutamente per brevi istanti, molte volte, finché diventa spontaneo. Quest'unico semplice cambiamento è la soluzione a tutti i problemi.

Se cerchiamo di organizzare delle circostanze particolari per familiarizzare con l'intelligenza aperta, allora non capiremo che la nostra situazione presente, qualunque essa sia, è il costante e spontaneo fluire dell'intelligenza aperta.

D: Trovo molto difficile credere che non dobbiamo cercare di correggere i difetti che troviamo in noi stessi. Penso che le persone debbano impegnarsi a migliorare, altrimenti non diventeranno mai migliori.

R: Se crediamo di essere un'identità personale e nasce il desiderio di scoprire la vera natura del nostro essere, molto spesso il nostro punto di partenza è la supposizione che ci sia qualcosa di sbagliato nella nostra identità personale. "Devo correggere la mia personalità difettosa e purificare la mia mente". Ma l'intelligenza aperta è impeccabile dall'inizio senza inizio e non esiste niente nell'intelligenza aperta che sia mai stato difettoso. Cercare di analizzare e trasformare un'identità personale che non esiste, non fa altro che perpetuare l'idea dell'identità personale.

Quando torniamo ripetutamente all'intelligenza aperta, la saggezza sorge dentro di noi in modo naturale, e ciò non richiede alcuna forzatura nelle azioni, nei pensieri o nelle emozioni. La saggezza è inseparabile dallo spazio fondamentale dell'intelligenza aperta che permea tutto. Tutto ciò che stiamo cercando di cambiare è solo un'apparenza di tale saggezza! Soltanto realizzando che è proprio questo il caso, i difetti si esauriscono e le qualità si perfezionano nella saggezza senza tempo. Il perfezionamento delle qualità non può essere inventato. La nostra saggezza è innata ed è già realizzata; non dobbiamo fare niente per ottenerla, essa già è! Quando riposiamo come l'intelligenza aperta che è alla base di tutto, la chiara luce della saggezza diventa sempre più ovvia. Possiamo contare su questo con certezza!

Non è importante il tipo di vita che abbiamo vissuto. Possiamo essere la persona peggiore al mondo e aver fatto delle cose terribili, o la persona più incredibile mai esistita, o una via di mezzo fra le due, e non importa assolutamente. Non abbiamo bisogno di essere intelligenti o ben educati o spirituali o alcuna altra cosa. L'intelligenza aperta è naturalmente presente in tutti. E' ciò in base a cui siamo consapevoli di esistere. Non potremmo sapere della nostra esistenza o di quella del mondo senza l'intelligenza aperta. Essa è la radice di tutta la conoscenza. Mantenendo l'intelligenza aperta per brevi istanti, finché diventa continua, capiamo che la perfezione delle qualità è intrinseca alla saggezza, e non si trova in azioni artificiose che cercano di cambiare le emozioni, la condotta e le esperienze. L'esaurimento dei difetti e il perfezionamento delle qualità è automatico nell'identificazione crescente con l'intelligenza aperta.

Molti di noi hanno sempre e solo ascoltato voci che li istruivano a fare affidamento sulla propria identità personale, e per mancanza di informazioni migliori, ci abbiamo creduto. Potremmo aver ricevuto un'introduzione sulla possibile esistenza di qualcos'altro al di là dell'identità personale, ma molto raramente ci siamo trovati in una circostanza dove siano presenti i punti chiave e le istruzioni fondamentali che possano dirigerci infallibilmente alla completa certezza dell'intelligenza aperta.

D: *Non voglio cambiare lavoro, ma a volte trovo quell'ambiente intollerabile.*

R: La maggior parte di noi ha adottato un sistema di credenze secondo il quale nessuno dovrebbe criticarci perché la nostra autostima ne rimarrebbe ferita. Siamo convinti che saremmo colpiti negativamente se qualcuno ci criticasse, quindi non permettiamo a nessuno di farlo. Vogliamo mantenere la nostra autostima e il nostro senso di essere importanti, e ci sentiamo minacciati dalle critiche.

Ma supponiamo che un giorno accada: qualcuno ci critica e noi ci arrabbiamo tantissimo. E' come se avessimo messo un enorme cartello con scritto: "Non oltrepassare! Vietato criticare!". Ma ecco che troviamo un trasgressore il quale ha ignorato il cartello e ci ha insultato! Potremmo aver sentito qualcuno dire una cosa molto negativa su di noi alle nostre spalle, e non solo, potrebbe non essere neanche vera! All'improvviso siamo arrabbiatissimi: "Come ha osato? Chiamerò quella persona per fargli sapere cosa penso, e poi non gli parlerò più!". Potremmo anche pensare di dargli un pugno o di fargli male in qualche modo. Qualsiasi cosa facciamo, alla fine saremo completamente distratti, perché stiamo seguendo ogni pensiero rabbioso. Questo tipo di pensare ordinario presenta delle possibilità di azione che si basano sull'orgoglio e sull'auto importanza, e tali azioni vengono da un modo molto limitato di vedere le cose. Se seguiamo uno di piani che abbiamo pensato, il risultato sarà molto prevedibile: avremo una piccola guerra tra le nostre mani!

Certo, ci possono essere dei momenti in cui è necessario parlare con le persone di quello che hanno fatto, ma se ci affidiamo all'intelligenza aperta, invece di difenderci, cominceremo a vedere che esistono altri modi di considerare la situazione. Esistono molte altre possibilità oltre a quella di sentirsi feriti e cercare rivalsa. Ciò è molto importante, perché solo in questo modo riusciamo a vedere che non è scontato che i pensieri e le emozioni abbiano potere su di noi. Solo allora cominciamo ad avere una visione più ampia e l'unico modo in cui possiamo avere questa visione equilibrata è nella decisiva esperienza dell'intelligenza aperta come fondamento di ognuno di quei pensieri ed emozioni. Essi sono vivide apparenze di quell'intelligenza e niente più. Se gli diamo un'esistenza concreta in sé, non riusciremo ad avere la visione aperta e spaziosa che è necessaria per la vera risoluzione di tutti i problemi.

Invece di entrare nella spirale dei sentimenti feriti e delle reazioni vendicative, possiamo semplicemente affidarci all'intelligenza aperta e goderci la completa uguaglianza di tutto, senza alcun bisogno di attenerci alle descrizioni che ci passano per la mente. Che cosa ci possono dare delle descrizioni? Non ci danno altro che dolore e agonia. Che cosa ci dà l'intelligenza aperta? Completo sollievo e la capacità di agire abilmente.

Quindi la scelta è molto semplice!

Grazie al potere dell'intelligenza aperta, ci accorgeremo molto presto che siamo molto più interessati alla pace e alla saggezza dell'intelligenza aperta, piuttosto che a difenderci dalle critiche. Arriviamo a capire che la nostra vera identità non ha bisogno di essere difesa e che non può essere ferita da nulla. Invece di percepire le azioni delle persone come degli attacchi, forse riusciremo a vederle come delle innocue apparenze dell'intelligenza aperta, e a rispondere con abile saggezza invece di reagire. E' anche possibile che proveremo gratitudine nel nostro cuore per le azioni delle altre persone, le quali diventano un invito a mantenere l'intelligenza aperta e a non identificarci con il pensiero ordinario.

A te può risultare difficile sentirti criticata, per un'altra persona può essere difficile la gelosia, per un'altro la rabbia, il desiderio, l'orgoglio o la paura. Ma, qualunque cosa sia, ci affidiamo all'intelligenza aperta senza esitare, e lasciamo che fiorisca la saggezza primordiale. Quando ci affidiamo all'intelligenza aperta nell'incontro diretto con una qualsiasi di tali percezioni, la saggezza fiorisce naturalmente. In questa auto-liberazione da orgoglio, gelosia, desiderio e paura, predomina la saggia intelligenza aperta, e in quel puro specchio, possiamo finalmente vedere il nostro vero volto.

LA MENTE È DOTATA

CAPITOLO QUINDICI

"Un'espressione che potremmo usare per descrivere l'abilità di accedere alla piena capacita della mente è: 'essere dotati'. Tuttavia, sento che 'essere dotati' è qualcosa che è insito in ogni mente, piuttosto che essere una qualità limitata ad alcuni individui e determinata da fattori genetici o ambientali."

In un momento o nell'altro, è capitato probabilmente a tutti noi di leggere qualche articolo di scienza o psicologia nel quale si dichiarava che le persone usano in genere solo il dieci percento della capacità del proprio cervello. Potrebbe essere il dieci per cento o l'un per cento, non si può dire con certezza, perché la percentuale di una quantità sconosciuta non può essere determinata. A prescindere da quale sia la percentuale, questi studi hanno tutti dimostrato che il cervello è sottoutilizzato.

Una spiegazione possibile per il poco utilizzo della capacità del cervello è che ci siamo semplicemente aggrappati alla piccola percentuale della mente con cui abbiamo familiarità, inconsapevoli della nostra abilità innata di esplorare il vasto potenziale interiore. Mantenere l'intelligenza aperta per brevi istanti, ripetuti molte volte, è il mezzo con cui una persona può accedere alle capacità del cervello che sono rimaste inutilizzate. Quando una persona sceglie di mantenere l'intelligenza aperta in modo naturale, sta di fatto scegliendo di accedere alle capacità non sfruttate del cervello.

La verità è che ci siamo abituati a usare le nostre menti in un certo modo, che per molti di noi potrebbe essere ripetitivo e limitante. Crediamo che questo sia l'unico modo di usare la nostra mente, ma quando familiarizziamo con l'intelligenza aperta come fondamento dell'abilità della mente di percepire quell'aspetto della mente che non ha un fuori o un dentro, nessuna dimensione e nessuna caratteristica esistente in sé allora scopriamo una capacità della mente completamente nuova. Una volta che sappiamo che ciò è possibile, possiamo fare una scelta cosciente. Scegliamo di essere limitati da una mente dominata da schemi di pensiero abitudinali, o scegliamo di acquisire fiducia nell'intelligenza aperta e scoprire così ciò che fino ad ora è rimasto non-svelato?

Per facilitare questa scoperta, dovremmo chiederci: "Da dove vengono le apparenze nella mia mente, dove sono adesso e dove vanno?".

La verità è che tutte le fasi dell'apparizione dei pensieri - l'apparire, il permanere e lo scomparire - avvengono solo dentro l'intelligenza aperta. Tuttavia, nella stabile intelligenza aperta, che è ciò che la mente è nella realtà ultima, non c'è mai alcuna transizione o cambiamento. Più profondamente esaminiamo le nostre menti, più vedremo che, proprio come la nebbia appare nel cielo e si dissolve nel cielo, le apparenze appaiono nella mente e spariscono di nuovo in essa. Le percezioni sono la capacità dinamica dell'intelligenza aperta, solo questo e nient'altro. Qualunque cosa appaia nella mente, è una forma dell'intelligenza aperta; le forme vanno e vengono, inseparabili dall'intelligenza aperta, ma l'intelligenza aperta stessa rimane immutata. Mente e intelligenza aperta sono completamente sinonimi.

Un'espressione che potremmo usare per descrivere l'abilità di accedere alla piena capacita della mente è: "essere dotati". Tuttavia, sento che "essere dotati" è qualcosa che è insito in ogni mente, piuttosto che essere una qualità limitata ad alcuni individui e determinata da fattori genetici o ambientali. Mi sono convinta molto presto nella mia vita che abbiamo tutti delle capacità incredibili, e che se potessimo trovare un modo per accedere a tali capacità, esse diverrebbero sempre più evidenti in noi, ed ero sicura che questo fosse vero per tutti. Sono cresciuta come bambina dotata, ma non mi sono mai sentita diversa dagli altri, soltanto una che aveva accesso a una capacità che avevano anche tutti gli altri. L'unica differenza era che alcune persone non sapevano di averla.

Perché alcune persone sembrano letargiche e infelici, mentre altre sono piene di vita e brillanti? E' perché le persone che stanno dimostrando poteri e qualità eccezionali come la compassione, sono pienamente vive e hanno avuto accesso all'essenza dell'intelligenza aperta. Non ha solo a che fare con l'essere singolari o speciali o dotati; ha a che fare con l'abilità di accedere alla vera natura della mente.

Tale estensione è proprio alla portata di tutti. Anche se normalmente vediamo le cose in termini di differenze, dicendo che tal persona è intelligente e tale altra un po' meno, in realtà è più una questione di alcune persone che riescono meglio ad avere accesso a ciò che è a disposizione di tutti.

Una cosa che ho notato tra le persone che stanno acquisendo familiarità con l'intelligenza aperta, è che sviluppano una rapidità straordinaria di elaborare le informazioni e riescono ad avere una rapida e accurata comprensione di un'idea o di un concetto. Esiste un aumento notevole della capacità di percepire gli elementi essenziali e le strutture e schemi sottostanti le idee. Tali persone scoprono di avere una maggior capacità di vedere modelli e sistemi che prima non venivano percepiti.

Aumenta anche la capacità di vedere vari aspetti di un problema, in altre parole, di avere una visione equilibrata. Quando si usa soltanto la capacità limitata della mente, può esserci la tendenza a vedere soltanto un lato della questione. Grazie al potere dell'intelligenza aperta si sviluppa l'abilità di lasciare andare i punti di riferimento fissi e di vedere la questione da tutti i lati. Uno non si infiamma più così tanto emotivamente per il bisogno di rendersi concreto attraverso l'identificazione con certe opinioni rigide.

Quando le persone acquisiscono maggior familiarità con l'intelligenza aperta, si sviluppa un'attenzione ai dettagli che prima non esisteva. Con l'approfondimento della propria pratica, anche le persone che prima si consideravano confuse e poco concentrate sviluppano naturalmente questa attenzione. Non perché stanno cercando di essere più organizzati o perché hanno chiamato un personal trainer, ma perché questa abilità nasce naturalmente. C'è sempre maggior intelligenza aperta dei dettagli e l'abilità di avere maestria sul proprio ambiente interno ed esterno.

Altre caratteristiche che noto sono lo sviluppo di un'insolita capacità di memoria come anche di una duratura capacità di concentrazione e un aumento di interesse per le idee e le parole, abbinati a un vocabolario più vasto.

C'è anche una maggiore precisione nel pensare e nell'esprimersi, così come una capacità di relazionarsi a un più vasto campo di idee e di sintetizzare le idee comuni. Si sviluppa una maggiore capacità di pensare in modo astratto, di affrontare abilmente problemi complessi e di trovare il maggior numero di significati possibili anche nei problemi apparentemente ordinari.

E' anche dimostrata una maggiore sensitività emotiva. Questo deriva da una reale premura per i sentimenti altrui, che viene quando non abbiamo più bisogno di proteggerci o difenderci dagli altri e dal mondo. Invece di essere così sulla difensiva e concentrati sull'attaccamento a se stessi e ai propri cari, quell'attaccamento si allenta e si scioglie per includere tutti: il mondo intero e tutti gli esseri che ci vivono. Questi sono alcuni dei bellissimi aspetti intrinseci della mente.

Quando abbiamo completa fiducia nell'intelligenza aperta, un'inusuale intensità e profondità di sentimenti si rivela. L'intensità e la profondità dei sentimenti che erano stati tenuti a bada arrivano ora a piena forza, e in ciò vi è grande energia fisica, mentale ed emotiva. Quando andiamo al di là dello scopo limitato della mente, nell'infinita estensione della pura intelligenza aperta, una incredibile quantità di energia viene rilasciata. Tutte le capacità che ho descritto sono prodotti che derivano da questa liberazione di energia. Straordinaria energia e voglia di vivere si uniscono a un desiderio irrefrenabile di contribuire e di essere di beneficio, non solo nel piccolo, ma anche su vasta scala.

Infine, per le questioni di etica e morale, i comportamenti etici e morali sono radicati e insiti nell'intelligenza aperta, e sono molto più profondi di quando sono coltivati artificialmente. Acquisendo familiarità con l'intelligenza aperta scopriamo che queste qualità sono la nostra natura essenziale. Prima potevamo aver avuto bisogno di qualcuno per dirci cosa fare e cosa non fare e forse non ci sentivamo di avere alcuna autorità nelle questioni morali. Invece, con l'intelligenza aperta, le persone diventano più autonome e indipendenti nel prendere decisioni etiche importanti. Hanno delle intuizioni profonde sulla natura dei problemi sociali e morali che prima non avevano.

Queste sono tutte cose che si pensava fossero caratteristiche di persone molto brillanti, nei gradini più alti della scala del QI . Ma abbiamo scoperto che le persone che acquisiscono familiarità con l'intelligenza aperta hanno la capacità di apprendere in modo integrato, intuitivo e non-lineare, che facilita quelle abilità. Avendo visto apparire tali capacità in un gran numero di persone, attraverso la semplice pratica dell'acquisire fiducia nell'intelligenza aperta, ne deriva che un QI alto è semplicemente l'abilità di accedere alla capacità inutilizzata della mente.

La prossima grande frontiera dell'impresa umana sarà la scoperta della capacità piena e completa della mente. I pionieri della mente, che oggi non sono neanche conosciuti, saranno in evidenza nei prossimi dieci anni, e grazie al loro lavoro, i grandi progressi che saranno fatti nella scienza e nelle altre tecnologie nei prossimi decenni avverranno in questa nuova frontiera della mente. I mezzi per scoprire questa nuova frontiera diventeranno la conoscenza più apprezzata del pianeta. Sia nel lavoro che nella vita di tutti i giorni, essa diventerà una cosa che tutti vorranno. Quando la gente scoprirà quale sia la capacità della mente, quello sarà ciò che vorranno, e saranno disposti a tutto per conoscerla meglio e sperimentarla loro stessi.

Questo è un momento molto importante nella storia, ed è essenziale sapere che siamo al varco di una nuova frontiera, e che ci sono persone che sono o che diventeranno guide esperte nel nuovo territorio. Abbiamo un urgente bisogno di persone con menti sagge e servizievoli per essere all'avanguardia su tutti i campi, e abbiamo bisogno di persone che sappiano che lo scopo della mente è di essere di beneficio a se stessi e agli altri. Queste sono le persone che dovrebbero essere all'avanguardia della vita umana e che dovrebbero essere i nostri leader di fiducia, e sempre di più lo saranno. Influenzeranno radicalmente la cultura umana e l'evoluzione dell'umanità, per la semplice ragione che conosceranno la connessione tra la parte della mente usata abitualmente e quella che di solito non è usata per niente.

L'applicazione di queste menti sagge e utili sarà particolarmente importante per guidare la direzione futura della ricerca scientifica. Il modello scientifico corrente vede la natura come una specie di intelligenza criptata che gli esseri umani stanno decifrando e che adesso stanno in qualche modo ricodificando per curare le malattie e migliorare la vita in generale. Certo, è uno studio interessante; tuttavia, il decodificare, codificare e ricodificare implicito in questo sistema di credenze è fatto con una piccola frazione della capacità del cervello, e in un contesto limitato della natura dell'esistenza. Anche se ci sono stati progressi incredibili della scienza, molti di essi non stanno avvenendo in armonia con la più vasta capacità della mente, e non danno necessariamente i benefici migliori al pianeta e ai suoi abitanti.

Adesso siamo a un punto nella conoscenza della mente simile a quello in cui eravamo circa due decenni fa con la conoscenza delle interfacce dei computer. Nel 1990 praticamente non esisteva nessuna interfaccia facilmente accessibile fra computer ed esseri umani, quindi la tecnologia dei computer era veramente a un livello primitivo paragonato a quello che abbiamo adesso. Naturalmente, nel frattempo, abbiamo visto degli incredibili progressi in questo campo. In modo simile, nel futuro prossimo sperimenteremo degli enormi progressi nella conoscenza delle incredibili capacità della mente umana, e dell'interfaccia tra le sue capacità utilizzate e quelle non utilizzate.

Per arrivare alla radice di queste capacità, dobbiamo chiederci qual è la funzione più importante della mente. Ho cercato le parole "mente" e "cervello" in vari dizionari, enciclopedie e scritti sulla neuroscienza, e ho trovato molte definizioni erudite, ma non ho trovato niente in quelle fonti che indicasse una definizione della mente come qualcosa che potrebbe contribuire a una maggiore felicità umana o all'immediato beneficio del pianeta. Ho pensato fra me: "In che modo possono essere utili tutte queste definizioni scientifiche della mente e del cervello nell'ottica di riempire il mondo con persone sagge e compassionevoli che usano la piena capacità della loro mente?".

Noi come esseri umani abbiamo bisogno di mantenere sovranità e autorità sulle nostre menti, senza lasciarci guidare ciecamente dalle definizioni di che cosa sia la mente formulate da persone che sono specializzate in una conoscenza di essa che è solo parziale. Dobbiamo andare al di là di tutte quelle stanche definizioni e scoprire per conto nostro, in un modo nuovo, la vera natura e il vero scopo della nostra mente. Stiamo vedendo sempre più persone che esprimono quell'autorità, che stanno andando oltre ciò che è normalmente creduto possibile, e che hanno accesso alla natura straordinariamente benefica insita in ogni essere umano. Per le persone il cui scopo nella vita è l'intrinseca bontà umana che è saggia e utile, la domanda diventa: "Chi sono io veramente? Qual è il mio ruolo su questa terra e che cosa posso fare? Come posso essere di beneficio a me stesso e agli altri? Qual è il mio vero potenziale?". Queste sono delle domande importantissime per gli esseri umani.

Davvero non importa quali teorie filosofiche abbiamo; alla fine il nocciolo della questione è chiederci che cosa rende le persone felici, soddisfatte e benefiche, e che cosa non lo fa. Che cosa ci farà vedere l'innata dignità e fiducia che sono espressioni dell'intelligenza aperta? Il mondo sta vedendo dei progressi molto importanti che aumenteranno l'abilità umana di innovare e progredire tecnologicamente e scientificamente. Tuttavia, è ancora più importante applicare quei progressi in modo da permettere che la terra sia trattata bene e in modi che portano le persone a essere più felici, più sagge e più premurose. Non solo questo è ciò che vogliono veramente tutti nel profondo del loro cuore, ma è anche pienamente nelle nostre capacità come specie.

Dobbiamo essere disponibili, come individui e come specie, ad andare al di là di ciò che conosciamo di noi stessi, per scoprire quello che ancora non conosciamo. Dobbiamo avere veramente l'umiltà e il coraggio di fare questo. Ciò vuol dire lasciarsi dietro tutti gli schemi convenzionali che possiamo aver avuto riguardo alla nostra mente e il nostro corpo, e acquisire fiducia in ciò che fino ad ora ci era sconosciuto. Quando ci affidiamo all'intelligenza aperta, affrontiamo tutto in modo rilassato e non abbiamo più bisogno di essere così coinvolti nella convenzionalità o nei nostri modi soliti di fare le cose. Possiamo lasciare che le cose siano esattamente come sono e questo rende molto più ampia la nostra visione. Scopriamo la visione equilibrata che è già presente. In proporzione all'intensità con cui siamo devoti alla meta, con quell'intensità riusciremo a usare le nostre menti per raggiungerla.

D: * *. Hai notato qualcosa nel tuo sviluppo di bambina dotata che potrebbe essere stato un fattore determinante nello svolgersi del seguito della tua vita o che potrebbe aver influenzato il tuo modo di vedere e i tuoi insegnamenti?

R: Si, certo. Potrei parlare di un fatto particolare che ha avuto un effetto molto formativo su di me. Quando ero bambina, fui esposta alle riflessioni di Albert Einstein, e lessi una sua citazione che mi rimase molto impressa: "Il pensiero che ha creato il problema, non può risolvere il problema". Rimasi completamente affascinata da questa affermazione, perché vedevo che molti problemi, sia personali che planetari, sono causati dagli schemi di pensiero abituali della gente. L'idea che ci potesse essere un modo diverso di pensare che avrebbe risolto i problemi divenne molto interessante per me.

Un po' di tempo dopo, mi fu dato un compito per casa che richiedeva di spiegare perché tutto nel mondo fosse in movimento. La risposta che si aspettava l'insegnante era che la terra ruota sul suo asse e quel movimento mette in movimento tutte le altre cose, ma quella non fu la risposta che avevo io. Nel mio compito scrissi che tutto era in movimento perché tutte le molecole e le particelle subatomiche erano in movimento, e che esse si stavano muovendo nello spazio. Nel processo di scrivere quel compito ebbi un'altra intuizione che mi fermò sui miei passi: compresi che quelle particelle che si muovono costantemente non sono mai state altro che spazio illimitato e intelligente, e che sono fatte di spazio. Vidi che era in qualche modo impossibile che qualcosa mai finisse, così com'era impossibile che qualcosa cominciasse.

Diedi all'insegnante il mio compito e non sapevo che cosa aspettarmi. In classe l'insegnante cominciò a parlare della rotazione della terra e come tutto si muoveva a causa di questo, e pensai, "Beh, ha un'idea differente sul tema", ma ero ancora assolutamente convinta dell'intuizione che avevo avuto.

Dopo che l'insegnante ebbe letto il mio compito, mi disse che gli era piaciuto e che anche se lui aveva una risposta differente dalla mia, la mia intuizione era eccellente. Mi disse che ero molto intelligente e aveva un'opinione interessante sull' "essere intelligenti": disse che una delle cose meravigliose dell'essere intelligenti è che si può essere di beneficio agli altri. Mi disse che essere intelligenti non doveva essere qualcosa solo per se stessi, ma che usare quel dono nel modo giusto sarebbe stato di beneficio per tutti. Mi disse anche che aiutare gli altri sarebbe stato di beneficio per me stessa. Così, in un colpo solo diresse i miei pensieri verso il desiderio di essere di ausilio, e questa fu una delle cose più importanti che imparai da bambina.

La mia scuola alla fine mi consigliò di entrare in un programma per bambini dotati e andai in un'altra scuola dove questo programma veniva offerto. Cominciai a studiare il latino, la nuova algebra Yale e molte altre cose a cui i miei coetanei non avevano accesso. Tuttavia, sentivo molto intensamente che qualsiasi cosa fosse quell'intelligenza che io e gli altri bambini dotati avevamo, anche tutti gli altri avevano un'intelligenza simile, ma per qualche motivo non erano riusciti ad avervi lo stesso accesso. Vedevo che era possibile accedere a questa intelligenza innata e vedere le cose in modo diverso andando al di là del pensiero convenzionale.

Inoltre vedevo che questa intelligenza accadeva naturalmente e non era qualcosa che dovesse essere inventata o scoperta. Andando oltre il pensiero convenzionale sarebbe stato possibile vedere le cose in modo più profondo ed equilibrato. Ero interessata a come questa naturale intelligenza potesse generare immediato beneficio nella vita privata e anche aiutare a risolvere i grandi problemi del mondo. Non sapevo come applicare le intuizioni intellettuali alla mia vita se non in modi molto limitati, ma col passare del tempo, l'interesse che avevo per trovare dei modi per essere di immediato beneficio diventò estremamente importante nella mia vita e alla fine divenne il mio interesse principale.

Ad ogni modo, mi divenne chiaro che anche se il modo con cui le persone cercavano di risolvere i problemi qualche volta portava a un miglioramento; complessivamente, i processi di pensiero che venivano usati portavano generalmente a condizioni dolorose o persino catastrofiche. Al tempo della mia gioventù, ci furono problemi come la guerra del Vietnam, la corruzione politica e aziendale e la degradazione ambientale, che erano molto nei pensieri della gente, ed io volevo sapere come il desiderio di essere d'immediato beneficio potesse essere utilizzato in modo che situazioni simili potessero venire risolte e la tendenza invertita. Infatti, la tendenza fu che l'ambiente diventò ancora più degradato, e nel mondo ci furono sempre più conflitti.

Tra la fine dei miei venti anni e l'inizio dei trenta, arrivai a un punto molto critico nel mio pensiero perché vedevo che tutta la conoscenza convenzionale che avevo a disposizione mi dava pochissimo in termini di immediato miglioramento e benessere, in particolare alla luce di quello che pensavo fosse possibile per gli esseri umani. Quando compresi ciò, arrivai a un punto di crisi nella mia vita, e sapevo con certezza che avevo bisogno di qualcosa dentro di me che mi potesse essere di maggiore supporto. Capii che avevo bisogno di andare al di là di tutto ciò che conoscevo a quel tempo, anche se avevo avuto delle intuizioni profonde. Entrai in un periodo che si potrebbe definire di disperazione e confusione, perché i miei tentativi intellettuali, psicologici e spirituali di risolvere i problemi non avevano dato alcuna soluzione reale e duratura.

Fu proprio quando ero in questo stato di disperazione e confusione sulla mia vita e su quella di tutta l'umanità che all'improvviso compresi che tutti quei processi mentali avevano la stessa origine. Vidi che la loro condizione originale era un'intelligenza o spazio che è completamente conscio e

177

consapevole. Compresi che tutte quelle attività della mente erano in un certo senso completamente uguali, perché avevano come origine questa intelligenza intrinsecamente perfetta e pura. Tutto è una manifestazione di quest'intelligenza, e tutto ciò che appare in essa non è mai stato altro che questa intelligenza. Quella comprensione mi portò un incredibile senso di sollievo, perché riuscii a rilassare la mia mente in quella consapevole intelligenza e ad affidarmi al potere della sua visione equilibrata.

Mi era chiaro che non solo i miei pensieri, emozioni, ed esperienze sono apparenze di questa intelligenza, ma che anche tutti i fenomeni sono apparenze dell'intelligenza aperta. Riuscivo a vedere, come quando ero bambina, che questa intelligenza o spazio, anche se è percepita nell'essere umano come un'intelligenza o spazio individuale, non è localizzata soltanto nel proprio corpo. Non ha alcun tipo di perimetro, confine o posizione cui è limitata. Semplicemente è. Arrivai alla comprensione che esiste una consapevole intelligenza che è immutabile, indistruttibile e omnipervasiva.

Vedevo che qualsiasi conoscenza avessi, essa era già naturalmente presente in questa intelligenza, ma che questa intelligenza probabilmente non viene riconosciuta nell'esperienza personale di ognuno finché non lasciamo riposare la mente, per brevi istanti, ripetuti molte volte. La caratteristica primaria di questa consapevole intelligenza che pervade tutto è di essere di beneficio immediato. Il beneficio è riconosciuto innanzitutto nel riconoscere che l'intelligenza aperta ha completo dominio su tutti i pensieri ed emozioni, compresi quelli che riteniamo dannosi. Scoprendo in modo conclusivo che l'intelligenza aperta è già un fondamento di completo beneficio, diventa possibile per gli esseri umani avere completo benessere psicologico, compassione, qualità e attività efficaci che beneficiano tutti. Questo fu il compimento finale della comprensione che avevo avuto da bambina.

ESTINGUERE I DIFETTI E PERFEZIONARE LE QUALITÀ

CAPITOLO SEDICI

"Semplicemente riconoscendola, l'intelligenza aperta diventa sempre più ovvia. Poiché la natura del nostro essere è assolutamente libera, essa è completamente spontanea, perciò non abbiamo bisogno di fare nulla per essere il nostro naturale 'sé'. Siamo già quell'essere autentico e in esso la perfezione di tutte le qualità è sempre presente."

I criteri convenzionali sono tali da far sì che i comportamenti vengano spesso descritti come positivi o negativi. Avendo accettato e adottato questi valori, passiamo in esame i nostri comportamenti e li compariamo a questi criteri convenzionali. Poi facciamo forza su noi stessi per estinguere i nostri difetti e perfezionare le nostre qualità. Anche se l'umanità ha lavorato duramente a questo processo per millenni, a questo punto dovrebbe risultare ovvio che tutto questo sforzo non ha funzionato. Se avesse funzionato, non solo avremmo un senso molto migliore di come affrontare le situazioni nelle nostre vite individuali, ma collettivamente avremmo una conoscenza migliore di come affrontare i gravi problemi che ci si presentano come specie.

In genere usiamo quattro metodi per occuparci di ciò che crediamo sia un difetto. Il primo metodo consiste nell'assecondare il difetto. Mettiamo che appaia un'emozione come la rabbia, che è tradizionalmente etichettata come difetto. Nel metodo dell'assecondare ci lasciamo andare alla rabbia e agiamo da quello stato di rabbia. Ci sentiamo arrabbiati, così diamo in escandescenza e diciamo o facciamo delle cose rabbiose.

Il secondo metodo per affrontare i difetti è di evitarli. In questo caso, speriamo che evitando i pensieri, le emozioni e le situazioni che tenderebbero a farci arrabbiare, la rabbia sparisca. Facendo ciò, può darsi che per un po' la rabbia non appaia e che in qualche modo venga neutralizzata, ma la sua vera natura non viene mai vista o trasformata, e rimane nel sottofondo pronta a balzare fuori in ogni momento.

Il terzo metodo per affrontare gli stati afflittivi come la rabbia o la paura, è di cercare di sostituire quelli che pensiamo siano i nostri impulsi negativi con qualcosa di positivo. Per esempio, possiamo cercare di sostituire i pensieri negativi con pensieri positivi, o le emozioni negative con emozioni positive. Possiamo sostituire il criticare e spettegolare sugli altri con il pensare e parlare bene di loro, oppure, invece di arrabbiarci con le persone possiamo provare a fare del lavoro caritatevole per aiutarle.

Il quarto metodo per affrontare le emozioni afflittive è di affidarci all'intelligenza aperta impeccabile, vedere tutto come intelligenza aperta impeccabile, fino a quando tutto è riconosciuto essere intelligenza aperta impeccabile. Questo è l'unico dei quattro approcci a funzionare veramente per estinguere i difetti e perfezionare le qualità. Riposando quando appare un difetto, ciò che prima era visto come difetto, si rivela essere soltanto una forma dell'impeccabile, originariamente pura intelligenza aperta, e in quel puro vedere, il difetto si trasforma in una qualità positiva. Quando riusciamo a vedere i difetti come delle forme evanescenti di pura intelligenza aperta, scopriamo la loro natura intrinseca, e questo è l'unico modo per estinguere permanentemente i difetti. Solo quando vediamo l'essenza sottostante al difetto, conosceremo la sua vera natura. Nell'incontro diretto con un difetto o uno stato afflittivo nel momento in cui appare, manteniamo l'impeccabile intelligenza aperta finché tutte le apparenze sono viste come impeccabili.

In quel puro vedere, ciò che prima era percepito come minaccioso e dannoso, si scopre inseparabile dalla primordiale purezza dell'intelligenza aperta che tutto comprende. Scopriamo che i difetti stessi sono in realtà puri, nel fatto che sono apparenze spontanee di quello spazio fondamentale di pura intelligenza aperta. Qualsiasi cosa sia percepita, essa è in realtà eterna intelligenza aperta, e ha le qualità dell'eterna intelligenza aperta. Quando viene percepito un difetto, anch'esso è eterna intelligenza aperta. Questa è un'istruzione chiave: tutte le apparenze mentali e sensoriali sono libere come sono nell'intelligenza aperta, nel momento stesso in cui vengono percepite.

Questo è ciò che vuol dire affidarsi all'intelligenza aperta: essere a proprio agio in un modo completamente naturale con qualunque cosa appaia, mantenendo l'impeccabile intelligenza aperta, per brevi istanti, ripetuti molte volte, finché tutte le apparenze sono viste essere come impeccabile intelligenza aperta. Non esiste alcuna divisione tra l'intelligenza aperta e le sue apparenze: sono un'unica estensione indivisibile. Invece di prendere l'apparenza come esistente di per sé, la riconosciamo e la trasformiamo potenziandoci nell'intelligenza aperta. In questo modo, riconosciamo che tutto è della stessa natura dell'intelligenza aperta. Quando appaiono degli stati afflittivi, è essenziale affidarsi all'intelligenza aperta che è l'origine di quegli stati afflittivi, senza dare loro seguito, senza evitarli o cercare di sostituirli con qualcos'altro. La chiave è continuare semplicemente ad affidarsi all'intelligenza aperta.

Quando viviamo le nostre vite in modo convenzionale, non sappiamo cosa fare dei nostri difetti. Continuiamo a cercare di evitarli o sostituirli, e nonostante ciò, spesso ci facciamo prendere da essi. Non conosciamo nessun altro modo. Non sappiamo che è possibile rilassare la mente senza elaborare i pensieri e le emozioni, e senza farsi prendere da azioni impulsive. Molte persone oggi stanno cercando una risposta; sanno che esiste un modo migliore di essere. Sanno che come esseri umani, dobbiamo prendere delle decisioni essenziali per salvare il pianeta in cui viviamo, e capiscono che il primo passo deve essere interiore.

Riposando imperturbabilmente la mente e mantenendo una completa apertura percettiva, realizziamo lo stato naturale dell'intelligenza aperta. In questo, tutte le qualità sono perfezionate. Il semplice stato dell'intelligenza aperta porta alla perfezione di tutte le qualità, non solo in senso filosofico, ma anche in senso molto pratico. Mentre proseguiamo nella nostra vita con attitudine rilassata, sappiamo cosa fare e come agire, e non abbiamo più bisogno di ossessionarci con le nostre scelte e decisioni. Scopriamo che la vera natura dei difetti è immutabile e assolutamente stabile, e la loro portata è la manifestazione spontaneamente libera dell'intelligenza aperta. Qualsiasi cosa appaia nell'intelligenza aperta è di natura intrinsecamente pura. Tutti i difetti sono così; tutti gli stati afflittivi sono intrinsecamente puri. Quando sono visti chiaramente, tutti i difetti si rivelano essere pristina intelligenza aperta, e ci affidiamo a tale intelligenza aperta nell'immediatezza della percezione.

Scopriamo che ciò che prima era sembrato una mancanza viene visto sempre di più come un'apparenza di vera saggezza, il sole dell'intelligenza aperta che splende come quel difetto. I dati, compresi i difetti di qualsiasi tipo, sono l'energia dinamica della pura intelligenza aperta, e sono inseparabili da essa. Non è possibile separare la luce del sole dal cielo; allo stesso modo, i difetti non possono essere separati dallo spazio fondamentale dell'intelligenza aperta. Quando crediamo che i difetti siano qualcosa di per sé, e cioè che abbiano una natura indipendente, allora ci sentiamo preoccupati o anche impulsivamente spinti ad assecondarli, evitarli o sostituirli. D'altro canto, quando ci affidiamo all'intelligenza aperta e vediamo che i difetti sono inseparabili dall'intelligenza aperta, allora essi sono visti come la purezza primordiale che è sempre stata la loro essenza fondamentale.

Quando affidarsi all'intelligenza aperta diventa predominante nelle nostre vite, tutte le qualità vengono naturalmente perfezionate senza bisogno di far nulla. Tutto ciò che stavamo cercando di fare assecondando, evitando, e sostituendo, lo troviamo nell'intelligenza aperta. L'intelligenza aperta non è qualcosa che può essere coltivata o sviluppata; è intrinsecamente presente in noi e accade naturalmente senza alcuno sforzo. Poiché siamo l'energia dinamica dell'eterna intelligenza aperta e nient'altro, siamo per natura originariamente puri. Quindi se facciamo sforzi per perfezionarci, allora siamo fuori rotta, perché la verità è che siamo già perfetti; ciò che è assolutamente puro non ha bisogno di sforzi. Capire questo è importantissimo per il nostro benessere e per la nostra capacità di agire nel mondo in modo rilassato, potente, felice e benefico.

Mentre ci potenziamo nell'intelligenza aperta le cose scompaiono da sole senza bisogno di fare niente. C'e completa libertà nell'apertura percettiva e nella percezione immediata. Questa liberta è completamente oltre il tempo, oltre il fare, oltre lo sforzo e oltre il cercare di raggiungere qualcosa. Semplicemente riconoscendola, l'intelligenza aperta diventa sempre più ovvia. Poiché la natura del nostro essere è assolutamente libera, essa è completamente spontanea, perciò non abbiamo bisogno di fare nulla per essere il nostro naturale e autentico "sé". Siamo già quell'essere autentico, e in esso la perfezione di tutte le qualità è sempre presente.

Che cosa vuol dire esattamente tutto ciò? Vuol dire che quando ci affidiamo all'intelligenza aperta scopriamo la stabilità mentale ed emotiva. I difetti che abbiamo associato con l'attività della mente si estinguono e le qualità che sono insite nello spazio fondamentale della nostra mente aumentano. Invece di essere ossessivamente preoccupati da paure egocentriche, siamo occupati a essere di beneficio agli altri e a noi stessi. Non è questione di essere di beneficio per dimostrare di essere qualcuno. Piuttosto si tratta di un desiderio naturale intrinseco alla mente. Non è un bisogno di sentirci meglio con noi stessi, ma una naturale manifestazione di una vita umana al compassionevole servizio della totalità.

E' molto semplice: finché la mente è rinchiusa nei concetti "Io, me e mio", possiamo sapere con certezza che questa è l'attività concettuale della mente. Quando la mente non è più rinchiusa nelle attività di "Io, me e mio", possiamo essere sicuri che le attività della mente sono radicate nell'intelligenza aperta.

Poiché tutto ciò che appare è in realtà soltanto una forma dell'intelligenza aperta, riposare come ciò che appare è riposare come intelligenza aperta. Quando riposiamo come i difetti, scopriamo che sono in realtà delle auto-apparenze dell'intelligenza aperta e quindi sono eternamente liberi e originariamente puri. In questo modo gradualmente non ci appaiono più come difetti e non ci creano più problemi. Arrivando al nocciolo della questione, riposare come difetti o stati afflittivi è la via per la vera saggezza. L'unico modo per fare questa transizione dal modo convenzionale di usare il corpo, la parola e la mente alla parola, la mente, le qualità e le attività della saggezza, è di affidarsi all'intelligenza aperta. Le qualità della saggezza si rivelano soltanto nell'istintivo riconoscimento dell'intelligenza aperta. Non possono essere imparate e non possono essere perfezionate evitando, assecondando o sostituendo i difetti.

E' assolutamente cruciale che ci prendiamo la responsabilità di mantenere l'intelligenza aperta, qualunque cosa accada. Anche se l'abitudine a indulgere, evitare o sostituire sembra così radicata, quell'abitudine è anche un'apparenza simile a un miraggio nell'intelligenza aperta. Non esiste difetto che possa essere perfezionato assecondandolo, evitandolo o sostituendolo; e nessun difetto che non possa essere estinto affidandosi all'intelligenza aperta. Questa è una chiave essenziale, non esistono eccezioni.

D: * *. *Che funzione ha la disciplina nell'ambito di cui stiamo parlando?*

R: Beh, ci sono da dire un paio di cose al riguardo. Mettiamo che appaia il desiderio di mangiare dei dolci. Puoi dargli seguito e correre a mangiare tutti i dolci che vuoi, oppure puoi evitare i dolci in qualche modo andando dove non ci sono dolci, oppure puoi sostituire il desiderio di comprare dei dolci per te con il comprare dei dolci per qualcun altro. Ora, questo può anche andare bene: possiamo vivere così per il resto della nostra vita e in tal modo neutralizzare questi dati difficili. Ma neutralizzare un dato non lo risolve in modo soddisfacente. La domanda è: vogliamo vivere la vita neutralizzando la nostra condotta, o vogliamo viverla come impeccabile saggezza?

Se scegliamo di vivere la vita neutralizzando la nostra condotta, allora daremo attenzione a tutte le apparenze e cercheremo di accettarle o rifiutarle in qualche modo. Facciamo un altro esempio: un giorno hai voglia di mangiare dei dolci e cominci a pensarci sopra. "Oh, quella torta sembra così buona! Non ne voglio solo un pezzo, la voglio tutta! E non voglio che nessuno mi veda mangiarla tutta, quindi ne mangerò solo un pezzo e porterò il resto a casa e dirò che è per qualcun altro!".

Poi, mangi tutta la torta e questo ti fa sentire male; hai un'overdose zuccherina e pensi a tutto il peso che hai messo su. Allora ti senti malissimo, senti rimorso per aver mangiato tutta la torta e in base a quel rimorso decidi di non farlo mai più. Decidi di essere più disciplinato, ma dubiti di riuscirci e così via, restando in balia di questi pensieri per ore. Continuerai a connettere i puntini, un pensiero a un altro, un'emozione a un'altra e tutta la tua vita potrebbe essere basata su ciò. Questo è un modo di affrontare le cose.

Un'altra possibilità è mantenere l'intelligenza aperta che è la sola origine delle apparenze mentre appaiono quei dati. Continuando ad affidarti all'intelligenza aperta, gradualmente acquisirai sempre più familiarità con essa, e in quel processo, scoprirai che le apparenze hanno sempre meno potere di distrarti dall'intelligenza aperta. Qualunque siano le apparenze, che sia il desiderio di dolci o il desiderio di essere disciplinato, entrambi sono visti allo stesso modo come forme dell'intelligenza aperta, che appaiono e scompaiono al suo interno. Non fai più attenzione solo al pensiero, ma sempre più la tua attenzione si concentra sull'intelligenza aperta eternamente presente che è il fondamento di quel pensiero. Riconosci l'impeccabile intelligenza aperta, pienamente evidente, come origine di quel pensiero, e in ciò trovi una grande libertà, mentre nell'altro modo avevi soltanto pensieri!

Quando riposiamo nell'immutabile intelligenza aperta, gradualmente acquisiamo più familiarità con essa. Ricordate che è molto importante farlo in modo completamente non forzato. "Non forzato" vuol dire che non usiamo alcun tipo di struttura artificiale, come per esempio affidarci all'intelligenza aperta soltanto in determinati momenti della giornata o in una postura particolare. Invece di essere solo in un determinato momento della giornata, come in una sessione fissata di meditazione, dovrebbe essere ripetuto durante la giornata, per brevi istanti, molte volte. Nel momento in cui appare qualsiasi manifestazione afflittiva, manteniamo l'intelligenza aperta. Invece di dipendere dallo scorrere continuo di pensieri ed emozioni, dipendiamo dall'intelligenza aperta come origine delle nostre decisioni. In questo modo, familiarizziamo con l'intelligenza aperta in un modo molto naturale, da cui non si torna più indietro.

E' così semplice: nell'affidarci all'intelligenza aperta, possono accadere esattamente le stesse cose, ma non siamo più distratti da esse; vediamo tutto ciò che appare come intelligenza aperta. Vediamo sempre di più che tutto ciò che appare è intelligenza aperta. Solo in tale riposo possiamo realizzare nel nostro essere in modo conclusivo che tutto è un'unica estensione non-duale. Finché crediamo che alcune cose siano diverse dall'intelligenza aperta, allora stiamo dicendo che non è un'unica estensione non-duale.

Questo non è un mero processo intellettuale; non è semplicemente un ripetersi: "Io sono intelligenza aperta" tutto il tempo, e poi assecondare le cose che appaiono. Oggi si sentono molte persone dire: "Oh, sono l'intelligenza aperta, tutto è intelligenza aperta, quindi posso fare tutto quello che voglio". Questa è una grave incomprensione ed è la radice di molti errori. Affermazioni così sono molto diverse dal dimorare veramente nell'intelligenza aperta. La vera sfida è vivere nella completa apertura percettiva in tutte le esperienze, fino ad arrivare alla perfetta stabilità mentale, chiarezza, saggezza, attività abile e profonda comprensione. E' molto diverso dal ripetere un'affermazione.

*D: * *. Mi potresti aiutare a riguardo?*

R: Può non sembrarti così, ma la tua vera identità non è mai stata imprigionata dalla depressione. Ogni volta che appare questo dato della depressione, è probabile che tu senta il bisogno di fare qualcosa per liberartene. Cercherai in qualche modo di evitarlo o di sostituirlo con qualcosa che credi ti possa tirare fuori dalla depressione. Quando appare la depressione, invece di usare degli antidoti, ti consiglio di riposare senza fare niente, senza cercare niente, senza descrivere niente dello stato che è apparso.

Esistono molti campi della conoscenza che descrivono ogni tipo di cose e anche la depressione può essere descritta in molti modi. Oggi abbiamo molti libri sulla psicologia e usando quei modelli possiamo cercare di capire perché siamo depressi. Possiamo asserire che la nostra depressione dipende dalle circostanze ed è relazionata ad alcuni eventi nella nostra vita, o possiamo dire che la nostra depressione ha delle origini fisiologiche. Questi sono alcuni esempi di modi convenzionali che abbiamo per spiegare le cose ma queste idee non dicono niente di definitivo sulla natura di chi siamo veramente. Quando ci rilassiamo nella spaziosità completamente aperta che è l'essenza del nostro essere, allora vediamo qualcosa di noi stessi che non avevamo mai conosciuto prima.

Quando appare un dato molto intenso come la depressione, la cosa più saggia che possiamo fare è scegliere di affidarci all'intelligenza aperta, e di non assecondare, evitare o sostituire il dato. Semplicemente ci fermiamo e manteniamo l'intelligenza aperta senza elaborare sulla percezione della depressione. Quando facciamo ciò, gradualmente riusciamo a sperimentare che quella percezione appare in una vasta estensione di libertà e di pace, e avere un'apertura completamente nuova a quell'esperienza. L'intelligenza aperta si realizza tramite la completa apertura delle percezioni ai pensieri, alle emozioni e alle esperienze. Una volta che nasce questa realizzazione, cominciamo a sperimentare calore e chiarezza in noi stessi, e abbiamo una sensazione più grande di agio, gioia e saggezza, come anche di compassione per noi stessi e per gli altri.

L'impegno deve essere di affidarsi all'intelligenza aperta invece di elaborare sulle storie. Molte delle cose che hai descritto potrebbero continuare ad apparire per un po', ma continua a potenziarti. Se vedi che stai continuando a reagire ai vecchi dati, non essere duro con te stesso. Invece puoi dire "Oh, sono caduto, ma adesso mi rialzo. Ho dimenticato di affidarmi all'intelligenza aperta e ho provato alcuni dei vecchi dati, ma non importa. Adesso ritorno al mio impegno di affidarmi all'intelligenza aperta". Esiste sempre un'opportunità qui e ora di affidarsi all'intelligenza aperta. Indipendentemente da quale percorso prenda la depressione, quando ci affidiamo all'intelligenza aperta, invece di essere sopraffatti dalla depressione riusciamo a prendere delle decisioni chiare su di essa.

LA NATURALE SAGGEZZA DELL'INTELLIGENZA APERTA

CAPITOLO DICIASSETTE

"A prescindere da quanto abbiamo già contribuito al mondo intorno a noi, nell'acquisire fiducia con la nostra naturale saggezza, liberiamo un potere di beneficio che è davvero straordinario e che ci permetterà di superare ogni cosa che abbiamo mai compiuto."

Quando ci domandiamo chi siamo, di solito pensiamo alla nostra identità come una combinazione del nostro corpo e della nostra mente. Pensiamo di essere questo meccanismo biologico contenuto nella pelle che ha una mente cosciente. Quando le persone parlano della loro mente, di solito si riferiscono all'entità cosciente che ha tutti i pensieri e le emozioni relativi all'esperienza del proprio meccanismo biologico individuale. C'è poi il linguaggio, che è considerato un'espressione di chi siamo. Il linguaggio di quel meccanismo biologico individuale è inteso come il mezzo attraverso il quale si possono ottenere le cose necessarie per sentirsi comodi e soddisfatti.

La maggior parte delle persone crede di non essere null'altro che una persona, un corpo mortale e una mente individuale, separati e distinti da quelli degli altri. I pensieri e le attività che provengono da una simile identificazione con corpo e mente sono, per la maggior parte, molto egocentrici: come soddisferò i miei desideri, come mi procurerò il cibo che mi piace, come troverò un lavoro che mi piaccia, come otterrò le relazioni che desidero, come otterrò denaro per me e per coloro che mi stanno vicino. Praticamente quasi tutti i pensieri che provengono dall'identificazione con il corpo e con la mente riguardano l'ipotetico sé che immagina di aver bisogno di tutte queste cose.

189

Arriviamo a credere veramente che dipendiamo da tali cose per il nostro benessere.

Il linguaggio convenzionale e i costrutti mentali su cui esso si basa sono sempre centrati sulla divisione fra soggetto e oggetto. Si alternano felicità e tristezza, fama e diffamazione, esaltazione e punizione. Tutto ciò che appare viene visto in termini di opposti: giusto e sbagliato, buono e cattivo, positivo e negativo, speranza e paura, beneficio e danno, indugiare e rinunciare, accettare e rifiutare. Le attività convenzionali del corpo, della comunicazione verbale e della mente si riferiscono tutte a un'intangibile identità individuale, la quale cerca di migliorare la propria autostima e il rispetto per se stessa, sia vedendo difetti negli altri e cercando di eliminarli, sia sviluppando qualità positive proprie.

Se crediamo di essere una persona, un agente indipendente e la sola origine di tutti i nostri pensieri, allora ci perderemo nei pensieri per tutta la vita. Nel pensiero ordinario, radicato nell'idea: "Io sono una persona", non è possibile alcuna comprensione dell'indistruttibile realtà e dell'eterna libertà della nostra condizione fondamentale.

Tuttavia, abbiamo una scelta: possiamo continuare a vivere una vita molto ordinaria chiusi in percezioni convenzionali, o possiamo imparare a conoscerci come un'espressione dell'intelligenza aperta. Possiamo continuare a nutrire delle credenze convenzionali su corpo, linguaggio e mente, con tutte le limitazioni derivanti da tale scelta, oppure possiamo scoprire la nostra condizione fondamentale, che è l'intelligenza aperta. In tal caso potremo manifestare lo straordinario linguaggio e la mente che sono insiti in tale intelligenza.

L'intelligenza aperta è una realtà sublime oltre qualsiasi immaginazione, ed è pura come lo spazio infinito. In essa, tutte le cose sono perfette contemporaneamente. Questa è la vera intelligenza di ognuno di noi, ed è con essa che dobbiamo familiarizzare. Questa intelligenza è di inimmaginabile bellezza. Essa non potrà mai essere definita, perché non ha limitazioni, parti o segmenti. Non è mai stata divisa in alcuna cosa, piccola o grande, grossolana o sottile. E' sufficiente dire che è l'unica realtà eterna e immutabile in cui tutti i fenomeni appaiono e scompaiono. E' la nostra condizione fondamentale, e, qualunque cosa appaia, è fatta soltanto di ciò.

Nessun pensiero, emozione o esperienza, è mai stato altro che un'espressione della pura intelligenza della natura. Quando scopriamo l'intelligenza aperta come nostra connessione diretta con questa saggezza, essa gradualmente si rivela essere la vera natura di tutti i fenomeni. Quando nasce la pura percezione, l'assoluta semplicità e spaziosità della mente diventa sempre più evidente; diventa più intensa "in e di per se stessa", attraverso il semplice riconoscimento dell'agio rilassato del nostro stesso essere. Questa è la nostra naturale intelligenza aperta, che non ha niente da cui proteggersi o difendersi, perché è eterna e indistruttibile. La mente della super-completa saggezza è a riposo, saggia, stabile, intuitiva e compassionevole oltre ogni definizione o concetto. Essa include il pensiero, ma non dipende da esso; dipende solo dalla spontaneità della sua propria intelligenza, e senza alcuno sforzo vede e riconosce la propria intelligenza in tutto.

Il linguaggio della saggezza è l'eloquenza coraggiosa che non ha bisogno di alcun pensiero convenzionale che la guidi. In altre parole dice le cose come sono senza bisogno di discutere o litigare! Non ha niente da dimostrare e niente con cui competere. Non può mai essere giudicata perché la sua qualità è così incredibilmente profonda. L'autentico linguaggio della saggezza è incredibilmente sublime. La mente torna alla pace e alla saggezza già solo sentendolo. Esso ci porta in uno stato irreversibile da cui non torneremo mai più alla transitorietà e alla sofferenza del credere alla natura indipendente dei dati. E' questo il potere dell'indistruttibile e melodioso suono del linguaggio della saggezza.

Non c'è mai stata la possibilità che il linguaggio della saggezza potesse essere distrutto. Non potrà mai essere soffocato, alterato, posseduto o cambiato in alcun modo. E' l'emanazione originaria e continua della suprema realtà, ed è una porta diretta a tale realtà. Così come tutte le forme sono forme dell'intelligenza aperta senza forma, allo stesso modo tutti i suoni sono i suoni stessi dello spazio fondamentale dell'intelligenza aperta.

Le attività del corpo, del linguaggio e della mente della saggezza derivano tutte dal riposare come l'estensione di eguaglianza e imparzialità che pervade tutte le apparenze. Questa estensione di saggezza è l'unica realtà naturalmente presente, l'unità primordiale che non ha mai conosciuto alcuna separazione o divisione. Essa vede tutte le cose come perfette contemporaneamente, e tutti i fenomeni come indivisibili e reciprocamente interconnessi. Il linguaggio, le qualità e le attività emanate da una persona radicata in quell'infinita espansione di saggezza, sono l'espressione suprema di grande beneficio per tutti gli esseri. A prescindere da quanto abbiamo già contribuito al mondo intorno a noi, acquisendo familiarità con la nostra naturale saggezza, liberiamo un potere di beneficio veramente straordinario che ci permetterà di superare qualsiasi cosa abbiamo mai compiuto.

La chiave aurea per scoprire questa saggezza intrinseca è di rimanere radicati nell'apertura percettiva completamente rilassata durante tutta la giornata e in tutte le esperienze, qualunque cosa stia accadendo. Ciò vuol dire vivere tutto completamente, permettendo che il vasto spazio totalmente aperto dell'intelligenza aperta sia il contesto in cui tutto accade. Questo libera un'incredibile energia che di solito è intrappolata dalle preoccupazioni sui dati, e dal cercare di etichettare, catalogare e controllare tutto ciò che appare. Se abbiamo continuamente cercato di dipendere dai punti di riferimento fissi della nostra identità, allora in un certo senso ci siamo tirati indietro dall'esperienza diretta della vita. Lasciando andare le idee limitate che hanno formato la nostra identità personale, la nostra intelligenza aperta completamente aperta può liberare l'incredibile energia insita nella nostra vera natura. Questa energia automaticamente spezza le barriere create dagli schemi emotivi abituali, mettendoci in grado di affidarci all'intelligenza aperta.

A prescindere da quali siano stati i nostri schemi emotivi abituali, essi scompariranno spontaneamente nell'intelligenza aperta che è naturalmente a riposo. Affidarsi all'intelligenza aperta mentre affrontiamo tutte le esperienze, è un tesoro di incredibile beneficio per le nostre vite, le nostre famiglie e tutte le comunità e nazioni del mondo. Per dirlo in parole semplici, quando manteniamo l'intelligenza aperta la vita diventa sempre più bella! Invece di essere chiusi in noi stessi, diventiamo sempre più devoti a essere di beneficio agli altri e al nostro pianeta, e siamo in grado di farlo da uno spazio di potere straordinario.

Questa saggezza primordiale non è realizzata attraverso sforzi che implicano una relazione di causa-effetto. Le qualità del corpo, linguaggio e mente di saggezza non si mostrano in altro modo che affidandosi all'intelligenza aperta. Non possono essere imparate studiando, o essere perfezionate dall'evitare, assecondare o sostituire i difetti con azioni e qualità positive. Non sono ottenute facendo buone azioni, coltivando attività meritorie o stati mentali positivi, o evitando quelli negativi. Il corpo di saggezza dell'eterna intelligenza aperta è naturalmente presente, e non è realizzato come risultato di una qualche circostanza. E' qui adesso, in tutta la sua totalità.

Può sembrare incredibile che, dopo anni passati cercando di migliorarci e cercando di tenere sotto controllo i nostri pensieri, le nostre emozioni ed esperienze, quando iniziamo ad affidarci all'intelligenza aperta arriviamo a vedere che lo spazio naturale dell'intelligenza aperta è già perfetto e che quindi non ha bisogno di essere perfezionato.

Tutti gli esseri umani hanno la capacità di essere saggi. Un altro termine che è stato usato per descrivere questa saggezza intrinseca è: "la fondamentale bontà umana". L'intelligenza aperta è il corpo di saggezza di grande beneficio, ed è quel corpo di saggezza che emana il linguaggio, la mente e le qualità e attività di ognuno di noi. Queste non sono caratteristiche assegnate ad alcuni esseri speciali che poi le passano agli altri. Il corpo della saggezza di cui sto parlando è il corpo naturale di saggezza di tutti i sette miliardi di persone che abitano questo pianeta e di tutto l'insieme. Quando ci affidiamo all'intelligenza aperta per brevi istanti, ripetuti molte volte, acquisiamo senza sforzo familiarità con questa identità di saggezza, che è la nostra condizione fondamentale sempre presente, il nostro essere naturale.

Nell'agio della nostra intelligenza aperta sono già naturalmente presenti i poteri di saggezza di grande beneficio. Soltanto perché non abbiamo mai saputo ciò di noi stessi, non vuol dire che non sia così. E' così ed è sempre stato così dai tempi dei tempi, per ogni essere umano. Non è qualcosa che possa essere coltivato, sviluppato o imparato; si manifesta naturalmente quando abbiamo fiducia nell'intelligenza aperta. Abbiamo accesso a questo corpo di saggezza di grande beneficio affidandoci all'intelligenza aperta per brevi momenti ripetuti molte volte.

Con questa semplice azione di affidarci all'intelligenza aperta per brevi istanti arriviamo a vedere che la nostra natura essenziale è indistruttibile. Infatti, siamo immortali. Non immortali come corpo individuale, ma immortali come corpo di saggezza dell'intelligenza aperta, che è infinita e già libera.

I dati sono intrinsecamente passeggeri, sia che si tratti dei dati della nascita, della vita, della morte o del processo del morire, ma l'intelligenza aperta in cui appaiono tutti i dati è permanente e immutabile. Solo quando la stabile intelligenza aperta ha priorità in tutte le circostanze, allora abbiamo completa familiarità con i poteri dell'intelligenza aperta. E' davvero semplice. Ciò non avviene in nessun altro modo. E' assolutamente impossibile avere un'esperienza decisiva dell'intelligenza aperta pensando ad essa, o cercando di migliorare i nostri dati o di entrare in qualche stato alterato.

D: Devo ammettere che mi sento abbastanza a disagio sentendoti parlare, perché non mi sembra che tu faccia parte di nessuna tradizione con cui io abbia familiarità. Stai parlando solo della tua esperienza, senza un riferimento diretto ad alcun insegnamento di saggezza o maestro del passato. Come puoi giustificare il fatto che stai dando questo insegnamento ad altri, quando sembra qualcosa a cui sei arrivata da sola?

R: Innanzitutto, è molto difficile capire con il pensiero ordinario come un insegnamento come questo possa essere creato. Il pensiero ordinario cerca di dare significato a ogni apparenza facendola diventare il risultato di una qualche causa, ma ciò non potrà mai spiegare l'apparire di un insegnamento come questo.

Nel corso del tempo i maestri hanno comunicato una profonda saggezza che ha arricchito le vite di centinaia di migliaia di persone. E' molto probabile che a molti di quei maestri siano state fatte delle domande simili a quella che mi stai facendo. L'insegnamento può emergere da un individuo che vive in un'era particolare, tuttavia i fenomeni hanno la loro origine nell'intelligenza aperta e nella sua capacità di auto-riconoscersi. Anche se vari insegnamenti sono apparsi in forme diverse nel tempo, essi nascono sempre nell'intelligenza aperta, dalla intelligenza aperta, come intelligenza aperta e attraverso l'intelligenza aperta. Non sono soltanto la realizzazione di una persona singola. Essi parlano ai bisogni di persone che vivono in ere diverse, le quali ottengono beneficio da simili insegnamenti. La vera misura di qualsiasi insegnamento è se sia di beneficio a tante persone o a poche. Se l'insegnamento è di beneficio a moltissime persone e le ispira a essere delle persone felici e premurose che contribuiscono alla società umana, allora possiamo dire che è di grande beneficio.

Quelle parole di saggezza così poco convenzionali possono trasmettere direttamente l'esperienza decisiva dell'intelligenza aperta agli ascoltatori aperti, ma non esiste alcun modo di descrivere ciò adeguatamente attraverso la logica convenzionale. Insegnare alle persone come acquisire fiducia nell'intelligenza aperta è il più importante potere dell'intelligenza aperta.

Vari insegnamenti si sono manifestati in forme diverse nel corso dei tempi. Il Training di Balanced View è una di quelle forme. Esso permette alle persone di questa epoca di vivere autenticamente affidandosi al potere della fondamentale bontà umana implicita nell'intelligenza aperta. Esiste un solo semplice metodo per acquisire familiarità con l'intelligenza aperta che possa essere facilmente compreso e messo in pratica da tutti gli esseri umani: affidarsi all'intelligenza aperta per brevi istanti, ripetuti molte volte, senza alterare o seguire i pensieri, le emozioni, le sensazioni o le esperienze che appaiono.

L'introduzione all'intelligenza aperta è importantissima e può avvenire in vari modi diversi. Uno dei modi è che all'improvviso la mente si apra spontaneamente alla vasta prospettiva dell'intelligenza aperta. Un secondo modo è di essere direttamente iniziati all'intelligenza aperta da un maestro. Un maestro autentico ha il potere di trasmettere direttamente l'esperienza della pura intelligenza aperta agli altri. Quando le capacità eccelse e l'incisiva intuizione dell'insegnante sono pienamente presenti, l'intelligenza aperta può essere mostrata infallibilmente in modo appropriato a molte persone che vivono in una determinata era.

Un terzo modo è di ascoltare gli insegnamenti sull'intelligenza aperta e di diventare liberi semplicemente sentendoli. Un quarto modo è di combinare l'affidarsi all'intelligenza aperta con la convinzione che gradualmente nasce ascoltando gli insegnamenti che sono disponibili di persona, su internet e attraverso altri media. Il quinto modo è quando la persona ha già la mente rilassata e quindi ascoltando gli insegnamenti, capisce subito la realtà delle parole e la convinzione arriva spontaneamente.

La disposizione ideale della persona che vuole affidarsi all'intelligenza aperta è di essere semplicemente abbastanza aperta da ascoltare per un po' questi insegnamenti. Non è niente di difficile. Questo insegnamento non sarà chiaro immediatamente per tutti, e per molti potrà restare incomprensibile finché non diventa parte della loro esperienza diretta. Per la maggior parte delle persone, la convinzione arriva gradualmente.

Questo vuol dire che bisogna essere disponibili a considerare la possibilità che quell'identità convenzionale che abbiamo sempre pensato di essere, potrebbe non essere per niente accurata, e che qualcosa di molto più straordinario su di noi è in attesa di essere scoperto. Semplicemente rimanendo aperti e continuando ad affidarci all'intelligenza aperta, arriveremo a vedere che esiste un'identità profonda, che è un'alternativa diversa ai modi convenzionali di identificarsi.

Riguardo agli insegnamenti del passato, è importante capire una cosa delle loro circostanze storiche e culturali. Quegli insegnamenti iniziarono tutti come qualcosa di totalmente nuovo! Per un lungo periodo, la cultura umana è stata abbastanza frammentata e isolata in culture tribali e nazionali perché non era così facile per le persone viaggiare per lunghe distanze o comunicare fra loro da una parte all'altra di paesi o continenti. Le persone erano geograficamente separate ed era difficile entrare in contatto con persone al di fuori delle proprie aree native. I maestri, a quel tempo, potevano insegnare direttamente soltanto alle persone vicine a loro geograficamente e culturalmente, e parlavano in un ambito culturale che potesse essere compreso dalle persone che andavano da loro. In varie culture del passato si svilupparono delle tradizioni bellissime per servire i bisogni delle persone, e furono sviluppati molti metodi e pratiche eccellenti, culturalmente specifiche a quei tempi e quei luoghi.

Oggi, però, il nostro pianeta sta passando attraverso incredibili cambiamenti e improvvisamente siamo tutti connessi in un modo che in passato sarebbe stato impossibile. Per la prima volta nella storia abbiamo una cultura globale umana che sta rapidamente dissolvendo tutte le barriere. Non solo si stanno dissolvendo le barriere nazionali, ma anche le barriere del corpo umano come unico mezzo per relazionarci. Possiamo parlare tra di noi in forme molto convenienti ovunque ci troviamo nel mondo, senza altro contatto che una connessione a Internet. Spesso oggi, l'unica cosa che possiamo verificare sull'identità delle persone con cui stiamo comunicando è che c'è qualcuno, in qualche posto, che sta leggendo le nostre parole e sta mandando una risposta. Quando corrispondiamo con qualcuno tramite Internet, potremmo non avere idea di chi sia a livello personale, e va bene così.

Abbiamo degli incredibili mezzi a disposizione per acquistare e distribuire informazioni attraverso Internet e le altre forme di telecomunicazione. Possiamo facilmente viaggiare in tutto il mondo, abbiamo un accesso incredibile a ogni tipo di informazioni su filosofie e insegnamenti che non erano accessibili anche solo quindici anni fa. Gli insegnamenti di oggi non possono più essere limitati a un contesto specifico di persone geograficamente isolate, perché la maggior parte di noi non vive più così. Siamo tutti in un modo o nell'altro partecipi come famiglia globale umana, e condividiamo le responsabilità per ogni altro membro di questa famiglia e per il pianeta su cui viviamo.

Quindi il Training di Balanced View è a disposizione di una fetta più ampia dell'umanità rispetto agli insegnamenti del passato, perché gli ostacoli alla comunicazione che ho appena descritto non esistono più. Siamo diventati una cultura globale umana, e il bisogno primario del nostro tempo è l'unificazione dell'umanità. Sempre di più, vogliamo riuscire a comunicare facilmente con tutti, e adesso abbiamo i mezzi per farlo.

Esistono alcuni insegnamenti diretti, antichi e moderni, che possono essere chiamati insegnamenti supremi, i quali parlano semplicemente della natura suprema dell'essere umano. Questi sono degli insegnamenti completi, con istruzioni infallibili su come realizzare completamente la bontà umana fondamentale e condividere il potere della sua prospettiva equilibrata, per il beneficio di tutti. Non è necessario chiamarli "insegnamenti spirituali". Non abbiamo bisogno di spiritualizzare, filosofare, convertire in religione o psicologizzare questo tipo di insegnamenti. Parlano principalmente di come "essere umani", tutto qui. Non appartengono a nessuna persona o tradizione.

Poiché il Training di Balanced View è disponibile alle persone di tutto il mondo, tramite Internet e altri mezzi, usiamo un linguaggio che possa essere accessibile alla maggior parte delle persone e che possa essere di aiuto a sviluppare una conoscenza comune sull'esperienza condivisa di che cosa voglia dire acquisire fiducia nell'intelligenza aperta. Con il nostro esempio di potente comunità mondiale, che include insegnamenti e maestri addestrati, impegnati esclusivamente a comunicare la profonda scelta dell'affidarsi all'intelligenza aperta, offriamo un modo di vivere di immediato beneficio a tutti.

Se gli insegnamenti della saggezza sono presentati nella maniera appropriata alle circostanze e alle conoscenze correnti delle persone di una particolare epoca, piuttosto che essere rivestiti di tradizioni e pratiche culturali poco familiari, allora molte più persone ne potranno beneficiare. Ci sono molte persone in tutto il mondo che hanno tratto beneficio dal movimento di Balanced View, che non avrebbero avuto un simile beneficio se gli insegnamenti fossero stati limitati a una specifica situazione sociale, culturale o religiosa.

Molte persone in tutto il mondo si stanno aprendo alla fondamentale bontà umana e alla sua espressione di enorme beneficio. Questo beneficio viene dalle straordinarie attività fondate sulla sincera e spontanea premura per gli altri. Il movimento verso l'affidarsi all'intelligenza aperta, come modo di vivere alternativo, non solo è una necessità per l'individuo, ma è anche un imperativo evolutivo. Per la sopravvivenza della nostra specie, persone comuni da tutte le parti del mondo devono essere dotate dell'istintiva saggezza implicita nella stabile intelligenza aperta. Questo è l'unico modo in cui possiamo risolvere con successo i problemi che ora stanno minacciando la nostra specie e il pianeta.

E' molto interessante osservare che in questo punto critico della storia dell'umanità, le persone che hanno più probabilità di realizzare la saggezza e i poteri eccelsi dell'intelligenza aperta non sono necessariamente le persone che stanno cercando di farlo tramite le norme tradizionali del passato. Le persone che hanno più possibilità di realizzare l'intelligenza aperta sono quelle che hanno una disposizione di apertura e premura, indipendentemente da quali siano le loro circostanze esteriori, e gli insegnamenti che porteranno questo riconoscimento saranno sempre più diversi dai metodi e dalle pratiche del passato.

Spesso le organizzazioni non prosperano perché non soddisfano completamente i bisogni delle persone che vanno da loro. Molte persone oggi non vogliono coinvolgersi più in pratiche che non hanno un risultato misurabile d'immediato beneficio alla loro vita. Questo è l'atteggiamento corretto per chi vuole scoprire l'intelligenza aperta perché dimostra il potere del discernimento. Oggi, è improbabile che le persone con discernimento e mente aperta partecipino a un metodo o a una pratica che non assicuri dei risultati per loro stessi o per gli altri. Essi hanno molte meno probabilità di credere a un sistema in cui le persone non ottengono quello che è stato promesso dalle pratiche prescritte.

Le persone oggi accettano ancora meno di essere incolpate per il fallimento delle pratiche prescritte di dare ciò che è stato promesso. Le persone tollerano sempre di meno le gerarchie in cui i leader sono venerati come se fossero in qualche modo migliori degli altri. Non viviamo più nell'era del culto degli eroi, dove sacrifichiamo la nostra vita a un'autorità che dovrebbe prendersi cura di noi e darci quello che loro pensano che abbiamo bisogno.

Viviamo nell'era della collaborazione. Come api in un alveare, collaboriamo per fare il miele! Ogni lavoratore è indispensabile alla collaborazione, inclusa la regina. Tutti sono importanti. Il modello del "leader servitore" è il modello dell'alveare. La direzione del leader serve per il beneficio di tutti, e questa è la sua unica meta, non l'autorità, non lo status, non la fama e non i soldi. Tali cose potrebbero giungere al leader, ma non sono la meta del leader servitore, che è motivato solo dal desiderio di essere di beneficio a tutti. Le organizzazioni gerarchiche spariranno dalla circolazione, mentre l'umanità continuerà a evolversi nella sua abilità di collaborare per il beneficio di tutti.

A prescindere da quanto siano intense le nostre emozioni riguardo ai sistemi di credenze e alle pratiche che abbiamo imparato, se riusciamo a riposare come stabile intelligenza aperta, scopriremo ciò che stavamo cercando nelle pratiche a cui eravamo legati. Gradualmente ci sposteremo in uno spazio di saggezza al di là delle parole e dei concetti, e lì scopriremo l'essenza vivente alla radice di tutte le fedi e della natura stessa. Lo scopriremo nella nostra esperienza diretta della realtà.

Mentre noi acquisiamo fiducia nell'intelligenza aperta, diverrà sempre più chiaro che ci sono altri nel mondo che stanno facendo la stessa cosa. Attraverso individui come noi, e organizzazioni come Balanced View, l'umanità sta sviluppando una forte saggezza istintiva che si sta manifestando con la dignità, fiducia e attività eccelse delle persone di tutto il mondo. E' una vera e propria "armata della saggezza" dell'intelligenza aperta, un'armata che ha delle armi molto potenti, come la visione equilibrata di uguaglianza, equanimità in abbondanza, perfetta stabilità mentale, e una sincera passione per il servizio all'umanità e al pianeta. Questa è l'autentica premura e l'autentica saggezza.

Attraverso il potere di affidarsi all'intelligenza aperta per brevi istanti, ripetuti molte volte, queste qualità e attività della saggezza di grande beneficio si rivelano spontaneamente e senza sforzo.

NESSUNO SFORZO,
NESSUNA CIRCOSTANZA PARTICOLARE
CAPITOLO DICIOTTO

"Questa saggezza naturale è realmente magnifica e incomparabile. La maggior parte di noi, quando sente parlare di qualcosa di così magnifico, pensa che richiederà anni di apprendimento per essere conosciuto. Tuttavia, questa saggezza non è una cosa che debba essere imparata; è il diritto di nascita di tutti ed è già in tutti."

Ho un solo messaggio, ed è questo: smettete di cercare! Non esiste alcuna ricerca da compiere, e tutto ciò che può essere conosciuto o realizzato, è già conosciuto e realizzato. Ciò che è già stato dato non ha bisogno di essere cercato. La super-completa, incredibilmente utile natura di tutto vive come nostra stessa intelligenza aperta. Non esiste alcuna destinazione a cui arrivare, né qualcuno che ci possa andare. Tutto ciò che esiste, è intelligenza aperta senza macchia e senza difetti, ed eternamente presente.

Se riusciamo semplicemente ad ascoltare le istruzioni che ci sono state date: rilassare completamente il corpo e la mente, e affidarsi all'intelligenza aperta per brevi istanti, ripetuti molte volte, finché diventa automatico, diventerà sempre più ovvio che tutto è sempre perfetto. Non è necessario cambiare nulla. L'idea che ci sia bisogno di cambiare qualcosa è inventata. Ciò che è assolutamente completo e presente ovunque, deve essere semplice. Che cosa potrebbe mai essere necessario per ottenere ciò che già abbiamo?

La relazione fra l'intelligenza aperta super completa e i dati che in essa appaiono, può essere paragonata all'aria in cui fluisce la brezza. Sia la brezza che l'aria sono in realtà soltanto aria. E' impossibile capire dove inizia la brezza, dove è il suo centro e dove finisce, perché la brezza è inseparabile dall'aria. Allo stesso modo, a prescindere da cosa appaia nell'intelligenza aperta, che sia un pensiero, un'emozione, una percezione o un'esperienza, essi non sono mai stati altro che intelligenza aperta.

L'unico modo di realizzare questa saggezza è smettere di cercare di controllare i pensieri; in altre parole, semplicemente ci rilassiamo e permettiamo che i pensieri facciano quello che fanno. Quando rinunciamo alla nostra abitudine a cercare di cambiare i contenuti della mente, e semplicemente ci affidiamo all'intelligenza aperta in cui tutti pensieri appaiono e scompaiono, quel fondamento diventerà sempre più ovvio. Così come il sole del mattino appare nel cielo e con la sua luce eclissa tutti i pianeti e le stelle, così quando ci rilassiamo e lasciamo che i pensieri e le emozioni facciano quello che fanno, la chiara luce della mente di saggezza inizia a eclissare tutti i pensieri e tutte le emozioni che appaiono.

La saggezza è completamente al di là del pensiero e non ha bisogno di alcuna opinione per essere riconosciuta. Non abbiamo bisogno di fare nulla per realizzare questa saggezza, perché è una cosa per noi molto naturale. Se semplicemente sentiamo parlare di essa ripetutamente, diventerà sempre più ovvio che la saggezza è la vera natura della mente. Arriveremo a vedere che l'originale purezza della mente non è mai stata oscurata dai pensieri che vanno e vengono. Vedremo anche che non abbiamo mai avuto bisogno di quei pensieri per descrivere o definire chi siamo, e che tutti i nostri tentativi di definirci attraverso il pensiero sono al massimo soltanto temporanei. La nostra vera natura è al di là di qualsiasi cosa i pensieri possano inventare.

Questa saggezza naturale è realmente magnifica e incomparabile. La maggior parte di noi, quando sente parlare di qualcosa di così magnifico, pensa che richiederà anni di apprendimento per essere conosciuto, ma questa saggezza non è una cosa che abbia bisogno di essere imparata. E' il diritto di nascita di tutti ed è già in tutti. L'unico modo per comprenderla è riconoscerla, rilassarci completamente e lasciare che la chiara luce dell'intelligenza aperta brilli attraverso tutto. Quando facciamo ciò, diventa evidente che non è necessario alcun apprendimento. Tutto ciò che è richiesto, è una mente aperta, e poiché tutti hanno già una mente aperta, tutti sono qualificati a realizzarla!

Quale sia il nostro QI, in quale posto abitiamo e quali siano i nostri averi, sono questioni che non hanno alcuna importanza. Non esiste alcun tipo di gerarchia nell'intelligenza aperta. La saggezza non è mai stata proprietà delle istituzioni, delle religioni o di figure storiche che rappresentavano l'autorità. Nessuno può dire di essere proprietario della saggezza, nessuno può distribuire la saggezza e non è il possesso di una parte eletta della popolazione. Nella saggezza non esiste alto o basso, né il dover agire in questo o in quel modo. Essa è omnipervasiva, onnicomprensiva, indivisibile e completamente presente ovunque e in ogni momento. Quando nasce la certezza di ciò nel nostro essere, tutti i pensieri che prima erano stati così persistenti, non hanno più presa su di noi. Riconoscere questo capovolge tutto ciò che credevamo vero del nostro essere, su che cosa fosse la vita e su che cosa volesse dire essere umani. Quando impariamo a entrare in sintonia con la pura intelligenza aperta, e semplicemente ascoltiamo ripetutamente la melodia della realtà di noi stessi, il risultato è che l'intelligenza aperta diventa sempre più ovvia, senza dover imparare niente, sforzarci o realizzare alcuna cosa.

Se ci sentiamo afflitti da qualsiasi tipo di pensiero persistente, nel momento in cui appare non dobbiamo far altro che affidarci all'intelligenza aperta, invece di essere distratti dai pensieri. Tutti i pensieri sono delle apparenze temporanee senza sostanza; non sono altro che la chiara luce della mente di saggezza.

Qualunque siano i fenomeni o i dati, sono tutti originariamente puri. Nascita, vita, morte, guerra, fame, giovane, vecchio, sopra o sotto, sono tutti originariamente puri. Una cosa garantita di tutte le apparenze è che svaniranno da sole come la scia di un uccello in volo. Non abbiamo bisogno di fare assolutamente niente di esse. La vera natura della mente è aperta come il cielo e rimane sempre tale; non è mai stata intrappolata o alterata da alcun pensiero.

Cercare di cambiare qualcosa di noi stessi per avere più possibilità di goderci la nostra vera natura, non porta da nessuna parte e aggiunge semplicemente altra confusione. E' di nuovo la storia di un qualcuno che cerca di arrivare in qualche posto. Che sia l'apparenza di un ego, un "Io", una personalità o qualunque cosa recitata da quell'"Io", è tutto come un miraggio. Un miraggio non è un problema, a meno che non crediamo che sia vero. Nessuno di noi cercherebbe di cambiare o migliorare un miraggio o di ottenere qualcosa da quel miraggio. Sarebbe un lavoro inutile e frustante e non porterebbe da nessuna parte. Allo stesso modo, cercare di lavorare su un ego o su una personalità non esistente porta solo all'esaurimento, perché è inutile lavorare su niente! Invece di sprecare tempo cercando di aggiustare un miraggio, perché non riposare e godere della naturale luminosità di tutto esattamente così com'è?

Non c'è niente da realizzare. La realizzazione è semplicemente riposare come l'impeccabile conoscitore di tutti i fenomeni e questo è già qui adesso. Se diciamo, "devo realizzare qualcosa", allora abbiamo preso una posizione e adottato un dato. Ma se lasciamo andare tutte le posizioni di un realizzatore che ha realizzato qualcosa di definitivo, allora non dobbiamo preoccuparci di prendere alcuna posizione. Rimaniamo sempre rilassati. "Sto cercando" è un dato e "realizzazione" è anch'esso semplicemente un dato. Al di là di entrambi e immutata da essi, vi è l'intelligenza aperta, eternamente libera e completamente presente in noi in ogni momento.

Se diamo del potere inutile a tutte le apparenze nella nostra mente, allora ci stiamo complicando la vita e ci sentiremo a disagio la maggior parte del tempo. Quando diamo potere alle apparenze, cercheremo sempre il pensiero giusto, lo stato emotivo giusto o l'esperienza giusta per sollevare lo sconforto relativo all'identità personale. Tuttavia, la bontà del nostro essere originario non dipende e non è influenzata dal contenuto della nostra mente. Non è mai stata toccata dai nostri giudizi e non è mai stata intrappolata in una personalità individuale. La vera saggezza si trova nel riconoscere l'uguaglianza di tutte le cose.

La ricerca spirituale non può portarci alla libertà, perché siamo già liberi! Non possiamo dire che cercare ci porterà alla libertà, perché non siamo mai stati prigionieri. La nostra libertà è qui e ora! Non abbiamo bisogno di vivere in un posto speciale, o in un ambiente particolare, o vivere lontano dalle altre persone o rinunciare al mondo per goderci la nostra vera natura. Possiamo farlo se abbiamo voglia, ma questo cambiamento, di per sé, non ci porterà da nessuna parte e non produrrà una causa per realizzare la nostra vera natura. Il nostro stile di vita non ha niente a che fare con il riconoscimento della purezza primordiale. Tutti gli stili di vita sono originariamente puri. Potremmo essere un monaco in Tibet, una casalinga nel Texas, un programmatore alla Microsoft, uno spalatore, un pasticciere o qualunque altra cosa, e sono tutte delle circostanze perfette per la realizzazione della nostra vera natura.

Vivere una vita permeata dall'autocritica porterà a criticare gli altri. E' così che vanno le cose. Acquisire familiarità con l'intelligenza aperta che è alla base di tutto ci libera dolcemente da quell'autocritica. Entriamo nella bontà completamente positiva del nostro essere, e facendo ciò, iniziamo a sentire quella stessa dolcezza e gentilezza anche con le altre persone. Affidarci all'intelligenza aperta ci dimostra che le altre persone sono esattamente come noi. Questa è la vera interconnessione.

D: *Non sono contrario a niente di ciò che stai dicendo, ma sarei personalmente preoccupato se tutti si guardassero dentro e smettessero di agire. Come potrebbe progredire la società se tutti fossero concentrati solo sulla propria intelligenza aperta?*

R: Grazie per aver fatto questa domanda; è una questione importante. Diventare consapevoli non vuol dire entrare in uno stato particolare e poi essere tagliati fuori dal mondo. Questa sarebbe una percezione errata di ciò che significa diventare consapevoli. Diventare consapevoli non vuole dire inattività. Al contrario, quando ci affidiamo all'intelligenza aperta, la nostra compassione è abilitata ad agire in un modo completamente nuovo. L'intelligenza aperta autentica è una forza di incredibile beneficio per tutti.

D: *Okay, ma concentrarsi sulla propria intelligenza aperta non rende le persone passive?*

R: No! Io lavoro tutte le ore del giorno, non mi sembra certamente passivo! Un insegnamento che offre 24 ore al giorno di supporto in tutto il mondo ti sembra passivo?

Prima di questo cambiamento ventisei anni fa, ero interessata soltanto al successo e avevo ottenuto molte cose. Tuttavia, non sentivo mai di aver fatto abbastanza, a prescindere da quanto fossi riuscita a fare, e spesso mi sentivo turbata. "Oh, ho ottenuto questo, e adesso?". Avevo lavorato duramente per fare le cose giuste nella mia vita e per essere una brava persona, ma poi, quando entrai in un periodo di grande crisi nella mia vita, niente di tutto ciò mi fu di aiuto. Mi sentivo completamente persa, e non sapevo come andare avanti. Avevo provato di tutto per sentirmi meglio, sia positivo che negativo. Eppure non trovavo assolutamente alcun sollievo in nessuna delle credenze su cui avevo contato prima, e quello fu il momento in cui apparve nel mio flusso mentale il riconoscimento dell'intelligenza aperta.

La differenza nel mio lavoro prima del cambiamento e dopo, sta nel fatto che la mia attività presente è senza sforzo, infaticabile e dedita al beneficio di tutti. Lo scopo della nostra vita, della vita di tutti, è di essere di incredibile beneficio a noi stessi e agli altri. Quando ci affidiamo all'intelligenza aperta che è l'essenza di tutte le percezioni, allora acquisiamo familiarità con la saggezza che non può essere appresa. L'intelligenza aperta autentica è potentemente benefica e per niente passiva.

D: Se le persone si rilassano ma non sono pronte a essere consapevoli, probabilmente cadranno nella pigrizia, e quello non è un buono stato di intelligenza aperta. Che cosa possono fare per non cadere nella pigrizia?

R: La pigrizia, come l'agitazione o qualsiasi altra descrizione, è soltanto un dato. La cosa più importante è rilassarsi come impeccabile intelligenza aperta, vedere tutto come impeccabile intelligenza aperta, finché diventa chiaro che tutto è impeccabile intelligenza aperta. In ciò esiste un'incredibile energia, perché l'intelligenza aperta è sinonimo di incredibile energia. Quando la gabbia delle etichette scompare e vediamo attraverso i confini di tutti quei dati, allora troviamo solo l'intelligenza aperta. Se inizialmente la pigrizia è uno dei dati in cui rimanete coinvolti, semplicemente mantenete con intensità l'intelligenza aperta. Non avete bisogno di giudicare nessuna delle cose che appaiono o di cambiarne alcuna. Tutto ciò che avete bisogno di sapere sulla pigrizia o su qualsiasi altra cosa è meglio compreso attraverso l'intelligenza aperta.

Mettiamo che la pigrizia appaia, e che poi costruiamo una storia sulla pigrizia: "Se sono così pigro, non riuscirò a fare niente. Dovrei fare questo e dovrei fare quello". Poi cominciamo a pensare al passato: "Sono sempre stato pigro. Mentre crescevo, i miei genitori mi dicevano sempre 'sei pigro'. Forse è colpa loro se sono pigro!". Questa è semplicemente proliferazione di dati insieme all'essere distratti da essi. Tuttavia, se quando appare la pigrizia, come risposta c'è solo l'agio dell'intelligenza aperta, invece del bisogno di perdersi nella storia, allora l'intelligenza aperta sarà presente in modo ovvio, nonostante la percezione di "pigrizia". Quando iniziamo a riposare, cominciamo a vedere con maggiore chiarezza come i dati proliferano e come si risolvono, e allora la tendenza a essere distratti da essi inizia a scomparire. I dati e l'intelligenza aperta sono inseparabili, ma se partiamo con la nostra storia e ci lasciamo sopraffare dai pensieri, allora sarà impossibile vederlo.

D: *Che cosa vuol dire per te "realizzazione"?*

R: La realizzazione è soltanto un dato nell'onnicomprensiva pura visione dell'intelligenza aperta. Non c'è mai stato nessuno che sia mai diventato qualcosa, incluso "realizzato". D'altro canto, nel comprendere la natura dei fenomeni, è evidente il potere delle qualità e attività benefiche che sono ovvie nel proprio linguaggio, nella propria mente e nel corpo. Oggigiorno, si pensa che la realizzazione sia la liberazione della mente. Comunque, la liberazione della mente non è il risultato supremo.

Tutto è pura presenza, originariamente consapevole. Solo senza gli schemi convenzionali, come l'idea di una "mente liberata", può esserci della vera spontaneità. Andiamo oltre qualsiasi imitazione. Non facendo alcuna distinzione fra noi e gli altri, si manifestano dei poteri che sono di grande beneficio per tutti. Distaccati da qualsiasi cosa venga detta, il linguaggio è come un'eco melodioso. Tutto è libero fin dall'inizio, così come la luce brillante è libera nel cielo. Essa emana in modo imparziale e senza sforzo compassione, amore e incredibile energia, come la luce splende dal sole. Sappiate che quel modo di essere è il diritto di nascita e lo stato naturale di tutti gli esseri.

D: *Quindi siamo tutti realizzati già adesso?*

R: Sì. Non è altro che il godere della naturale calma di tutto esattamente così com'è. E' veramente incredibile, perché più ci rilassiamo, più diventa evidente la gioia naturalmente manifestata che è l'essenza di tutto. Esistono una naturale gentilezza e leggerezza dell'essere che sono assolutamente evidenti. E' molto probabile che sorriderete più spesso e non sarete più così duri con voi stessi e con gli altri.

La mistificazione della realtà del nostro essere è qualcosa che è avvenuto con lo sviluppo di elaborati sistemi filosofici, per descrivere qualcosa che è in realtà molto semplice. Non esiste una grande natura esoterica delle cose; tutto è semplicemente la pura presenza dell'intelligenza aperta. Quando la comprensione della natura dell'essere diventa talmente marginale, a causa della troppa complicazione o troppa semplicità, che quasi nessuno la comprende, allora è tempo di togliere il superfluo e ricominciare da capo.

La bellezza di tutto esattamente così com'è, sta nel fatto che è totalmente semplice e benevolo. La natura fondamentale, completamente benefica e positiva dell'essere, è la sola e unica realtà, e include tutto. E' molto semplice. Non esiste un modo di parlare delle cose o di descriverle che sia finito e definitivo in se e di per se stesso, perché non esiste niente che sia separato da questa realtà onnicomprensiva. Chi siamo è assolutamente indescrivibile, e quindi quei modi così dissociati di parlare che spesso sentiamo, non sono assolutamente necessari. Dire cose del tipo, "Non esiste nessuno che percepisce, nessuno che agisce, io non sono mai nato, non è mai nato niente", questo è il tipo di discorrere che chiamo "il rigiro del non duale". Quando vediamo chiaramente nella nostra natura, non sono necessari questi tipi di supporti intellettuali.

Se iniziamo ad affidarci all'intelligenza aperta e sentiamo che stiamo "sperimentando l'intelligenza aperta" o "praticando l'intelligenza aperta", all'inizio va benissimo. L'idea di qualcuno che pratichi o sperimenti l'intelligenza aperta svanirà naturalmente senza bisogno di pensarci. Non c'è alcun bisogno di prendere posizione da nessuna parte o di affermare che una via è giusta e un'altra sbagliata. Basta che ci rilassiamo nell'essenza del nostro essere e tutto si rivela esattamente così com'è. Non c'è alcun bisogno di descrivere alcuna cosa come se fosse stabile o definitiva, o di etichettare le nostre esperienze. Semplicemente rilassiamoci. Nella naturale eguaglianza di tutto esattamente così com'è, si trova la saggezza perfetta.

Anche il termine "uguaglianza" è soltanto un'altra etichetta. La realtà di chi siamo può essere descritta come "uguaglianza", "estensione non duale" e così via, ma nessuno di questi termini è necessario. Non è richiesto alcun supporto linguistico; infatti, non è necessario alcun supporto per ciò che è il fondamento di tutto. Quando vediamo tutto così com'è, con la semplice percezione umana, possiamo vedere che esiste un naturale ordine in tutto. Anche nel caos e nella confusione, esiste la pura presenza di un ordine naturale che è completamente a riposo. Non è mai esistito niente separato da questo. Non è necessario descriverlo come qualcosa di finito o qualcosa di infinito. Nessuna descrizione della realtà è giusta o sbagliata. La realtà è sempre oltre le descrizioni, ma l'esperienza della realtà è sempre presente in noi come l'agio del nostro essere. Brevi momenti, ripetuti molte volte, diventano spontanei!

GLI INSEGNAMENTI DIRETTI

CAPITOLO DICIANNOVE

"Gli insegnamenti diretti affermano senza mezzi termini che non esiste alcuna destinazione, né qualcuno che ci possa andare, perché l'innata realtà del nostro essere non è ottenuta né ottenibile."

Se vogliamo realizzare la nostra vera identità, è importante usare gli insegnamenti che ci possono portare a questa realizzazione in modo molto pratico. L'insegnamento più facile e diretto di tutti, suggerisce di affidarci naturalmente all'intelligenza aperta nell'agio del nostro essere e di ritornarci ripetutamente. Questa è una delle più antiche di tutte le pratiche, e attraverso i secoli molte persone hanno realizzato la loro vera natura attraverso questa pratica, perché è la più facile e la più diretta.

Quando dico che la natura fondamentale è già presente, assolutamente accessibile e disponibile a tutti, intendo tutti. Tutti possono affidarsi all'intelligenza aperta! Realizzare la nostra natura fondamentale affidandosi all'intelligenza aperta non dipende da alcuna circostanza particolare. Non dipende dall'essere di un determinato sesso o nazionalità, dal vivere in un posto piuttosto che un'altro, dall'avere una disposizione spirituale o dall'essere capaci di comprendere concetti filosofici profondi, e neanche dal saper leggere o meno! Mantenere l'intelligenza aperta per brevi istanti, finché diventa continua, è tutto ciò che viene richiesto e questa è un'abilità innata dell'essere umano.

Le parole che sto usando qui per comunicare sono soltanto una porta al riconoscimento dell'intelligenza aperta che accade dentro di voi. Si potrebbe denominare "insegnamento" o "training" come viene chiamato a Balanced View. A prescindere da quale parola è usata, indica la stessa cosa: quando rimaniamo semplicemente aperti alle parole dell'intelligenza aperta infallibile, esse iniziano a lavorare in noi in modo meraviglioso; l'essenza del training comincia a diventare ovvia nella nostra esperienza. C'è qualcosa di completamente indescrivibile nel modo in cui accade. Mettiamo che qualcuno senta parlare dell'affidarsi all'intelligenza aperta e senta una fortissima risonanza con il training. In tal caso accade qualcosa di molto profondo, ma nessuno può dire esattamente come ciò accada. Tal persona non può dire: "Ho imparato questo, poi ho fatto questo e quello, poi ho trascorso cinque anni a fare quest'altra cosa e boom, ho capito!". Ciò che già è, non può essere fatto apparire, e quando si rivela, non si riesce a dire esattamente come o perché. Tutto ciò che possiamo dire, è che immergendoci nella realtà di chi siamo, in modo molto semplice, nasce la certezza. Il come e il perché sono al di là delle parole.

Se vediamo le cose solo in termini di causa ed effetto, penseremo che raggiungere qualcosa di così incredibile come la realizzazione o la liberazione - che vuol dire semplicemente il modo ottimale di essere umani - richiederà uno sforzo incredibile, forse più di qualsiasi altra cosa abbiamo fatto in vita nostra. Magari penseremo, "Con la mente che mi ritrovo, dovrò fare uno sforzo sovrumano ogni giorno per decenni!". Questi sono solo dei presupposti basati sull'idea che il corpo e la mente devono essere dominati per ottenere una meta futura. La realtà è che l'illuminazione non è altro che la scoperta diretta della nostra intelligenza aperta, che è già completamente presente.

Possiamo meditare, fare yoga e ripetere dei mantra per divenire illuminati, ma il fattore cruciale non è l'attività in sé, ma il mantenere l'intelligenza aperta, che è la condizione fondamentale, mentre compiamo quell'attività. Ripetere mantra o meditare non è necessariamente diverso da creare programmi per computer, cucinare un pasto o guidare una macchina: tutti offrono la stessa opportunità per affidarsi all'intelligenza aperta. Dico sempre alle persone che se c'è una pratica che gli piace, come per esempio meditare o ripetere mantra, sono libere di continuarla, ma che dovrebbero farlo senza pensare che possa portare a qualche meta. Dovrebbero farlo semplicemente perché gli piace. Pensare che metodi e pratiche portino alla realizzazione di una meta serve solo a rinforzare l'illusione di un'identità personale e a tenere la meta, che è già presente, fuori dalla loro portata. Questo è un punto cruciale.

L'intelligenza aperta non può essere realizzata con lo sforzo, e rincorrere i dati come se portassero da qualche parte, non ci aiuterà. Continuando ad affidarci all'intelligenza aperta, arrivare a conoscere la realtà di noi stessi avviene in un modo molto semplice e diretto. Gli insegnamenti diretti non affermano che dobbiamo sviluppare virtù e praticare tante attività meritorie per diventare abbastanza puri da riconoscere la nostra vera natura. Gli insegnamenti diretti dichiarano senza mezzi termini che non esiste destinazione o qualcuno che ci possa andare, perché l'innata realtà del nostro essere non è ottenuta né ottenibile.

Se vogliamo delle istruzioni dirette, allora questo è il tipo di insegnamento che dobbiamo cercare, piuttosto di uno che dice: "Oh, si, la tua natura essenziale è libera e non duale, ma prima lasciami dire cosa devi correggere di te stesso per poter essere libero! Devi liberarti di questo e di quello, e coltivare questo e quello e quell'altra cosa!". Gli insegnamenti indiretti dichiarano che la condizione fondamentale è già presente, ma poi si girano e aggiungono, "Ma tu hai qualcosa che non va e hai bisogno di essere cambiato". Questo vuol dire parlare con la lingua biforcuta, ed è completamente nella direzione sbagliata, perché essenzialmente non esiste nessuno da correggere e nessuno che possa correggere! Ciò diventa chiaro acquisendo fiducia nell'intelligenza aperta. Non c'è alcun bisogno di coinvolgersi in estremi linguistici rigidi che descrivono o sono di supporto a idee sulla mancanza di un'identità personale o di qualcuno che faccia qualcosa.

Quello di cui abbiamo realmente bisogno sono istruzioni precise. Esistono due tipi di linguaggio: il primo parla di qualcosa; può essere chiamato il linguaggio ordinario. Il secondo tipo trasmette direttamente ciò di cui sta parlando ed è chiamato il linguaggio della saggezza. Il linguaggio ordinario è tutto centrato sui dati convenzionali, mentre il linguaggio della saggezza viene dalla pura estensione dello spazio fondamentale dell'intelligenza aperta. Quando viene usato il linguaggio o lo scrivere ordinario, di solito cerchiamo di capire le parole intellettualmente, relazionandole a tutti i dati che abbiamo e dando significato alle parole basandoci su ciò che abbiamo letto o sentito. Questo è il modo in cui ci è stato insegnato ad apprendere fin da piccoli.

Il linguaggio della saggezza è completamente differente. Esso non ha bisogno di essere appreso, perché è innato. Il linguaggio della saggezza, parlato e scritto, ci introduce direttamente all'intelligenza aperta e ha il potere intrinseco di espandere quell'introduzione fino alla completa fiducia nell'intelligenza aperta. Il potere del linguaggio della saggezza porta la mente degli ascoltatori in uno stato irreversibile di benessere. Quando un ascoltatore semplicemente si rilassa ed è aperto a ciò che viene detto o scritto, quell'apertura richiama interiormente la saggezza.

La maggior parte delle lingue moderne non ha realmente un termine per riferirsi alla sconfinata estensione di radiosa intelligenza aperta senza soggetto e senza oggetto, e anche nelle lingue come il Tibetano o il Sanscrito, che sono sistemi di linguaggio non duale, nessuna parola può comprenderla completamente. Possiamo usare dei termini che la indichino, ma non ci sono parole che possano pienamente descriverla, e l'esperienza di essa è assolutamente al di là delle parole. Nonostante ciò, le parole hanno il loro valore. Le parole che state leggendo adesso hanno un solo scopo: richiamare l'esperienza diretta dell'intelligenza aperta senza tempo in voi stessi. Quindi non cercate di comprendere le cose soltanto con la capacità critica dell'intelletto o basandovi su ciò che avete imparato o creduto prima d'ora. Rilassatevi profondamente nei poteri di grande beneficio, e scoprirete direttamente che l'intelligenza aperta senza tempo è già completamente presente.

Istruzioni sulla realizzazione dell'intelligenza aperta sono state tramandate da generazione in generazione, in molte culture di tutto il mondo, ma ci sono stati relativamente pochi insegnamenti diretti che hanno dato istruzioni chiare e precise su come realizzarla. Tali insegnamenti diretti sono stati disponibili per molte migliaia di anni. Un lignaggio ininterrotto di tutti quelli che hanno realizzato la loro vera natura affidandosi all'intelligenza aperta si estende come una catena di montagne dorate attraverso il tempo. E che cosa dicono quegli insegnamenti? La stessa cosa che diciamo qui negli insegnamenti di Balanced View: affidatevi all'intelligenza aperta per brevi istanti, ripetuti molte volte, finché diventa spontaneo e continuo.

Nonostante ciò, per la maggior parte, finora il focus di affidarsi all'intelligenza aperta è stato disponibile per pochissime persone, e in passato è risultato molto difficile da trovare. Spesso le persone che offrivano questo tipo di insegnamento erano quasi inaccessibili. Esse insegnavano in una caverna nelle montagne nevose dell'Himalaya o in Tibet in una tenda di Yak, e bisognava camminare per giorni in condizioni difficili per trovarli. In questo senso, possiamo essere tutti grati che i tempi siano cambiati!

In passato, la maggior parte degli insegnamenti per realizzare l'intelligenza aperta erano radicati in circostanze geografiche, culturali e sociali specifiche, e quindi non facilmente accessibili per una persona che vivesse al di fuori di quel circolo culturale. Tuttavia, oggi disponiamo di una cultura globale con tecnologie come l'Internet e le telecomunicazioni che possono istantaneamente connettere le persone di tutto il mondo.

Abbiamo un accesso incredibile a ogni tipo di informazione e abbiamo sempre più un linguaggio comune e una cultura simile. Così adesso questo antico insegnamento è apparso in una forma nuova, accessibile più o meno a tutti.

Nel lignaggio di coloro che hanno realizzato l'intelligenza aperta senza tempo ci sono sempre state delle persone che hanno preso quegli insegnamenti e li hanno comunicati in un modo direttamente comprensibile per quei tempi. Per la prima volta, queste precise istruzioni sono offerte liberamente e apertamente a tutta l'umanità, in un linguaggio che quasi tutti possono capire. Questi insegnamenti sono a beneficio di tutti gli esseri. Sono apparsi dall'intelligenza aperta e non appartengono a nessuna cultura o persona, né sono proprietà di alcuna setta o tradizione.

Anche se studiare dei testi antichi può avere un suo valore, limitarsi a testi antiquati e a istruzioni difficili da capire non è di grande aiuto. Al contrario, rende distante e inaccessibile una realtà che è già completamente presente. Se nel Training di Balanced View avessimo scelto di usare parole e concetti limitati a una particolare cultura, allora quella specificità avrebbe limitato il numero di persone che sarebbero state in grado di capire il training di affidarsi all'intelligenza aperta. Per esempio, se avessimo usato termini come dharmakaya, sunyata, Assoluto, Atman, o moksha, un grande numero degli ascoltatori moderni rimarrebbe completamente sconcertato, o penserebbe erroneamente di sapere esattamente cosa significhino! Ad ogni modo, diventerebbe un ostacolo. Se invece usiamo termini semplici come "intelligenza aperta" e "dati", è probabile che molte più persone riusciranno a relazionarsi a queste idee e ad arrivare a un'esperienza decisiva dell'essenza del Training.

E' molto importante avere delle istruzioni che si adattino perfettamente alle persone dell'era in cui emerge l'insegnamento, offerte in un modo che le persone dell'epoca possano capire, e offrendo un sistema di supporto completo ai partecipanti. Ancora più importante: devono essere delle istruzioni che portano alla rapida realizzazione dell'intelligenza aperta senza tempo. Istruzioni precise comunicate da un maestro capace possono trasmettere l'esperienza decisiva della nostra vera natura a molte persone. Tuttavia, affinché ciò accada, l'insegnamento deve essere aperto, diretto e accessibile, e non nascosto in uno scaffale polveroso.

Affidarsi all'intelligenza aperta è un insegnamento per le persone che riescono ad andare al di là dei concetti. Le persone completamente aperte, sono quelle che hanno detto: "Ho terminato con tutto il resto! Voglio solo un approccio semplice e diretto. Se me lo insegni, io ascolterò". Se le persone sono veramente aperte a quello che stanno cercando, aperte al cento per cento, con tutto il cuore, allora alla fine si troveranno nelle circostanze di poter ascoltare un insegnamento diretto e non ci sarà niente che potrà tenerli lontani. Ma se sono più impegnati con le loro pratiche e idee rivolte verso una destinazione futura, quello sarà ciò cui rimarranno dedicati.

Non cerco mai di convincere qualcuno che non sia già pronto o non sia interessato; semplicemente aspetto quelli che sono interessati. Credo nell'attrazione più che nella promozione!

Allora, che cosa è un maestro diretto? Un maestro è in realtà l'amico supremo. La relazione fra il maestro e le persone che vanno a partecipare con quel maestro è una relazione nella quale c'è grande intimità, benessere totale e amore. Un maestro capace ha già avuto l'esperienza decisiva dell'intelligenza aperta pienamente evidente nella propria vita ed è devoto a portare l'intelligenza aperta agli altri in modo amorevole e di supporto. Gli insegnanti diretti sono in grado di insegnare in modo così autorevole e convincente grazie alla loro saggezza infallibile, conoscenza e capacità in tutte le circostanze.

Quando gli insegnanti manifestano la piena capacità della loro vera natura, le altre persone naturalmente desiderano imparare da loro. Le persone che hanno completa familiarità con la propria vera natura, hanno un'incredibile capacità di attrarre a sé gli altri proprio per questa profonda familiarità e fiducia che hanno. Gli altri li vedono e dicono: "Voglio ciò che hanno queste persone! Sono esseri umani come me e se loro riescono a incorporare simili qualità, anch'io posso!". Tantissime persone vogliono essere in pace, realizzate, amorevoli e sagge, e un insegnante capace e diretto può facilitare il riconoscimento di quei doni intrinseci.

Un insegnante diretto ha il potere di introdurre le persone all'intelligenza aperta, e può aiutare le persone ad acquisire completa familiarità con essa, usando un linguaggio chiaro e delle condizioni che saranno di supporto. Inoltre, il potere dell'insegnante sarà evidente negli insegnamenti scritti e orali, i quali conterranno punti chiave e istruzioni importanti che arrecheranno beneficio diretto alle persone che li leggeranno e li sentiranno. Un insegnante diretto riesce anche a mettere a disposizione centri di studio e pratica adatti ai bisogni delle persone che sta servendo.

Certo, in ogni era sono esistiti dei maestri molto visibili i cui insegnamenti non hanno portato da nessuna parte o che hanno approfittato degli studenti in modo dannoso. Il risultato è stato che molte persone in tutto il mondo non si fidano più dei maestri spirituali o dei guru. Alcune persone hanno avuto delle esperienze negative con dei maestri, e non se la sentono più di cercare altri insegnanti ed è facile capire perché. Gli insegnamenti sull'illuminazione sono un campo delle imprese umane in cui si promette un certo tipo di risultato, ma raramente tale risultato viene ottenuto! Se è stata fatta o sottintesa qualche tipo di promessa, e non arriva alcun risultato, ovviamente ciò può portare alla diminuzione della fiducia.

Questo è uno degli aspetti della questione, ma poi dire che non è assolutamente necessario un insegnante è soltanto il dato opposto ed estremo. Si potrebbe voler prendere una tale posizione e dire: "Poiché talmente poche delle promesse fatte sono state mantenute, allora nessun insegnante è necessario", ma questa è una semplificazione esagerata. Io certamente non sto sostenendo l'idea di liberarsi di tutti gli insegnanti! Tuttavia è importante saper distinguere tra che cosa sia utile e che cosa non lo sia.

Quando vogliamo imparare qualcosa di nuovo - idraulica, cucinare, giocare a tennis o qualunque cosa sia - è sempre saggio farsi consigliare da qualcuno che abbia più esperienza di noi in quel campo. Se per esempio volessimo scalare l'Everest, non cercheremmo mai di farlo senza una guida. Vorremmo imparare da qualcuno che conoscesse bene l'Everest, per sapere esattamente come arrivare in cima e quali condizioni potremmo trovare per la via. E sicuramente non tenteremmo di scalare da soli l'Everest. Senza una guida, o senza un'esperienza precedente, potremmo sbagliare direzione, cadere in un crepaccio, rimanere sepolti sotto una valanga o diventare vittime del delirio d'alta quota o di un malessere fisico.

Nell'alpinismo, come con i maestri, si possono trovare tante guide diverse. Alcune guide hanno più probabilità di portarci fino alla cima. L'approccio preciso e chiaro di un insegnante diretto può portarci alla cima. Possiamo avere fiducia nella capacità di chi ha realizzato la condizione fondamentale e ha aiutato molti altri a fare la stessa cosa.

Quale insegnamento sia quello giusto per noi, solo noi possiamo deciderlo, ma qualunque sia, dobbiamo impegnarci con quello al cento per cento. Non è un impegno limitato, in cui diciamo, "Ci proverò ogni tanto". Se scegliamo una pratica come affidarsi all'intelligenza aperta, ma prendiamo un impegno parziale, allora ogni tanto ci affideremo all'intelligenza aperta e il resto del tempo ci faremo coinvolgere dalle storie del pensare ordinario. Se, invece, prendiamo un impegno al cento per cento, allora svilupperemo fiducia interiore e da quella fiducia verrà la certezza.

Qualche volta, anche quando abbiamo preso un impegno ferreo, esso può diminuire per un po'. A volte è così. Se sentiamo diminuire il nostro impegno, allora dobbiamo tornare alla decisione di affidarci all'intelligenza aperta e continuare a fare solo quello. La verità è che siamo sempre impegnati, o nei nostri dati oppure ad affidarci all'intelligenza aperta, quindi la scelta è molto semplice. L'impegno preso al cento per cento è la via più semplice, perché non abbiamo più bisogno di pensarci. Per prima cosa riceviamo l'introduzione di affidarci all'intelligenza aperta, e una volta che riconosciamo completamente che cosa sia, desideriamo naturalmente impegnarci in quello.

Un'altra parola che possiamo usare al posto di impegno è entusiasmo. Dobbiamo avere molto entusiasmo per conoscere la vera natura del nostro essere. La parola "entusiasmo" ha la sua radice nella parola greca "In Dio", ma un altro modo di definirlo è un vivace interesse per l'essere a proprio agio. Essere entusiasta vuol dire che permettiamo alla nostra condizione naturalmente a proprio agio di essere così com'è. Anche se stiamo vivendo intense emozioni di rabbia, tristezza e depressione, possiamo ugualmente rimanere entusiasti e dediti all'intelligenza aperta come radice di tali percezioni.

Di questi tempi, dobbiamo essere dei consumatori attenti riguardo a qualsiasi acquisto vogliamo fare e questo vale anche per gli insegnamenti che intendiamo seguire. Dovremmo chiederci, "Che cosa mi posso aspettare dalla pratica cui sono interessato?". Come ogni buon consumatore, prima di acquistare il prodotto dovremmo cercare di capire se i risultati promessi sono realmente ottenibili. Se vogliamo comprare una televisione, un mp3 o una macchina, cercheremo un negozio con un prodotto che ha soddisfatto molti clienti. Non continueremmo ad andare in un negozio dove ogni giorno ci dicessero: "Sì, sì, sarà pronto domani", mentre poi il giorno dopo, e il giorno dopo ancora, il prodotto non è pronto. Beh, se abbiamo un tale discernimento per comprare un televisore, non sarebbe bene averne almeno altrettanto per la cosa più importante della vita umana?

Avere discernimento nel cercare la pratica giusta non è diverso dalla perspicacia nel mondo degli affari. Oggi abbiamo informazioni su quasi tutto e abbiamo anche molte informazioni su diverse pratiche e metodi. Dobbiamo fare molta attenzione nello scegliere il maestro e l'insegnamento che vogliamo seguire. Voglio dire, non è meglio scegliere l'approccio più efficace? Affidarsi all'intelligenza aperta ha funzionato per molti milioni di persone nel tempo e, indipendentemente da chi siamo e da come abbiamo vissuto, può funzionare anche per noi se ci impegniamo in questo. Di tutte le pratiche è la più semplice e la più diretta.

D: *Come descriveresti l'illuminazione?*

R: L'illuminazione è stata descritta in tanti modi, ancor più adesso tramite Internet e il numero crescente di libri sull'argomento. Ma esistono pochissimi testi di saggezza che parlano direttamente di cosa sia l'illuminazione e che danno anche istruzioni precise per la sua realizzazione.

Nel Training di Balanced View non usiamo questa parola, perché è stata oscurata da molti anni di incomprensione e usarla creerebbe solo confusione. Se usassimo la parola "illuminazione", potrebbe venire intesa come appartenente a una tradizione, a una religione, a una figura storica o a un paese. Ci sono state troppe incomprensioni sul significato di questa parola per poterla usare con persone provenienti da tanti ambienti diversi. Quindi diciamo semplicemente "acquisire completa fiducia nell'intelligenza aperta" o "realizzare perfetta stabilità mentale ed emotiva".

Ciò che è stato chiamato illuminazione, è semplicemente la piena rivelazione dell'estensione senza limiti dell'intelligenza aperta non duale che include e trascende tutto. Più ci affidiamo all'intelligenza aperta, più le qualità potentemente benefiche insite nell'intelligenza aperta diventano ovvie e le nostre vite diventano una fonte di grande beneficio per gli altri. E' molto semplice.

D: Gli insegnamenti che stai offrendo, non sono identici a quelli di tutti gli altri maestri che parlano della pace, del vuoto, del vivere nel presente o dell'illuminazione?

R: Beh, non sono qui per commentare su altri insegnamenti; sto solo dicendo che esistono due tipi di insegnamento. Un tipo di insegnamento avviene entro il meccanismo di causa ed effetto, ed è impegnato a entrare in qualche stato come "la pace", "il vuoto" o "il vivere nel presente". Questi sono dei temi contemporanei molto popolari. L'altro tipo di insegnamento è oltre la causalità e non necessita l'adozione di schemi descrittivi. Questo è l'insegnamento del'affidarsi all'intelligenza aperta, in cui tutto, momento per momento, è assolutamente equo e senza limiti. La meta è già presente, senza bisogno di cambiare niente. Tutto, così com'è, si rivela in un continuo, aperto fluire di pura intelligenza aperta.

Vedo che in molti altri approcci le persone riescono ad avere un'esperienza preliminare dell'intelligenza aperta, ma è come l'intelligenza aperta di un gatto che osserva un topo. L'osservatore è identificato con l'intelligenza aperta ed è occupato ad osservare ciò che appare in essa, come se fosse qualcosa di distinto dall'intelligenza aperta. In altre parole, esiste ancora un forte senso di dualità tra l'intelligenza aperta e ciò che appare dentro di essa.

Quelle esperienze sono completamente diverse dalla completa risoluzione di tutti i dati nello spazio fondamentale dell'intelligenza aperta, che è ciò che offre il Training di Balanced View. Posso solo consigliarvi di provare questo Training. Il beneficio di affidarsi all'intelligenza aperta è immediato e immediatamente verificabile. Non chiedo a nessuno di prendermi per parola; suggerirei di provare e scoprire da voi affidandovi all'intelligenza aperta per brevi istanti, ripetuti molte volte, e vedere che cosa succede.

COME MANTENERE L'INTELLIGENZA APERTA NEL SONNO E NEI SOGNI

CAPITOLO VENTI

"Se manteniamo l'intelligenza aperta mentre scivoliamo nel sonno, allora avremo fatto conoscenza con l'intelligenza aperta in un modo completamente nuovo. Quando realizziamo l'intelligenza aperta priva di distrazioni nel sonno, allora sarà più facile sperimentare l'intelligenza aperta priva di distrazioni negli altri momenti della giornata."

Quando andiamo a dormire la sera, di solito cadiamo come in catalessi e alcune ore più tardi ci svegliamo. La maggior parte di noi non ha alcun controllo su ciò che accade durante quelle ore. Quando ci addormentiamo, semplicemente dormiamo; in quello stato non facciamo niente coscientemente e di conseguenza crediamo di essere completamente in balia del sonno e dei sogni. Non abbiamo idea di come accade tutto questo, ma sappiamo che ci sta succedendo qualcosa su cui non abbiamo alcun potere.

Quando non riconosciamo l'intelligenza aperta alla base del sonno e dei sogni, ci perdiamo in quei mondi. Sognando può accadere di tutto. Possono accadere le cose più pazze e bizzarre o le più sublimi. Ci appaiono tantissime immagini fantasmagoriche, alcune delle quali ricordiamo mentre altre no. In genere, quando siamo nel sogno, non abbiamo idea che stiamo sognando e lo prendiamo per vero.

Possiamo dire la stessa cosa per lo stato di veglia, che è in realtà soltanto un'apparenza come un sogno nella realtà immutabile dell'intelligenza aperta. Se crediamo che i nostri corpi e i vari eventi tra la nascita e la morte siano ciò che siamo, ignorando il substrato dell'intelligenza aperta, l'unica cosa che esiste veramente, il risultato sarà l'alienazione da quella libertà eterna e pace perfetta che è la nostra vera natura.

Il non-riconoscimento dell'intelligenza aperta è questo: perdersi nell'idea che i nostri pensieri, le nostre emozioni e le nostre esperienze definiscano chi siamo e credere che gli stati attraverso cui passiamo siano reali. Per tutta la nostra vita abbiamo creduto di essere quegli stati di veglia, sogno e sonno. La maggior parte di noi è assolutamente convinta che la nostra nascita, vita e morte definisca chi siamo. Crediamo che senza di essi non potremmo esistere e che dipendiamo da loro per il nostro senso di identità. Tuttavia, quando ci affidiamo all'intelligenza aperta, vediamo sempre di più che non dipendiamo assolutamente da nessun concetto. Non dipendiamo dal corpo o dalla mente, né dagli stati di veglia, sogno e sonno. Non dipendiamo neanche dall'aria, dalla terra, dal sole o dall'universo! E' molto importante andare oltre tutte le descrizioni ordinarie con cui abbiamo imparato a identificarci, e facciamo questo mantenendo l'intelligenza aperta.

Vorrei condividere con voi una pratica molto potente che può aiutarvi a usare il momento chiave dell'addormentarsi per scoprire il substrato dell'intelligenza aperta. Quando andiamo a dormire la sera, possiamo iniziare a mantenere l'intelligenza aperta mentre ci stiamo addormentando. Facendo questo, vedremo che tutte le attività della mente concettuale, l'agitazione e la proliferazione di pensieri e di emozioni, gradualmente tornano a riposo in uno stato non concettuale, che è il sonno profondo. Questo è ancora uno stato della mente e non è la vera libertà; è soltanto un altro dato nell'intelligenza aperta.

In questo momento chiave, in cui tutti i concetti sono tornati nello stato non-concettuale, allora possiamo porci una domanda molto importante: "Che cos'è che è consapevole di questa mente non-concettuale?". Questa domanda porta direttamente al substrato della pura intelligenza aperta. Affidandosi all'intelligenza aperta rivelata da questa domanda, riusciamo a differenziare tra lo spazio fondamentale dell'intelligenza aperta, che è la nostra vera identità, e lo stato non-concettuale del sonno, che è soltanto un altro stato della mente. Quando abbiamo scoperto l'intelligenza aperta, che è la stessa in tutti gli stati e in tutte le condizioni, diventerà sempre più facile mantenerla, durante il giorno e anche la notte.

Non è necessario farlo diventare qualcosa di speciale. E' semplice quanto affidarsi all'intelligenza aperta, per brevi istanti, molte volte, mentre ci addormentiamo. Questa è una pratica unica da usare con tutti i dati, compreso addormentarsi, sognare e dormire. Se l'intelligenza aperta si rivela facilmente mentre ci addormentiamo, allora bene, si rivela con facilità, se non si rivela con facilità, non dobbiamo forzare le cose. A un certo punto potrebbe apparire spontaneamente e ci addormenteremo completamente consapevoli e rimarremo consapevoli durante il sonno. Non è necessario praticarlo tutte le sere, ma se riusciamo anche soltanto una volta a rimanere consapevoli in questo modo mentre ci addormentiamo, vedremo che il sonno e i sogni sono essi stessi dei dati nell'intelligenza aperta. Se manteniamo l'intelligenza aperta mentre scivoliamo nel sonno, allora avremo fatto conoscenza con l'intelligenza aperta in un modo completamente nuovo. Quando realizziamo l'intelligenza aperta priva di distrazioni nel sonno, allora sarà più facile sperimentare l'intelligenza aperta priva di distrazioni negli altri momenti della giornata.

Alcune persone conducono questa pratica e restano consapevoli tutta la notte, anche nel sonno profondo. La cosa più importante di questa pratica è capire nella propria esperienza che sognare e dormire sono apparenze dell'intelligenza aperta. Affidandoci all'intelligenza aperta, le tre categorie che usiamo per descrivere la nostra esperienza nelle 24 ore della giornata: veglia, sogno e sonno, sono completamente superate. Vediamo che tutte e tre sono solo dei dati nella pura visione onnicomprensiva dell'intelligenza aperta.

Quando manteniamo l'intelligenza aperta nello stato di sogno, arriviamo a capire che tutti gli elementi del sogno possono essere cambiati o manipolati semplicemente decidendo di farlo. Se scegliamo di fare ciò, riusciremo a partecipare attivamente ai nostri sogni e a cambiare quello che accade in essi. Riusciremo a restare consapevoli nei nostri sogni e ad avere padronanza sull'illusione del sogno.

Quando ci sentiamo in balia dei nostri sogni, essi sembrano completamente fuori dal nostro controllo. Ma con l'esperienza decisiva del riuscire a cambiare gli accadimenti del sogno, diventa possibile sperimentare direttamente l'intelligenza aperta non solo come essenza al di là di tutti i fenomeni, ma anche sperimentare la sua maestria su tutti i fenomeni. Cambiare le immagini del sogno però, del sogno di veglia o del sogno nel sonno, non è un passatempo sul quale sia necessario soffermarsi. Di per sé non è una meta per cui valga la pena sforzarsi, ma l'abilità di fare questo è un naturale sottoprodotto della completa maestria mentale che deriva dalla pratica dell'affidarsi all'intelligenza aperta.

La cosa più importante è realizzare in modo decisivo l'intelligenza aperta come il puro spazio di tutte le immagini che in essa accadono. Non è necessario analizzare nessuna delle immagini, né del giorno né della notte. Come tutti i fenomeni, le immagini notturne dei sogni sono soltanto delle auto-apparenze dell'intelligenza aperta, proprio come quelle della veglia. In questo sono uguali. Quando riconosciamo l'intelligenza aperta come fondamento del nostro essere, riposando imperturbabilmente nell'incontro diretto con tutti i fenomeni, allora comprendiamo in modo molto potente che tutte le immagini che appaiono sono dovute all'intelligenza aperta e a nient'altro. Quindi, non è necessario far nulla con nessuna di esse.

Affidandoci all'intelligenza aperta, sempre di più la riconosciamo come realtà benevola del nostro essere e tutti i fenomeni sono visti come benevoli e perfetti, esattamente come sono. Essi non hanno bisogno di essere analizzati, migliorati o cambiati; infatti, non abbiamo bisogno di fare assolutamente niente con nessuna delle apparenze. Se siamo abituati ad analizzare le immagini dei nostri sogni, questa è l'opportunità perfetta per smettere completamente, perché la sostanza e il significato ultimo di tutte le immagini è lo stesso. Sono tutte semplicemente delle forme temporanee dell'intelligenza aperta, e questa è l'unica cosa che abbiamo bisogno di sapere sui nostri sogni.

Anche se molte persone credono che lo stato di veglia sia reale e lo stato di sogno sia irreale, il "sogno della veglia" e il "sogno del sonno" sono identici nel fatto che sono entrambi soltanto dei dati nell'immutabile realtà dell'intelligenza aperta. Il saggio beneficio dell'impeccabile intelligenza aperta è assolutamente incontenibile e non è mai stato reso una cosa. Anche se i vari fenomeni che appaiono negli stati di veglia e di sogno possono sembrare incredibilmente concreti, quando li esaminiamo non troviamo niente che sia possibile trattenere o conservare di alcuna apparenza. Quando manteniamo l'intelligenza aperta qualunque cosa appaia, allora possiamo rilassarci e capire che le apparenze non sono niente di cui aver paura.

Ci possiamo rilassare sapendo che qualunque cosa appare, che sia un evento durante il giorno o un'immagine in un sogno notturno, non è altro che un'apparenza dell'intelligenza aperta. Questa comprensione è una risorsa molto potente per risolvere i nostri dati della veglia. Il contenuto fantasmagorico dei nostri stati di sogno, può portare a una risoluzione molto potente dentro di noi dei nostri dati, così che durante il giorno sarà più facile per noi affidarci all'intelligenza aperta. Quando impariamo a riposare persino con le nostre immagini di sogno più terrorizzanti, quelle che appaiono nel nostro stato di veglia diventano molto più facili da affrontare.

Quando ci svegliamo al mattino, di solito tutti i dati del nostro stato di veglia che erano svaniti durante il sonno, immediatamente ritornano. Se ci affidiamo all'intelligenza aperta nel momento in cui ci svegliamo e i pensieri ritornano, scopriremo che è possibile non farsi prendere di nuovo da quel torrente di pensieri e di emozioni. Lasciarsi prendere dai pensieri che appaiono, quando ci si sveglia al mattino, è semplicemente un'abitudine che abbiamo mantenuto per lungo tempo. Può esserci sembrato impossibile sentirci potenziati a causa dell'immediato assalto dei pensieri. Tuttavia, se riusciamo a mantenere l'intelligenza aperta, vedremo che è possibile non essere dominati dai pensieri o dalle impressioni sensoriali.

Quando manteniamo l'intelligenza aperta mentre ci svegliamo al mattino, sarà più facile per noi vedere i giochetti della mente e non farsi prendere dagli schemi abitudinari di identificazione con i fenomeni di passaggio. Quando ci svegliamo la mattina, è meglio riposare come intelligenza aperta, altrimenti saremo tentati di pensare: "Oh no, dopo una bellissima vacanza nel sonno, ecco di nuovo tutta questa immondizia!".

Invece di ricominciare a descrivere e farci coinvolgere da infinite storie su pensieri, emozioni o immagini, identificandoci con alcuni pensieri e respingendone altri, vediamo tutti i fenomeni come uguali e semplicemente lasciamo che il sollievo dell'intelligenza aperta sia il nostro costante conforto. I pensieri e le emozioni non hanno mai avuto una loro natura indipendente e svaniscono sempre da soli, quindi non è necessario far niente con essi. Che cosa potremmo mai fare di loro visto che svaniscono da soli? Se non riusciamo a vedere che i pensieri svaniscono da soli e che sono liberi e perfetti come sono, allora penseremo di aver bisogno di fare qualcosa. Quando invece abbiamo fatto pratica nel vedere la perfezione in tutte le apparenze e nell'affidarci all'intelligenza aperta, che è la sostanza e l'essenza di tutte le apparenze, l'illusione di un'identità personale e delle sue attività è riconosciuta essere senza sostanza e senza conflitti.

Con la continua pratica arriveremo a vedere che l'intelligenza aperta pervade non solo la nostra vita di veglia, ma anche il sonno e tutto ciò che è contenuto nel sonno. Se portiamo questa presenza di intelligenza aperta mentre ci stiamo addormentando, vedremo molto presto che essa è presente in tutto ciò che appare.

Sentendoci potenziati sempre di più, a un certo punto potrà sorgere il coraggio di porsi la domanda: "Se l'intelligenza aperta soppianta la veglia, il sogno e il sonno, allora può soppiantare anche la nascita e la morte?". Questa domanda non ha molto significato se rimane solo a livello di filosofia, ma se avviene un'esperienza diretta dell'intelligenza aperta come fondamento immutabile di tutti i fenomeni, allora può accadere qualcosa di straordinario. Potremmo arrivare a vedere che anche la nascita e la morte sono solo dati transitori nell'immutabile intelligenza aperta. Tuttavia la realizzazione irrevocabile di questa verità, può avvenire soltanto acquisendo completa familiarità con l'intelligenza aperta, poiché il solo riconoscimento teorico non basta.

E' probabile che nessuno ci abbia mai detto questa verità molto importante su di noi, e cioè che i sogni e il sonno e la nascita e la morte sono solo dati nell'immutabile, infinita intelligenza aperta. Ogni dato che appare è completo e identico, uguale a qualsiasi altro. Non è mai esistita differenziazione, inclusione o esclusione, perché l'intelligenza aperta è indivisibile e le sue apparenze non potranno mai intaccare quell'unità. Questo è di cruciale importanza.

La pratica di affidarci all'intelligenza aperta mentre ci addormentiamo può aiutarci a familiarizzare con la natura fondamentale dell'intelligenza aperta. Allora, mantenendo l'intelligenza aperta mentre sperimentiamo gli stati di sonno e di sogno, riusciremo a capire che solo l'intelligenza aperta include e trascende tutti gli stati mentali. Quando abbiamo scoperto che l'intelligenza aperta onnicomprensiva e onni-trascendente è la nostra natura fondamentale, il tesoro della perfetta stabilità mentale diventa nostro, e questo è un tesoro che saremo felici di condividere con tutti.

COMPLETA APERTURA PERCETTIVA
CAPITOLO VENTUNO

"Non è che ci sia un 'qualcuno che sia percettivamente aperto' che osservi un dato da sé separato. Non esiste altro che l'indivisibile intelligenza aperta che si manifesta ugualmente come ciò che vede, il vedere e ciò che è visto. Il percettore è indivisibile dal percepire e da ciò che è percepito, e tutto è semplicemente un'apparenza dell'intelligenza aperta."

Quando rilassiamo completamente il nostro vedere, senza alcun bisogno di concentrarci sulle descrizioni che abbiamo imparato, allora scopriamo l'intelligenza aperta già presente in noi, qualcosa che possiamo non aver riconosciuto prima. Non abbiamo scoperto niente di nuovo; è semplicemente il nostro modo naturale di vedere, sentire e percepire il mondo. Non è una destinazione cui arrivare, è sempre stata presente dall'inizio della nostra vita, e prima ancora del nostro concepimento.

Avere completa apertura percettiva vuol dire rilassare la nostra percezione nella completamente aperta spaziosità senza bisogno di attaccarsi ad alcun pensiero, emozione, oggetto o esperienza per dare significato a ciò che sta accadendo. Quando rilassiamo completamente la nostra attenzione dalla sua abituale concentrazione focalizzata, vediamo tutto così com'è: un'estensione illimitata e sconfinata di immutabile pura intelligenza aperta, in cui una miriade di effimere forme di intelligenza aperta appaiono e scompaiono. La maggior parte di noi ha imparato a concentrare la propria attenzione su ciò che sta apparendo e a descriverlo come se avesse un'esistenza separata, ma quando facciamo questo, ci disconnettiamo istantaneamente dalla nostra naturale apertura e ci chiudiamo nell'idea di un sé separato che ha bisogno del pensiero per descrivere ciò che sta accadendo. Quando abbiamo questo tipo di pensiero individualizzato e il campo emotivo di paura creato dal pensiero, allora siamo molto ristretti e limitati da tale campo emotivo. Viviamo come sulla testa di uno spillo quando lo facciamo ed è uno spazio stretto e angusto!

Quando rilassiamo la nostra percezione da questa concentrazione restrittiva, allora scopriamo la vasta apertura di ciò che è già qui adesso: la realtà fondamentale che è completamente al di là di qualsiasi informazione contenuta in essa. In quella vastità non abbiamo bisogno di alcun tipo di informazioni limitate per descrivere ciò che sta accadendo. Quando ci rilassiamo nella nostra visione completamente aperta, entriamo nello spazio primordiale di saggezza e di conoscenza totale. Esiste soltanto completa apertura percettiva nell'immediatezza di ogni esperienza, e in essa troviamo beneficio innato per tutti gli esseri, incluso noi stessi.

Tutti i concetti artificiosi sulla necessità di dover descrivere il mondo e i suoi esseri in una miriade di modi diversi sono semplicemente consuetudini, credenze, e sono tutti inventati. L'unità suprema, che è la nostra vera identità, è presente ovunque in modo uguale ed è l'unica realtà fondamentale di ogni forma e di ogni situazione. Se ci descriviamo come i pensieri e le emozioni che abbiamo accumulato nella nostra vita, allora ci stiamo allontanando dal godere di ciò che è immediatamente aperto, spazioso, libero ed eterno. Anche quando stiamo facendo qualcosa di semplice come comprare una camicia in un negozio, se abbiamo completa apertura percettiva in quell'esperienza, allora Wal-Mart diventa un tempio, perché tutto è visto come un tempio dell'eguaglianza non duale.

L'intelligenza aperta, completa apertura percettiva, è il governatore sovrano di tutto. È il più grande dei monarchi e tutto è unito in esso; infatti, tutto in esso, è esso! Non è mai esistito alcun tipo di separazione. Non abbiamo bisogno di capire un pezzo del puzzle per comprendere il puzzle. Descrivere queste cose in termini filosofici e arrivare a una comprensione intellettuale è una cosa, ma per conoscerla pienamente dobbiamo avere un'esperienza decisiva in noi stessi. Per fare ciò, semplicemente ci rilassiamo nella vastità naturalmente presente, che è la presenza naturale di amore, saggezza ed energia, per brevi istanti, ripetuti molte volte. Questa è la via più facile e la più antica. Ciò che viene detto qui, non è qualcosa di nuovo. In tutta la storia dell'umanità sono sempre esistite delle persone che hanno scoperto la loro vera natura tramite la via del riposo.

La presenza naturale di amore, saggezza ed energia è sempre completamente aperta e rilassata; non è mai tesa, rigida o limitata. Non è mai stata resa in alcuna cosa, né legata a un pensiero, un'emozione o un'esperienza di alcun tipo. Sempre ed eternamente perfetta, senza macchia e completamente libera, non ha bisogno di dipendere da nessuna cosa. E' l'uno e il tutto. E' l'onnicomprensiva, super-completa totalità. Dire che dipenda da qualcosa implicherebbe che è incompleta e questo è impossibile.

Non dovremmo accontentarci delle idee di qualcun altro riguardo all'apertura percettiva; dobbiamo portarla fino in fondo nella nostra esperienza diretta. Se ci attacchiamo alle idee di personaggi storici o contemporanei sulla realtà suprema, allora questo limiterà la nostra familiarità con essa. La completa apertura percettiva non è qualcosa che qualcuno ci possa dare o togliere. Se qualcuno ci dice che la natura del nostro essere sarà realizzata per grazia sua, dobbiamo solo rilassarci e riconoscere che la grazia è uguale all'intelligenza aperta e non può essere data da qualcun altro.

Non ha importanza dove siamo, chi siamo, che lavoro facciamo, come ci sentiamo emotivamente, di che sesso siamo, quale sia il colore della nostra pelle, la nostra età o qualsiasi altra descrizione del nostro corpo o della nostra mente, siamo sempre ed eternamente al di là di ogni descrizione. In ogni era dell'umanità le descrizioni del corpo e della mente cambiano radicalmente. Cento anni fa esisteva un modo di descrivere il corpo e la mente, adesso ne abbiamo un altro e fra cento anni ci sarà qualcosa di completamente diverso. La buona notizia è che la nostra condizione fondamentale non cambia mai ed è al di là di qualsiasi descrizione. Qualsiasi cosa possiamo descrivere del nostro corpo e della nostra mente, esso non dice niente sulla nostra condizione fondamentale, e la nostra condizione fondamentale non dipende da niente di ciò che diciamo sul nostro corpo e sulla nostra mente.

La conoscenza convenzionale dice che dipendiamo dagli organi del corpo, dall'aria che entra ed esce, dall'acqua e dal cibo che mangiamo, beviamo, digeriamo ed espelliamo, ma la realtà è che non dipendiamo da nessuna di queste cose per essere consapevoli. L'intelligenza aperta è permanente, illimitata ed eternamente libera, e non ha bisogno di niente: non del respiro, non del corpo, e neanche dell'esistenza dell'universo. Noi siamo la condizione primordiale in cui l'intero universo appare e scompare. Quando abbiamo completa apertura percettiva nell'immediatezza di ogni momento, allora arriviamo a sperimentarla direttamente in un modo indiscutibile e inimmaginabile.

La mente luminosa è la natura di tutti quanti, e non importa quali siano stati i pensieri, le emozioni e le azioni precedenti. La vera natura della mente luminosa non è mutata da nessuna di quelle cose ed è completamente disponibile. Non importa se quelle azioni o pensieri siano stati morali o immorali, sociali o antisociali, la mente che le contiene è completamente luminosa, aperta e libera. La meravigliosa manifestazione dei dati è quella che è, ma che sia un teatro degli orrori o una bellissima fiaba, non fa assolutamente alcuna differenza per l'intelligenza aperta in cui tutto appare. Cercare di organizzare le percezioni o pensare che debbano essere in un modo piuttosto che in un'altro vuol dire entrare in ulteriore dualità.

Certo, la mente ordinaria ha dei problemi con tutto ciò. "Come possono essere uguali le percezioni morali e quelle immorali? Come possono le attività antisociali e le attività ben socializzate essere uguali?". Ma la saggezza della mente luminosa non ha bisogno di dividere tutto in piccole e rigide categorie perché la mente ordinaria possa capirle. L'attività naturale della mente luminosa rimane a proprio agio, qualunque cosa appaia, e qualunque cosa appaia è come un'esplosione della luce infinita della mente di saggezza. Qualunque siano le descrizioni delle apparenze, sono tutte ugualmente libere e spaziose. Sono indivisibili dall'intelligenza aperta e non hanno inizio, centro o fine.

Questa mattina mi stavo asciugando i capelli e osservavo come il phon prende l'aria dal retro, la riscalda e poi la dirige verso l'uscita anteriore. Ho osservato che se in qualche modo si dovesse bloccare l'entrata posteriore e l'aria non riuscisse più a entrare facilmente, tutto si surriscalderebbe e si fonderebbe. Questo è quello che succede quando addestriamo la nostra percezione a concentrarsi sui dati invece di affidarsi alla spaziosità in cui essi appaiono. Quando concentriamo l'attenzione su tutto ciò che appare e cerchiamo di definire ogni cosa, il fluire vitale dell'intelligenza aperta completamente aperta e il continuo fluire dell'incredibile energia di amore e saggezza naturalmente presente, sono bloccati. E' così che sono state addestrate a funzionare le menti moderne. Non è richiesto alcuno sforzo per familiarizzare con l'apertura percettiva. Se ripetutamente rilassiamo il nostro corpo e la nostra mente, l'apertura percettiva che è la nostra vera natura inizierà a fluire naturalmente, e scopriremo la fondamentale bontà, calorosità e compassione che sono spontaneamente presenti.

Non è che ci sia un "qualcuno che sia percettivamente aperto" che osservi un dato da sé separato. Non esiste altro che l'intelligenza aperta indivisibile che si manifesta ugualmente come ciò che vede, il vedere e ciò che è visto. Il percettore è indivisibile dal percepire e da ciò che è percepito e tutto è semplicemente un'apparenza dell'intelligenza aperta. Ci addestriamo a credere che esista qualcuno separato che percepisce, ma quando manteniamo irremovibile l'intelligenza aperta e acquisiamo fiducia in essa, non dobbiamo preoccuparci di nessuno di questi concetti filosofici. Ci rilassiamo e lasciamo che l'intelligenza aperta sia così com'è, e in questa saggezza tutte le domande trovano la loro risposta.

Quando ci affidiamo all'intelligenza aperta non stiamo cercando l'intelligenza aperta, semplicemente siamo come siamo. Se ciò che sta guardando cerca se stesso e crede di poterlo trovare da qualche altra parte, apparirà tutto molto confuso! Affidatevi all'intelligenza aperta, che è l'origine del cercare. E' questa la semplice intelligenza aperta che non è mai distratta da nessuna cosa che appare. L'intelligenza aperta eternamente vuota è la condizione originaria di tutto. Tutti i dati che appaiono nell'intelligenza aperta eternamente vuota sono già completamente rilassati, perché non sono altro che il puro cielo dell'intelligenza aperta. Non è mai stato necessario alcuno sforzo per riposare come l'essenza di ciò che sta guardando. Se riposiamo come ciò che sta guardando, molto presto vedremo che ciò che sta guardando non è limitato a noi. Non è intrappolato nella pelle del nostro corpo. E' l'intelligenza aperta stessa, e l'intelligenza aperta non ha limiti. E' l'intelligenza primordiale della natura, dell'universo e di tutto ciò che l'universo contiene.

L'intelligenza aperta non è un oggetto da cercare. E' sempre qui "come" il cercare stesso. Quando semplicemente gioiamo di ciò, senza cercare o descrivere nulla, allora quel puro vedere, che non è legato a un individuo che osserva, né al dato osservato, si rivela essere eternamente presente, ovunque.

Ma se continuiamo a concentrarci sui dati, saremo sempre coinvolti nelle etichette e intrappolati nelle definizioni convenzionali delle apparenze. Saremo indaffarati a convincerci che la vita abbia un senso mettendo insieme infinite catene di parole. Tuttavia, tutte le parole del dizionario danno una definizione delle cose come esistenti in sé, come qualcosa di fisso, stabile e solido, che può essere separato dalle altre cose, e come un qualcosa da cui dipendere in qualche modo. Tuttavia, tutte quelle cose che sembrano così fisse e solide, se le mettessimo in un acceleratore lineare di particelle, scopriremmo che non sono fatte di altro che spazio. Lo spazio è la sola realtà sottostante condivisa da tutte le cose. Le definizioni parziali nel dizionario, non solo sono ingannevoli, ma non hanno neanche nulla da dirci sulla nostra condizione fondamentale o sulla condizione di alcuna cosa! Finché manca l'aspetto fondamentale dei fenomeni definiti, la definizione è incompleta e imprecisa.

Potremmo rimediare alla situazione aggiungendo il significato ultimo di tutte le parole nel dizionario, che è questo, "pura presenza dell'indivisibile e consapevole intelligenza della natura, dinamica e sconfinata; privo di alcuna natura indipendente". Se aggiungessimo questa frase a tutte le definizioni del dizionario, allora potremmo iniziare a capire che cos'è realmente ogni cosa. Ogni parola nel dizionario ha quindi questi due aspetti: il suo aspetto in quanto descrizione o etichetta, e il suo aspetto eternamente vuoto, sempre presente e chiaro che è la consapevole intelligenza alla base di tutto. Questi due aspetti uniti e inseparabili costituiscono l'intelligenza aperta eternamente vuota che si manifesta nelle forme di tutto ciò che vediamo. In altre parole, non esiste dualità!

L'intelligenza aperta è il nostro essere naturale, e avere esperienza di ciò in modo definitivo, momento per momento, richiede completa apertura percettiva in tutte le esperienze. Semplicemente ascoltando questo messaggio molte volte farà nascere la certezza. Non è richiesto nient'altro. Rilassandoci, vedremo che la nostra percezione naturalmente si calma e diventa sempre più aperta e libera. Qualunque cosa appaia sarà vista come inseparabile dall'apertura rilassata. Dopo aver vissuto con un'ansia costante dovuta a tutti gli anni passati concentrandosi su dati transitori, l'agio sarà una scoperta davvero benvenuta. Una volta provato il completo rilassamento mentale, anche per un solo istante, la mente naturalmente ritornerà a quel sollievo sempre di più. Brevi istanti, ripetuti molte volte, diventano automatici.

D: *Tutti noi viviamo ogni giorno un'esperienza molto reale sperimentando i vari aspetti di felice e triste, buono e cattivo, positivo e negativo, perciò mi risulta molto difficile capire l'idea dell'uguaglianza di tutte le apparenze, perché non è qualcosa di cui ho avuto esperienza fino ad ora. Potesti aiutarmi in qualche modo a capire come le cose possano essere uguali?*

R: Tutte le cose sono in ultima analisi uguali perché hanno tutte la stessa immutabile essenza. Lo spazio fondamentale della mente è sempre in completo equilibrio e imparzialità, e qualunque cosa appaia nella mente è fatta soltanto di quello spazio fondamentale. Questa intelligenza aperta è la realtà, mentre i fenomeni interni ed esterni che vanno e vengono dentro di essa sono come le immagini in un miraggio. Dare a quei miraggi l'etichetta di buono o cattivo, doloroso o piacevole, non cambia la loro natura come miraggi. La realtà sottostante a tutte le cose è la stessa.

Tutti noi abbiamo osservato che invecchiando, la nostra immagine nello specchio cambia insieme alla nostra apparenza fisica. Quasi tutti abbiamo anche avuto l'esperienza di sapere che ciò che sta guardando l'immagine nello specchio non è mai cambiato. L'immagine che vedo nello specchio è cambiata con il tempo, passando dai 5 anni ai 10 anni ai 20 e 40 e adesso 60. Il viso della bambina è cambiato in uno che ha rughe e capelli grigi, ma ciò che sta guardando è completamente immutato da tutti quei cambiamenti fisici. Il viso è diverso, ma l'essenza di chi sono è sempre la stessa.

Se riconosciamo l'equilibrio e l'immutabilità di ciò che sta guardando, allora possiamo lasciare che i pensieri e le apparenze vadano e vengano senza bisogno di etichettarli o dar loro importanza. Ci scarichiamo della nostra energia vitale quando continuiamo ad aggrapparci all'importanza di qualcosa che non è altro che un'apparenza dell'intelligenza aperta. Non importa se diamo a un'impressione della mente l'etichetta di rabbia o gioia, poiché entrambe sono dello stesso spazio fondamentale. Quando iniziamo a pensare che alcune cose siano positive e altre negative cadiamo dall'assoluta semplicità della grande uguaglianza in un regno di divisione e complessità senza fine. Quando diamo ai pensieri e alle emozioni un significato in sé, stiamo ignorando la base immutabile di tutti i pensieri. Semplicemente non la notiamo.

Quando scopriamo la spaziosa intelligenza aperta vediamo che tutte le apparenze originano in essa. Allora l'uguaglianza di tutto diventa evidente. Se scriviamo nell'aria la parola "paura" e la parola "felicità" con il dito, c'è veramente paura o felicità in esse? Sono entrambe solo spazio e sono assolutamente eguali.

Affidarsi allo spazio fondamentale dell'intelligenza aperta vuol dire completa apertura percettiva in tutte le esperienze. Vuol dire completo agio senza alcun bisogno di trattenere o respingere nulla; vuol dire non cercare di descrivere o definire l'indescrivibile. L'intelligenza aperta si rivela ovunque come una singola estensione non-duale. Non è necessario pensarci sopra, filosofare o scrivere un libro di filosofia su di essa. E' davvero semplice; chi siamo non potrebbe essere più semplice! L'intelligenza aperta grazie alla quale sappiamo di esistere, è eternamente libera. Non sapremmo neanche di essere presenti senza l'intelligenza aperta. Dove potremmo cercarla e chi la potrebbe cercare, visto che sono entrambi dati nell'intelligenza aperta? Se dite, "Sto cercando l'intelligenza aperta", allora vi state allontanando da essa, perché l'intelligenza aperta è ciò che sta cercando.

Se siamo preoccupati per lo sfruttamento delle risorse naturali sul pianeta terra, è importante riconoscere la risorsa naturale suprema: l'intelligenza aperta, e fare affidamento su di essa, e poi con il potere della sua saggezza, intuizione e attività efficaci, possiamo iniziare a risolvere i molti problemi che vengono dallo sfruttamento delle risorse naturali della Terra. Quando ci affidiamo alla saggezza, allora siamo naturalmente di beneficio a noi stessi e agli altri e manifestiamo ciò in modo immediato.

Le storie personali che abbiamo vissuto, che un tempo ci disturbavano e ci turbavano: storie di paura, gelosia, orgoglio o desiderio, vediamo che non ci toccano più o che diminuiscono sempre di più. Potremmo aver raccontato storie basate sull'idea di causa ed effetto: "Sono arrabbiato perché...", oppure, "Sono geloso perché...", ma adesso vediamo che esiste qualcosa di noi che è oltre la causalità. Adesso che c'è soltanto la rilassata intelligenza aperta di ciò che sta guardando, dove sono tutte le cause e tutti gli effetti che avevamo considerato? Dove prima creavamo una storia, ora non esiste più.

Per la maggior parte delle persone questo avviene gradualmente. Continuando ad affidarci all'intelligenza aperta con qualunque cosa appaia, gli stati che prima ci disturbavano gradualmente iniziano a svanire da soli in se stessi, come la scia di un uccello in volo. Rimaniamo come il cielo, eternamente liberi.

D: Ho molti dubbi riguardo al fatto di riuscire ad avere l'apertura percettiva di cui parli. Conduco un lavoro molto stressante con molte difficoltà e responsabilità di alto livello, e in un modo o nell'altro sono impegnata in questo lavoro quasi tutte le ore del giorno. Se mi rilassassi nel modo che dici tu, non combinerei più nulla.

R: Le vostre circostanze, qualunque esse siano, sono sempre opportunità perfette per affidarvi all'intelligenza aperta. Sia che conduciate un lavoro stressante sia che non stiate facendo niente, qualunque siano i vostri dati essi sono l'opportunità perfetta per affidarvi all'intelligenza aperta. Non ho dubbi su ciò. Tuttavia, dovete essere disposti a far diventare l'affidarvi all'intelligenza aperta la cosa più importante della vostra vita e trovare dei momenti durante la giornata per praticarlo. Tutti possono farlo, indipendentemente da che lavoro abbiano. Dovete solo fare questa scelta. A lungo termine quei pochi momenti di intelligenza aperta vi renderanno più produttivi ed efficienti nel vostro lavoro e avrete più successo in tutti gli aspetti della vostra vita.

Se continuate a praticare affidarvi all'intelligenza aperta per brevi istanti, ripetuti molte volte, molto presto vi affiderete all'intelligenza aperta senza neanche cercare di farlo. Per la maggior parte delle persone, il progresso è graduale. Non importa quanto siate dubbiosi, cinici o scettici in questo momento, se continuate ad affidarvi all'intelligenza aperta ogni giorno, come è suggerito qui, vi garantisco che alla fine verrete da me e direte, "Non pensavo che potesse mai succedere a me, ma è successo!". Affidarsi all'intelligenza aperta è un approccio rapido e certo. Non fatevi ingannare dal pensiero che sia necessario fare qualcos'altro.

Anche se la vostra giornata è piena di attività stressanti, ricordate che la vostra vita intera è un libero fluire di apparenze dell'intelligenza aperta. Questa condizione fondamentale è sempre presente e sempre consapevole di tutte le attività stressanti che stanno accadendo. La spaziosità completamente aperta è la vera natura della vostra mente, e non è mai altro che questo. E' importante e urgente conoscere ciò di noi stessi e non chiudersi più in idee mondane su chi siamo.

Ciò che siamo come esseri umani è straordinariamente semplice, e oggi ci sono moltissime persone che lo possono realizzare. Non è stato facile per le persone capire un messaggio così in altri momenti della storia ma oggi lo è.

L'intelligenza aperta è amore totale, splendore totale ed energia straordinaria senza assolutamente alcuna possibilità di rimanere sconnessi da qualcuno o da qualcosa. Siamo illimitati e oltre qualsiasi paura in virtù della nostra condizione fondamentale. Non c'è alcun bisogno di difendere o proteggere gli stati mentali positivi o negativi, perché non può mai accadere nulla all'intelligenza aperta, che è l'origine di tutte le apparenze. Neanche la vostra vita ha bisogno di essere protetta, perché chi siete non dipende da una vita. Voi siete l'essenza eterna della vita stessa.

Semplicemente sviluppate un grande entusiasmo per affidarvi all'intelligenza aperta e perseverate in modo gioioso, premuroso e rilassato. Brevi istanti, ripetuti molte volte, vi porteranno alla meta.

DECISIONI SENZA DECIDERE

CAPITOLO VENTIDUE

"Se state avendo difficoltà nel prendere una decisione, potete chiedervi: 'Quale scelta arrecherebbe maggior beneficio al maggior numero di persone e a me stesso?'. Questo è un semplice e chiaro orientamento per decidere."

Molte persone si sforzano intensamente e a lungo quando devono prendere una decisione, cercando di esaminare tutte le possibilità. Spesso si torturano emotivamente immaginando tutti i modi in cui le cose potrebbero andare male e poi si incolpano per la propria indecisione. La buona notizia è che pensieri ed emozioni non sono necessari per prendere una decisione! I pensieri e le emozioni sono una base molto limitata per prendere delle buone decisioni, e rappresentano solo una piccola parte delle nostre capacità.

Se avessimo la ricetta per un'ottima torta, ma usassimo solo alcuni degli ingredienti necessari, nessuno la vorrebbe mangiare! Allo stesso modo affidarsi solo ai pensieri e alle emozioni è come usare soltanto alcuni degli ingredienti necessari per prendere una buona decisione.

Non abbiamo forse già notato come funzionano i nostri pensieri e le nostre emozioni ossessive? "Oh, devo assolutamente prendere una decisione. Sarà la decisione giusta o avrei dovuto scegliere l'altra possibilità?". Poi, dopo aver preso la decisione, il flusso di pensieri ed emozioni continua: "E' veramente questo che dovrei fare? Mi andrà bene come ho previsto?". L'idea di dover ponderare continuamente ogni cosa per arrivare a una conclusione è soltanto un'abitudine.

Nell'agio perfetto che si trova nel mantenere l'intelligenza aperta vi è una saggezza innata, assolutamente non-concettuale, benefica e super-completa in se stessa. Più ci affidiamo all'intelligenza aperta, più riconosciamo di non aver bisogno di controllare ossessivamente tutti i nostri pensieri e le nostre emozioni.

Non possiamo prevedere che cosa accadrà. In effetti, l'unica cosa su cui possiamo contare è che non sappiamo che cosa accadrà! Quindi, perché mettere insieme tutte queste idee su cosa dovrebbe accadere? Quando ci affidiamo all'intelligenza aperta e iniziamo a fidarci dell'ordine naturale delle cose, allora, finalmente, abbiamo delle intuizioni che vale la pena avere. Non sono più quel tipo di idee che avevamo avuto in precedenza; sono intuizioni di saggezza. Più ci affidiamo all'intelligenza aperta, più abbiamo fiducia in questa saggezza. Allora le nostre decisioni fluiscono con l'ordine naturale delle cose, e tutto è senza sforzo esattamente così com'è. Prima giocherellavo con le decisioni, mentre adesso non lo faccio più.

D: Sto affrontando una malattia che richiede di prendere molte decisioni riguardo alle cure mediche cui affidarsi e, francamente, mi sento molto insicura sul cosa fare. Come posso tradurre in pratica ciò che stai dicendo per prendere queste decisioni molto importanti?

R: Quando acquisiamo maggior agio e fiducia nell'affidarci all'intelligenza aperta, scopriamo di poter essere a nostro agio in tutte le situazioni e sappiamo come rispondere, qualunque siano queste situazioni.

Al giorno d'oggi abbiamo molta scelta sullo stile di vita da condurre e c'è molta varietà anche nel campo della medicina. Quando deve essere presa una decisione sul tipo di cura da affrontare, alcune persone potrebbero scegliere un medico tradizionale, mentre altre potrebbero andare da un medico ayurvedico, e altre ancora da un dietologo. In altri paesi potrebbero andare dallo sciamano o dal guaritore del villaggio. In una situazione di emergenza, una persona potrebbe utilizzare tutti i telefoni disponibili per chiamare il 113, mentre un'altra potrebbe decidere di non richiedere alcuna assistenza. Qualunque cosa accada, va apparendo nella stessa inalterabile, immutabile intelligenza aperta; da essa, come essa e attraverso di essa.

Quando stiamo affrontando una malattia, una delle scelte possibili potrebbe essere di non ricevere alcuna cura. Ho visto tanti esempi di persone che hanno ricevuto una diagnosi spaventosa e che hanno scelto di non ricevere alcun tipo di trattamento invasivo. Conosco una donna in particolare cui era stato diagnosticato un cancro, la quale decise di non ricevere alcun intervento medico. Nel suo ultimo anno di vita trascorse molto tempo con tutti i suoi figli, e la notte prima di morire cenò con uno di loro. Voleva fargli sapere quanto era grata che fosse suo figlio e ringraziarlo per aver condiviso con lei una vita meravigliosa. Il giorno dopo morì. Era riuscita a capire di avere delle scelte. La sua scelta venne dall'essere profondamente a suo agio con la propria natura umana e dal conoscersi così bene da vedere esattamente quale fosse la scelta giusta nel suo caso. La scelta è sempre interamente nelle nostre mani; nessuno può dirci quale sia l'azione giusta per noi.

Se ci stiamo affidando profondamente all'intelligenza aperta, allora avremo un'abbondanza di scelte, perché invece di vedere solo una possibilità, riusciremo a vedere tutte le opzioni. Quando riconosciamo profondamente chi siamo in un modo molto semplice, allora diventa facile per noi agire come agisce la natura. Dopotutto, noi siamo la natura - la natura umana - e siamo dei partecipanti importanti nell'intelligenza della natura che è completamente a proprio agio. Anche il caos, la confusione e la guerra appaiono tutti nell'ordine naturale e si risolvono in esso. Quando la mente è completamente a proprio agio in tutte le situazioni, agiamo come fa la natura e siamo in armonia con l'ordine naturale delle cose. L'intelligenza aperta che sta vedendo, toccando, assaporando e sentendo attraverso di noi è sempre completamente a proprio agio, indipendentemente da quali siano gli stati emotivi o fisici. Qualunque cosa decidiamo di fare con la nostra vita, è perfetta, e lo facciamo completamente a nostro agio.

Ora, quando parlo di riposo o di agio in Occidente, tutti pensano che stia invitando le persone ad essere pigre, ma non è affatto questo che intendo. L'agio della nostra intelligenza aperta ci guiderà ad agire in modo più abile. Per le persone che si affidano già all'intelligenza aperta senza cercare di farlo, esistono solo immensa energia, amore e saggezza, che portano beneficio ovunque. Le nostre menti e i nostri corpi hanno un solo scopo: quello di essere di beneficio a se stessi e agli altri. Questo vuol dire che trattiamo noi stessi e gli altri in modo naturale e amichevole che viene dall'essere a riposo nel nostro essere.

Quindi, se state avendo difficoltà nel prendere una decisione, potete chiedervi: "Quale scelta arrecherebbe maggior beneficio al maggior numero di persone e a me stesso?". Questo è un semplice e chiaro orientamento per decidere".

D: Iniziamo a fare scelte diverse quando ci affidiamo sempre di più all'intelligenza aperta?

R: Voglio condividere con voi un'esperienza della mia vita riguardo a questo tema. Sono sposata e ho figli e nipoti, così ho vissuto la vita di casalinga per almeno una parte della mia vita. Dieci anni fa però, decisi di andare a vivere da sola in una casa in una cittadina in California. Questo è avvenuto in modo molto naturale, perché la mia vita è diventata sempre più dedita al beneficio di tutti e il mio interesse principale è diventato il Training di Balanced View. Ho una relazione completa, amorevole e meravigliosa con la mia famiglia, incluso mio marito, e le nostre relazioni sono migliori di quanto siano mai state prima. Vivere in un modo diverso è avvenuto naturalmente.

Accade semplicemente così, non c'è niente di cui preoccuparsi o da pensare; avviene naturalmente.

D: Incontro molta difficoltà nel prendere decisioni e vivo i periodi in cui devo prendere delle decisioni in modo molto stressante. Trovo stressanti anche quelle situazioni al lavoro in cui devo preparare qualcosa in base alla quale sarò giudicata, come per esempio fare un discorso davanti a un gruppo di persone. Hai dei suggerimenti per aiutarmi?

R: Il nostro modo naturale di parlare è completamente spontaneo e non richiede studio o preparazione. Tutto accade in un modo completamente rilassato e sappiamo questo semplicemente affidandoci all'intelligenza aperta qualunque cosa accada. Tuttavia, se siamo coinvolti in un'identità personale, ci può capitare di lavorare su un discorso per giorni, di leggere molti libri e trascorrere ore su Internet a cercare informazioni diverse per assicurarci di includere tutto. Saremo così nervosi che la notte prima della presentazione dormiremo pochissimo, perché penseremo a tutto quello che dovremmo includere nel discorso!

Non c'è bisogno di tuffarsi in uno scenario nel quale la vostra identità sia basata sull'accumulazione da parte vostra di pensieri, emozioni, esperienze e schemi concettuali. Se riuscite semplicemente a stare a vostro agio, siete molto fortunati, perché vuol dire che avete sperimentato un'apertura decisiva che vi permette di rilassarvi senza bisogno di affidarvi a schemi concettuali. In questa apertura sta la capacità di capire l'implicazione sottostante a ciò che sto dicendo, in una portata più ampia. Allora non sarete più turbati o preoccupati per tutti quei discorsi che dovete fare.

Nel pensiero convenzionale l'abilità intellettuale è molto valorizzata, e se facciamo vedere che la nostra abilità intellettuale è migliore di quella degli altri, allora siamo veramente in cima al gruppo! Tuttavia, per conoscere chi siamo realmente, l'abilità intellettuale ha poco valore, paragonata alla conoscenza vitale della pristina intelligenza aperta. Lo sforzo costante delle abilità intellettuali evidenzia la nostra incapacità a rilassarci, ma quando ci affidiamo completamente all'intelligenza chiari discorsi e azioni avvengono senza fare affidamento sul pensare. La canzone melodiosa e la danza dell'intelligenza aperta appaiono naturalmente, senza mai il bisogno di manipolare i pensieri in forme o linguaggi particolari, e da ciò fluiscono le parole più sublimi. Nella pura saggezza andiamo oltre l'abilità intellettuale, oggi così tanto stimata.

Rilassatevi completamente. Anche se avete la tendenza a investigare, esaminare e speculare intellettualmente su tutto, rilassatevi come l'essenza di quella speculazione intellettuale. Qualunque siano i vostri pensieri, emozioni ed esperienze circostanziali, vanno tutti bene. Sia che siate una persona che analizza tutto intellettualmente o che siate soggetti a manifestazioni esuberanti di emozioni, esse sono tutte delle meravigliose manifestazioni dell'intelligenza aperta.

D: Allora, prepari i tuoi discorsi o lasci che le parole vengano spontaneamente?

R: No, non preparo quello che dirò. Qualsiasi cosa venga detta, è soltanto un'espressione dinamica di beneficio e di completa sensibilità a ciò che sta accadendo qui ed ora. Non è necessario memorizzare, studiare, imparare, fare un riassunto, diventare nervosi, chiedersi cosa penseranno gli altri o se piacerà; non accade niente di tutto questo.

Impariamo, nel corso della nostra vita, che per essere intelligenti o per parlare bene, abbiamo bisogno di imparare tantissime cose e di prendere conoscenze dall'esterno per portarle dentro di noi. Tutta quest'attività è associata al dato dell'esistenza di un'identità personale che fa tutte queste cose. L'identità personale è soltanto una credenza convenzionale, e quando viene esaminata profondamente, scopriamo che non ha un'esistenza propria. Questo è un enorme sollievo, perché quando non abbiamo più questa identità personale da soddisfare, allora possiamo semplicemente rilassarci e sentire completo sollievo. Tutto ciò di cui abbiamo bisogno è già presente. I pensieri da pensare, la saggezza che abbiamo bisogno di avere, ciò che abbiamo bisogno di sapere e l'abilità di parlarne, tutte queste cose sono già qui adesso.

D: Mi sento totalmente in sintonia con ciò che hai detto a proposito del pensare troppo alle cose. Io sono una di quelle persone che hanno bisogno di capire tutto con l'intelletto.

R: Se sei un grande pensatore, semplicemente rilassati! Come specie umana siamo arrivati a capire che il nostro pensiero ha portato a molti problemi. Abbiamo creato così tanti problemi nel nostro ambiente, che a prescindere da quante soluzioni siano state pensate per risolverli, molti di quei problemi sembrano ancora insormontabili. Ciò vuol forse dire che non è possibile risolverli e che siamo destinati all'estinzione? No, non vuol dire questo. Vuol dire che abbiamo bisogno di fare un salto dalla nostra mente primitiva a una mente che ha completa familiarità con l'intelligenza aperta, che include gli schemi concettuali di causa ed effetto, ma rimane sempre oltre la causalità.

L'intelligenza aperta è la sola causa e il solo effetto e tutte le cause non hanno causa. Se vi state trastullando con idee di causa ed effetto e non sapete che le cause sono senza causa, i vostri sforzi non porteranno a nulla. Questa è la calamità che stiamo affrontando oggi come esseri umani. E' una calamità dentro di noi ed è una calamità per noi come specie.

Ci sono molte persone che pensano: "Ok, la saggezza, sì, devo pensarci un po' su. Devo andare ad almeno tre università e mettere dei titoli di fianco al mio nome: Dott., Ing., Prof., e forse anche un MBA". Continuiamo a cercare la saggezza in questo modo perché non conosciamo altri modi.

Ciò che si può raggiungere con questo tipo di pensiero, può essere chiamato "conoscenza comune". È conoscenza che si basa sui dati ma non è per niente vera saggezza. Quindi, vogliamo identificarci con questo tipo di risultato intellettuale, o vogliamo affidarci alla saggezza che è alla radice della natura stessa e alla quale si può accedere attraverso l'agio spontaneo? Ci sono molte persone che sono coinvolte in un continuo pensare; pensare, pensare, e poi ancora pensare su ciò che stavano pensando! Questo tipo di pensare è veramente una barriera.

Quando siamo completamente a nostro agio, non esistono più le grandi decisioni da prendere. Sapete quali sono le grandi decisioni? Sono quelle che includono molto pensare, molta attività emotiva, sbalzi di umore e dubbi sulla decisione. Tuttavia quando esiste una risposta completamente rilassata a tutto ciò che appare, il pensare e l'attività emotiva non necessaria svaniscono e diventano inutili.

Nell'affidarsi all'intelligenza aperta esiste un incredibile potere, un'incredibile energia, forza e creatività. Semplicemente, a livello umano esiste un immenso potere mentale che prima non c'era. Quando il cervello è nello stato sub ottimale, impegnato nel cercare di catalogare tutto e trovarne il significato, allora il cervello è svuotato di energia, perché il suo stato naturale non è riconosciuto. Nel mantenere l'intelligenza aperta, esiste uno straordinario potere intellettuale ed emotivo, e, insieme a questo, l'energia per essere di beneficio agli altri e a se stessi. Questo avviene spontaneamente affidandosi all'intelligenza aperta, per brevi istanti, ripetuti molte volte.

LE QUALITÀ
DELL'INTELLIGENZA APERTA

CAPITOLO VENTITRE

"L'intelligenza aperta è condivisa da tutti e non appartiene a nessun tipo di categoria, istituzione, filosofia o religione. Non appartiene a nessun paese e a nessuna persona; è un grande tesoro che appartiene a tutti in modo uguale. Possiamo acquisire familiarità con essa o possiamo continuare a vivere nella povertà dei dati."

Lo stato naturale della mente umana è completamente chiaro e rilassato in ogni momento. E' intrinsecamente aperto e infuso di una chiarezza sempre presente. Questa mente chiara percepisce le diverse impressioni che sono chiamate pensieri. La maggior parte di noi impara che la propria mente è composta da questi pensieri e impara a fare attenzione solo ad essi; non impariamo niente sulla natura completamente rilassata, chiara, stabile, intuitiva e capace della mente stessa. La maggior parte di noi non sa neanche che esiste questo fondamento di chiarezza della mente. Anche se sentiamo dire qualcosa sulla chiarezza della mente, siamo così convinti di essere sbagliati che non riusciamo a crederci, e anche se riusciamo a crederci teoricamente, non pensiamo che possa essere applicabile a noi!

Ciò è dovuto al fatto che ci siamo abituati a prestare attenzione a ogni pensiero, e a credere che quei pensieri definiscano chi siamo. E nonostante continuiamo a provarci, non riusciamo mai a liberarci completamente dei pensieri negativi. Pensiamo che la nostra identità sia la storia che narra di tutti quei pensieri e di tutte le esperienze che abbiamo avuto nella nostra vita, e per molti di noi ciò crea una storia un po' confusa. Se pensiamo di essere un'accumulazione di tutti i nostri pensieri e dati, allora ci sentiremo sbattuti dalla vita come una pallina da ping-pong, sbattuti da un pensiero all'altro, costantemente alla ricerca di pensieri migliori e impegnati ad evitare quelli spiacevoli. Cercheremo emozioni ed esperienze migliori e cercheremo di evitare quelle amare, ma non avremo mai un successo completo, perché ciò è impossibile.

Come sicuramente avrete ormai capito, i pensieri e le esperienze hanno una vita propria. Anche se cerchiamo tutta la nostra vita di dominarli e controllarli, non riusciremo mai a trovare felicità permanente in questo modo; la vera felicità non può essere trovata cercando di controllare l'incontrollabile.

Invece di essere dominati dai pensieri e dalle emozioni, o cercare invano di controllarli, è molto meglio rilassarsi e divertirsi ad acquisire fiducia nella stabile intelligenza aperta. Quando ci affidiamo all'intelligenza aperta, scopriamo di essere già interi e completi, e che lo siamo sempre stati. Scopriamo l'agio dell'essere che non è intaccato dai contenuti della mente. Mantenere l'intelligenza aperta vuol dire lasciare andare l'identificazione con la pallina da ping-pong dei pensieri, e scoprire che noi siamo il tavolo dell'intelligenza aperta. Il tavolo è stabile, mentre la pallina va e viene sulla sua superficie. Poiché non cerchiamo più di controllare il gioco, non veniamo più colpiti così duramente, e scopriamo rapidamente la pace che non è affetta dal guadagno o dalla perdita.

Nell'affidarsi all'intelligenza aperta, non c'è niente da cercare e nessuno che possa cercare. Se pensiamo che esista qualcuno che stia cercando qualcosa, allora cercheremo sempre di raggiungere un orizzonte sfuggente. Cercare e sforzarsi è come correre sulla ruota del criceto, e immaginare un giorno di raggiungere quell'orizzonte. Quindi, se pensate di essere un cercatore, semplicemente rilassatevi. Smettete di cercare e semplicemente affidatevi all'intelligenza aperta per brevi istanti, ripetuti molte volte. Il cercatore e ciò che è cercato, appaiono e scompaiono nella stabilità perfetta dell'intelligenza aperta, che è la loro origine comune.

Alcuni tipi di saggezza possono essere appresi mettendo insieme diversi dati, come ad esempio studiando una materia accademica. Ma la profonda saggezza che comprende la natura di tutti i fenomeni è al di là di questo. Il potere della profonda saggezza non richiede di imparare o studiare nulla. Non ha bisogno di alcun modo artificioso di pensare, agire o parlare, né richiede di collezionare pensieri, emozioni o esperienze particolari per essere saggi. E' completamente al di là del logorio del pensare, e non nasce tra le pagine dei libri di filosofia. Esso non richiede alcuna opinione né ha bisogno di mettersi alla prova o discutere o rifiutare alcuna cosa. Vede tutto esattamente com'è, e riposa in pace ed equanimità. Ha intuizioni eccezionali e un'incredibile energia per manifestare in modo abile la saggezza.

La profonda saggezza dell'intelligenza aperta ha i suoi naturali codici morali ed etici e non ha bisogno di un regolamento. Affidandoci alla saggezza dell'intelligenza aperta, le nostre azioni saranno naturalmente amorevoli e servizievoli verso gli altri. Quando abbiamo scoperto l'intelligenza aperta che pervade ogni cosa, la nostra attenzione non sarà più così identificata con i nostri bisogni individuali e sarà sempre di più diretta al beneficio di tutti.

L'intelligenza aperta è condivisa da tutti e non appartiene a nessun tipo di categoria, istituzione, filosofia o religione. Non è mai appartenuta ad alcun paese o alcuna persona; è il grande tesoro che appartiene ugualmente a tutti. Possiamo acquisire familiarità con essa o possiamo continuare a vivere nella povertà dei dati. Quando acquisiamo familiarità con l'intelligenza aperta, godiamo di una visione equilibrata che è oltre la causalità. Vediamo che tutti i pensieri, le emozioni e i fenomeni sono della nostra stessa essenza e sono in realtà nostri alleati. Sono tutte apparenze dell'intelligenza aperta, riflessi della nostra stessa perfezione, e capiamo di non essere mai stati danneggiati da nessuno di essi. E' soltanto perché li abbiamo interpretati come dannosi, che ci siamo addestrati a credere che possano ferirci. Quando godiamo della visione di uguaglianza, allora la natura benevola di tutti i fenomeni sarà la nostra esperienza costante.

Tuttavia, se continuiamo a credere che alcune apparenze siano malvagie, allora quella sarà la nostra esperienza. Se pensiamo di essere dominati dai nostri pensieri e dalle nostre emozioni, allora lo saremo. Tuttavia, più ci identifichiamo con la stabile intelligenza aperta, più vediamo che l'intelligenza aperta non è toccata da alcuna esperienza, e che le etichette che abbiamo messo su ogni cosa sono solo mere descrizioni incollate sulla perfezione indivisibile. Dopo aver scoperto l'intelligenza aperta, vedremo la sua essenza in tutto, e allora dimostreremo coraggio anche in situazioni di grande paura!

Al di là di tutto questo catalogare di pensieri in positivi e negativi, esiste la saggezza naturale che è completamente spontanea e sempre presente. Il nostro stato naturale è completamente a riposo con tutto ciò che sta accadendo. E' la saggezza "al momento", senza premeditazione o ripensamento. Quando siamo stabili in questa saggezza, non abbiamo bisogno di pensare per lunghi periodi prima di prendere decisioni, né in seguito ci pentiamo delle nostre decisioni o sentiamo il bisogno di giustificarle. La saggezza universale fluirà in noi e ne saremo certi perché l'espressione di tale saggezza sarà molto chiara.

Certo, potrei restare qui e parlare della saggezza universale tutto il giorno, ma finché ciascuna persona non acquisisce familiarità con essa nella propria esperienza, non vi sarà una conoscenza reale di ciò che sto dicendo. Non possiamo entrarci pensando. Possiamo certamente acquisire una conoscenza superficiale pensandoci sopra, ma questo non basta. Abbiamo bisogno di avere un'esperienza decisiva del fondamento del tutto, per permettere a tale saggezza di diventare completamente viva in noi. Questa esperienza è alla portata di tutti; tutti possono viverla. E' come un interruttore a luminosità variabile. Quando giriamo la manopola, la luce diventa gradualmente più luminosa. Più ci affidiamo all'intelligenza aperta, più aumenta la luce dell'intelligenza aperta. L'unica ragione per cui non abbiamo mai saputo questa cosa di noi stessi è che non siamo mai entrati in contatto con questa conoscenza. Se crediamo di essere soltanto le descrizioni che ci sono state date dagli altri, allora non avremo la visione chiara dell'intelligenza aperta; saremo intrappolati nei dati. Vedremo solo quello che ci è stato insegnato, che, generalmente parlando, è ben lontano dalla saggezza.

L'unico modo per realizzare completamente la vera saggezza è di rilassarsi e permettere che il pensiero faccia ciò che gli pare. Affidandosi all'intelligenza aperta alla base di ogni pensiero, la saggezza da lungo tempo ignorata diventa sempre più ovvia. Quando ci rilassiamo e semplicemente lasciamo che tutti i pensieri e le emozioni facciano quello che fanno, la nostra mente si apre, e spontaneamente si rivela la chiara luce dell'intelligenza aperta. Semplicemente vedere anche una sola volta il sottofondo del pensiero ordinario, è una grande conferma perché riusciamo a intravedere l'intelligenza aperta che è immutabile, permanente ed eternamente libera dalla sofferenza. Anche se abbiamo cercato in tutti i modi possibili di porre termine alla nostra disarmonia interiore, in un singolo istante della chiara luce dell'intelligenza aperta troviamo in noi la chiave per il sollievo da ogni sofferenza.

Durante la notte, le luci delle stelle e dei pianeti possono essere facilmente viste a causa del buio, ma durante il giorno la luce radiosa del sole sovrasta tutto e nessuna delle stelle e dei pianeti è visibile. La luce fioca delle stelle e dei pianeti è ancora lì, ma è completamente eclissata dalla luce dal sole. In modo simile, la stabile intelligenza aperta è come un cielo limpido pieno di luce pura e luminosa. Anche se i pensieri e le impressioni possono ancora apparire, ora sono totalmente eclissati dalla luce radiosa dell'intelligenza aperta.

Quando la vera natura della mente è evidente, le impressioni continuano a esistere, ma non sono più il quadro interpretativo che dà significato alla vita. La chiara luce dell'intelligenza aperta è riconosciuta come l'unica realtà sottostante a tutte le apparenze, e questa verità fondamentale dà il significato reale della vita in ogni circostanza. Solo in questa rivelazione della vera natura della nostra mente possiamo trovare la vera felicità. Quando facciamo questo regalo a noi stessi affidandoci all'intelligenza aperta in modo completamente naturale per brevi istanti, molte volte, finché diventa spontaneo e automatico, ci stiamo facendo il più grande e prezioso dono che la vita umana possa offrire.

Non ha importanza chi siamo, perché quello che sto dicendo vale per tutti. La pura luce dell'intelligenza aperta brilla in tutti gli occhi, non importa di chi siano gli occhi. Non è una cosa misteriosa o esoterica. Il modo migliore per descriverla è dire che, quando acquisiamo familiarità con l'intelligenza aperta, ci sentiamo ogni giorno meglio.

Quando godiamo dell'agio del nostro essere, diventiamo incomparabilmente saggi. Che cosa vuol dire esattamente essere saggi? Vuol dire che sappiamo quale montagna scalare. Le altre persone possono scegliere le montagne che vogliono, ma la maggior parte di quelle montagne non merita di essere scalata. Se ci impegniamo ad affidarci all'intelligenza aperta, una potente fonte di saggezza si aprirà in noi e avremo una visione completamente equilibrata che ci guiderà a condurre solo le azioni più sagge. Spontaneamente sorgerà un'incredibile energia, la quale poterà livelli crescenti di saggezza e conoscenza che saranno diretti verso attività al servizio di tutti.

L'onnicomprensiva intelligenza aperta contiene tutta la conoscenza, non solo le cose che abbiamo imparato personalmente, ma tutta la conoscenza: passato, presente e futuro. Potrebbe sembrarci inconcepibile che la mente concentrata qui nel nostro corpo contenga veramente tutta la conoscenza, ma più acquisiamo familiarità con l'intelligenza aperta come fondamento di tutti i pensieri, più scopriamo che è vero. Comincia a nascere in noi la conoscenza istintiva, che ci dice tutto quello che abbiamo bisogno di sapere in ogni situazione che affrontiamo. In più, scopriamo di essere più abili in tutto quello che facciamo e riusciamo a usare questa abilità in modi molto più potenti di quanto pensavamo possibile.

Ora, poiché stiamo parlando della saggezza insita nell'intelligenza aperta, è importante avere un'idea chiara di cosa sia veramente l'intelligenza aperta. L'intelligenza aperta è ciò grazie a cui sappiamo di esistere. E' l'essenza fondamentale o la pura intelligenza attraverso cui tutto è conosciuto. Non potremmo essere consapevoli della nostra esistenza senza l'indistruttibile intelligenza aperta. Essa è il fondamento eterno dell'intelligenza aperta in cui tutti i fenomeni appaiono e scompaiono ed è immutata da cambiamenti come nascita e morte.

L'intelligenza aperta ha quattro qualità primarie. La prima è una ricca e vitale apertura. Dire che l'intelligenza è "aperta" vuol dire che anche se contiene in sé tutti i fenomeni, è, in ultima analisi, illimitata e priva di fenomeni. Non è mai stata resa qualcosa o intrappolata in qualcosa, ed è completamente aperta e libera. Tutto ciò che appare in essa, è essa. L'intelligenza aperta non ha mai avuto alcuna ombra, difetto o macchia, in nessuna parte di essa. Quando ci affidiamo all'intelligenza aperta siamo in grado di vedere l'apertura completa di tutto. Quell'apertura non è un vuoto, è la forza centrale dell'intelligenza aperta stessa. Può anche essere chiamata lo spazio primordiale fondamentale che contiene e trascende tutto. Niente di ciò che appare nell'intelligenza aperta ha una natura indipendente, sostanza o identità in se stessa. L'intelligenza aperta è la realtà unica di tutto.

A prescindere da quanto potere abbiamo pensato potesse avere una qualsiasi apparenza del passato, quando riposiamo con quell'apparenza, scopriamo che la sua vera natura è spazio immacolato. Di nuovo, non è una cosa che possiamo conoscere pensandoci sopra. Lo scopriamo rilassandoci nel naturale agio dell'intelligenza aperta che è l'essenza del nostro stesso essere.

La seconda qualità dell'intelligenza aperta è l'indescrivibilità. Ciò significa che l'intelligenza aperta non può essere caratterizzata in alcun modo o espressa a parole, quindi non cerchiamo più di farlo. Vedendo l'assurdità dell'usare dei concetti per definire l'intelligenza aperta, lasciamo andare del tutto i concetti. L'intelligenza aperta è al di là di ogni descrizione e il tentativo di descriverla crea soltanto altri dati. Invece di affidarci alle descrizioni, ci affidiamo a questo grande vuoto che non può essere descritto né ha bisogno di esserlo. In esso si trova la vera libertà. Non vi è contraddizione nell'esprimere il fatto che l'intelligenza aperta è indescrivibile; ciò che sto dicendo qui è che in definitiva non è necessario dire o descrivere nulla.

La terza qualità essenziale dell'intelligenza aperta è che essa è spontaneamente presente; è già completamente presente in noi e quindi non è una destinazione. Nello spazio impeccabile non vi è alcuna destinazione o meta. L'intelligenza aperta è senza tempo e senza posizione; non ha confini e il suo centro è ovunque! Essa è completa e identica in ogni singolo istante. Non c'è bisogno di pensieri quali: "Quanto manca per arrivare?", "Quando arriverò?" o "C'ero, ma poi ne sono uscito". Tutti questi pensieri appaiono e scompaiono soltanto nell'intelligenza aperta; non è mai possibile lasciarla. Non avere nessuna meta è libertà stessa, perché quando lasciamo andare l'idea di una meta, scopriamo che ciò che stiamo cercando è già qui adesso. Non è necessario rifletterci, scriverci o discorrere dell'intelligenza aperta. Semplicemente riposiamo! Riposare è la cosa migliore.

Dove non esiste una meta, non è necessario alcuno sforzo. Non è necessario alcuno sforzo per versare luce nella luce o spazio nello spazio. Se disegniamo un cerchio in una piccola porzione del cielo, non vuol dire veramente che quella porzione è stata separata dal resto del cielo; il cielo è indivisibile. Allo stesso modo, non è possibile togliere qualcosa dall'immacolata intelligenza aperta. Poiché tutto è visto come equo e completamente puro, affidarsi all'intelligenza aperta significa completa apertura percettiva nel qui e ora, spaziosa e libera, senza bisogno di far nulla.

La quarta qualità essenziale dell'intelligenza aperta è l'indivisibilità. Il sole dell'intelligenza aperta brilla illuminando la totalità dei dati. Tutti i dati sono inclusi come un'unica auto-conoscente intelligenza aperta. Tutti i dati positivi, neutri e negativi, appaiono dallo spazio fondamentale dell'intelligenza aperta e sono automaticamente risolti al momento del loro apparire. Quindi, tutti i dati sono un'unica estensione non-duale di intelligenza aperta che è vitale, dinamica, immutabile, inalterabile e assolutamente spontanea.

Queste sono le quattro qualità primarie dell'intelligenza aperta: apertura, indescrivibilità, presenza spontanea e indivisibilità. Quando poniamo l'attenzione su queste qualità, scopriamo che sono delle porte sempre aperte alla nostra intelligenza aperta, porte che sono aperte dolcemente affidandosi all'intelligenza aperta, per brevi istanti, ripetuti molte volte. Allora scopriremo che la nostra intelligenza aperta è una fonte infinita di amore, saggezza, energia e compassione potentemente benefica.

D: Da un lato trovo le cose che stai dicendo di grande ispirazione, ma dall'altro sentire queste cose mi deprime parecchio. Data la mia situazione attuale e le circostanze esteriori che sto vivendo, non penso che mi sarà mai possibile realizzare la saggezza naturale di cui stai parlando. Hai qualche consiglio da darmi?

R: Prima di tutto, voglio dirti che non esiste assolutamente alcun ostacolo che ti possa impedire di realizzare questa saggezza. Continua a partecipare agli incontri e continua ad ascoltare gli insegnamenti e, se continuerai ad affidarti all'intelligenza aperta, nasceranno in te fiducia e certezza. Fai un po' di esperimenti con l'affidarti all'intelligenza aperta, solo per brevi istanti. Non sforzarti di ottenere qualcosa; rilassa il corpo e la mente completamente e osserva cosa succede. E' molto semplice. Provalo per vedere se ti è di beneficio. Continua ad ascoltare e l'insegnamento avrà sicuramente il suo effetto.

Le circostanze della vita non sono mai un ostacolo all'affidarsi all'intelligenza aperta; sono in realtà le situazioni perfette per diventare consapevoli. Tutto ciò che può essere descritto tra la nascita e la morte non è altro che un'apparenza dovuta all'intelligenza aperta stessa. Non importa se sembra localizzato internamente o esternamente, è tutto dovuto alla stessa intelligenza aperta. Possiamo aver dato vita a descrizioni particolari sulla nostra situazione attuale, sulle circostanze esterne che stiamo affrontando, su dove siamo e dove dobbiamo arrivare, e ci sono molti modi per descrivere tutto ciò che sta accadendo, ma l'unica cosa su cui possiamo contare veramente è l'essenza rilassata dell'intelligenza aperta. Semplicemente rilassati in essa.

Ti vorrei anche incoraggiare a usare il supporto offerto dall'organizzazione di Balanced View. Ci sono molti trainer meravigliosi disponibili 24 ore al giorno per dare supporto telefonicamente e via e-mail. Abbiamo incontri e training dal vivo e tramite teleconferenze o tramite internet. A Balanced View abbiamo i Quattro Supporti: affidarsi all'intelligenza aperta, il trainer, il training e la comunità. Questi sono sempre disponibili come rifugio e aiuto.

Vai avanti, un giorno alla volta, dolcemente. Posso condividere con te le mie storie dolorose quando vuoi! Ti garantisco che le mie sono peggiori! Se riesco io ad affidarmi all'intelligenza aperta in forma continua, lo puoi fare anche tu. Dai al Training il beneficio del dubbio e non passerà molto tempo che avranno fatto la loro magia.

D: Come hai ottenuto questa saggezza?

R: Da nessuna parte e dappertutto! Vedi, non si trova in un luogo, non vi è nessuno che vada in qualche luogo. L'eternamente impeccabile intelligenza aperta non è mai stata collocata in alcun posto e non è necessario andare da nessuna parte per ottenerla. Ora siamo in California, ma supponiamo di chiedere a un passante dove sia la California e che questi ci dica: "Certo! Percorri 26.000 miglia in quella direzione e arriverai in California". Beh, sarebbe sicuramente meglio non seguire il suo consiglio. Oppure potremmo incontrare un altro passante che ci dice, "Beh, se ti siedi su quella roccia per quattro anni e contorci il tuo corpo in determinate posture, potresti riuscire ad arrivare in California". Noi ovviamente non seguiremmo nemmeno quel consiglio. Poi, se siamo fortunati, potremmo incontrare qualcun'altro. "Puoi dirmi come arrivare in California?", chiederemmo nuovamente, e la persona ci risponderebbe: "Ehi, siete già in California!". Quella è la persona che vogliamo incontrare!

OLTRE CAUSA ED EFFETTO
CAPITOLO VENTIQUATTRO

"Il nostro vero essere è eterno, non causato e non creato. In realtà, la condizione fondamentale di ognuno di noi non è mai stata limitata da tempo e spazio o causa ed effetto. Così stanno le cose, semplicemente. Ogni cosa, qualsiasi cosa sia, è un'espressione perfetta di amore, saggezza ed energia che è al di là di qualsiasi concetto o punto di riferimento."

L'intelligenza aperta è ciò attraverso cui tutto è conosciuto. Non potremmo essere consapevoli neanche del nostro essere senza l'intelligenza aperta. La nostra intelligenza aperta è la nostra connessione diretta con il fondamento dell'essere ed è completamente inseparabile da essa; è intrinsecamente libera, già presente e pienamente realizzata. Cercare di realizzarla è come cercare di realizzare il colore dei vostri occhi. Lo avete già! Tutto ciò che dovete fare è rilassarvi, e vedere che il colore dei vostri occhi è già presente.

In modo simile, usare dei metodi per cercare di raggiungere il fondamento dell'essere è come rifinire il legno cercando di ottenere un diamante; una cosa non porta l'altra! Arrivando al punto, quando il diamante è già presente come la nostra vera natura, a che cosa serve rifinire il legno? Quando cerchiamo di seguire delle cause per arrivare a ciò che è senza causa, ci perdiamo in sforzi inutili.

Dal momento in cui siamo nati, ci è stato detto che siamo sbagliati e che abbiamo bisogno di essere corretti. Ci è stato detto che viviamo nello spazio e nel tempo e che tutto ha una causa e ogni causa ha un effetto, e che la vita è fatta di sforzi e raggiungimenti. Quando prendiamo per veri questi concetti, cerchiamo di correggerci per non essere più sbagliati. Ma quando cerchiamo di correggerci usando una varietà di metodi, l'unica cosa che stiamo facendo è ammucchiare dati sopra altri dati e riorganizzare i nostri sintomi di imperfezione. Con ogni tentativo di auto-correzione in realtà ci allontaniamo dalla perfezione che è qui e ora.

Pensando di fare dei progressi, stiamo in realtà solo girando sulla ruota del criceto all'inseguimento di una meta immaginaria che sarà sempre oltre la nostra portata. Aggiungere dati ad altri dati non porterà mai a ciò che non ha alcun punto da cui vedere. Il nostro vero essere è già perfetto, non ha bisogno di essere corretto, ed è immutato da qualsiasi apparenza.

Molti dei sistemi di credenze che hanno a che fare con l'identità personale sono completamente intrecciati con idee di tempo e spazio e causa ed effetto. Tuttavia ciò che siamo è in realtà oltre il tempo e lo spazio ed è immutato da causa ed effetto. Il nostro vero essere è eterno, non causato e non creato. In realtà, la condizione fondamentale di ognuno di noi non è mai stata limitata da tempo e spazio o causa ed effetto. E' semplicemente così che stanno le cose. Ogni cosa, qualsiasi cosa sia, è un'espressione perfetta di amore, saggezza ed energia che è al di là di qualsiasi concetto o punto di riferimento.

L'unico modo per realizzare questa verità è non fare nulla, perché ciò che è, è già presente e non ha bisogno di essere ottenuto di nuovo. Finché non riconosciamo che la nostra identità personale esiste solo come un'espressione dell'intelligenza aperta originariamente pura, senza alcuna natura indipendente, senza alcun bisogno di essere cambiata, rimarremo frustrati e confusi.

L'intelligenza aperta è già realizzata e tornare ad essa per brevi istanti, ripetutamente, finché diventa automatico, è l'unica cosa necessaria. In questo modo, mantenendo dolcemente l'intelligenza aperta mentre affrontiamo i nostri pensieri, le nostre emozioni e le nostre esperienze, gradualmente riconosciamo l'intelligenza aperta come unica realtà. In questo modo evolviamo dal pensiero primitivo, limitato da tempo e spazio e da causa ed effetto, a un modo completamente nuovo di vedere. In realtà, non ci stiamo evolvendo in qualcosa di nuovo, ma ci stiamo semplicemente aprendo alla nostra vera natura: la pura intelligenza aperta attraverso cui tutto è conosciuto. Scoprite in voi stessi ciò che è eterno, mai nato e senza causa. Questo non può essere scoperto tramite il pensiero, ma semplicemente affidandovi all'intelligenza aperta.

La vera natura del nostro essere è già super-completa in sé, ed è un'espressione di superbo aiuto e beneficio. Questo beneficio è naturalmente presente, e riposando possiamo gradualmente acquisire più familiarità con esso. In questo modo, il nostro potere innato di essere di beneficio a noi stessi e agli altri, si manifesta spontaneamente nelle nostre vite.

Non lasciandoci distrarre da idee rigide quali "causa ed effetto" o "tempo e spazio", e semplicemente affidandoci all'intelligenza aperta gradualmente andiamo oltre i limiti degli schemi descrittivi. Andiamo oltre le parole e i concetti, e oltre il bisogno di pensare su ogni cosa. Gradualmente diventiamo liberi dalla tendenza di aggrapparci ai dati e di riprodurli all'infinito. E' molto più semplice vedere tutto come inseparabile dall'intelligenza aperta, che aggrapparci a schemi concettuali come tempo e spazio o causa ed effetto. Questi concetti diventano sempre meno necessari più diventiamo familiari con l'intelligenza aperta.

Quando un qualsiasi pensiero appare, ci affidiamo semplicemente all'intelligenza aperta completamente libera dai pensieri, e in questo modo scopriamo che il pensiero e l'intelligenza aperta sono una sola cosa. Il non-pensare e il pensare non sono due cose separate; questo è il significato di 'non duale'. Essi sono completamente inseparabili. Il fondamento di ogni pensiero è sempre completamente a proprio agio. Se abbiamo familiarità soltanto con l'espressione dinamica del pensiero, allora non sapremo niente della sua condizione fondamentale, che è l'intelligenza aperta sempre completamente a riposo, che non è mai stata resa alcuna cosa.

Consideriamo per un momento il concetto di "spazio", che di solito si riferisce all'estensione del campo tridimensionale della vita di tutti i giorni. Abbiamo tutti una certa comprensione di tale concetto, ma possiamo anche usare il termine in un modo diverso per indicare qualcosa che è completamente al di là del modello convenzionale. Il termine "spazio fondamentale" indica indescrivibilmente pura presenza che è ovunque, ma senza alcuna collocazione o posizione. Può anche essere chiamato "meta-spazio", usando il prefisso "meta" che vuol dire "oltre". Include lo spazio tridimensionale, ma non è limitato a esso. Il meta-spazio include tutto il tempo ma è completamente oltre. In modo simile, il meta-spazio è oltre la causalità, ma include causa ed effetto. Non esiste alcun modo di catturarlo con idee o teorie, perché è esso stesso l'origine e il fondamento di tutte le idee e le teorie, e rimane immutato da qualsiasi movimento della mente.

Non è possibile dire che una parte dello spazio sia la causa che ha portato all'effetto di un'altra parte di quello spazio. Esso è un'estensione indivisibile e sconfinata che include e trascende tutto; assolutamente nulla è escluso. Essendo l'origine e la sostanza di tutti i fenomeni, esso ha completo controllo su tutti i fenomeni. Ciò che è interamente non causato, non ha alcuna causa dentro di sé. Esso non è mai stato reso forma o pensiero, o qualsiasi altra cosa! L'unico modo di diventare familiari con l'agio naturale di questo spazio fondamentale è semplicemente lasciarlo essere così com'è, mantenendo l'intelligenza aperta. Rilassiamo completamente la mente, per brevi istanti, ripetuti molte volte, finché quel rilassamento diventa automatico.

Se esaminiamo con discernimento elementare uno qualsiasi dei "programmi di causa ed effetto" che dovrebbero portarci alla natura fondamentale del nostro essere, vediamo che molto raramente le persone realizzano la condizione fondamentale per mezzo di tali metodi e programmi. E' molto importante capire ciò, perché la maggior parte di noi è abituata a usare quei metodi e quelle pratiche nella speranza di raggiungere la destinazione suprema. L'eterna libertà non è una destinazione, è qui adesso. Nessun metodo e nessuna pratica può realizzare ciò che è già presente.

La maggior parte delle persone tende a creare relazioni di causa ed effetto tra tutte le cose che accadono: abbiamo un pensiero, poi abbiamo un'emozione, poi abbiamo un'esperienza, e pensiamo che siano una catena diretta di causa ed effetto. Usando quello stesso tipo di ragionamento diciamo: "Wow, ho la soluzione ai miei problemi. Se faccio questo e quest'altro, le cose miglioreranno. Se conduco questa e quest'altra pratica, otterrò la vera felicità!". Quando ci consideriamo esseri umani fondati su cause, collocati all'interno di tempo e spazio, stiamo negando la nostra vera identità e oscurando la nostra felicità intrinseca.

Attribuiamo la nostra infelicità a varie cause ed effetti; diamo la colpa a persone ed eventi o a noi stessi. Attribuire ad ogni cosa una causa porta solo a confusione, sofferenza e a giudicare noi stessi e gli altri. Quando attribuiamo una causa a ogni pensiero ed emozione, in realtà prendiamo il nostro potere, che è illimitato, e lo diamo via a una causa immaginaria, affermando che tale causa è qualcosa in sé e per sé, e che ha il potere di condizionarci. La verità è che ciò che siamo veramente non può mai essere influenzato da nulla.

Vivere una vita basata sull'attribuzione di cause individuali a tutto è veramente molto primitivo e non ci porterà il vero agio dell'essere. In questo modo stiamo scegliendo di essere vittime dei nostri dati, e finché continuiamo a fare così, continueremo a soffrire. Questa è la cosa più importante da capire di questo modo di pensare: non ci porterà mai il vero agio o sollievo. Perché? Perché non si basa sulla vera natura dei fenomeni. La condizione fondamentale non può mai essere danneggiata da nulla; è la sola causa e il solo effetto di tutte le apparenze, e tuttavia rimane immutata da qualsiasi apparenza. L'intelligenza aperta è inseparabile dalla chiara luce della saggezza, che è completamente oltre il pensiero.

Che cosa vuol dire che l'intelligenza aperta è oltre il pensiero? Vuol dire che non ha bisogno di usare parole e concetti per arrivare a una conclusione su alcuna cosa. L'intelligenza aperta è il conoscitore impeccabile, la chiara luce della saggezza che senza sforzo conosce tutto di ogni cosa. Conosce ogni apparenza così com'è, il che vuol dire che capisce completamente la sua descrizione, ma sa che la sua descrizione non ha una natura indipendente. Detto semplicemente, sa di essere l'essenza di tutte le cose. Quando scegliamo di affidarci all'intelligenza aperta e di lasciare che l'immediato sollievo del completo rilassamento mentale sia presente in ogni identico momento, allora realizziamo la saggezza, che è al di là del pensiero discriminante. Dopo di che, se mai ci capitasse di usare il pensiero discriminante, lo vedremmo semplicemente come uno strumento pratico, piuttosto che come un fine in se stesso. Acquisiamo talmente tanta fiducia in questa saggezza che alla fine non ci sentiremo più spinti a dipendere dal pensiero. Invece ci affidiamo alla profonda intuizione e alle conseguenti attività che sono implicite nella vera saggezza.

Allo stesso modo in cui non riusciamo a trovare soddisfazione nelle immagini dei miraggi o degli ologrammi, non riusciamo a trovare soddisfazione nei vari fenomeni del mondo se non conosciamo la loro essenza implicita. Se cerchiamo continuamente di trovare soddisfazione o appagamento in qualcosa che non ha una sua natura indipendente, allora ci sentiremo sempre frustrati e confusi.

Come possiamo superare la nostra schiavitù a queste tendenze abitudinarie? Quando riconosciamo l'intelligenza aperta alla base di ogni pensiero, emozione ed esperienza, e diventiamo familiari con l'auto-intelligenza aperta grazie alla quale sappiamo di esistere, scopriamo di essere già completamente liberi e di non essere mai stati soggiogati da nulla. Allora scopriamo di non aver bisogno di usare idee convenzionali per descrivere il mondo o noi stessi, perché le idee convenzionali semplicemente non sono più applicabili quando abbiamo fiducia nell'intelligenza aperta. Tutti i pensieri, le emozioni e le esperienze sono l'energia dinamica della pura intelligenza aperta e nient'altro. Quale altra descrizione potrebbe essere necessaria? Non possono essere separati dal tutto e accuratamente descritti, perché non hanno una loro natura indipendente. Hanno un'etichetta, ma quell'etichetta si riferisce a qualcosa che non può essere trovato, e anche quell'etichetta non è null'altro che intelligenza aperta.

L'intera idea che abbiamo di aver bisogno di decidere se le cose siano buone o cattive per stabilire un ordine morale ed etico in noi stessi come individui, è soltanto un sistema di credenze, e uno profondamente limitante. Prima di tutto, questo sistema di credenze afferma che esistiamo come qualcosa in sé e per sé, separati da tutto il resto da un'identità personale. Afferma inoltre che tutte le cose esistono in sé e per sé, separate le une dalle altre e dal fondamento dell'essere, e che sono collocate in un sistema complessivo di tempo e spazio e causa ed effetto. La maggior parte di noi vive tutta la vita fidandosi di questo sistema di credenze, e facendosi limitare da esso. A causa di ciò, è molto difficile per noi essere felici!

Così come nel cielo impeccabile non esiste imperfezione da nessuna parte, la nostra intelligenza aperta è senza macchia ed eternamente pura e libera. Essa è l'origine e l'essenza di tutti i fenomeni, e niente può esistere separato da essa, inclusi causa ed effetto, e tempo e spazio. Quando conosciamo le strutture descrittive, e soltanto quelle, allora viviamo sulla superficie della vita, inconsapevoli dell'unità sottostante che pervade tutta la diversità. Il conoscitore impeccabile che è oltre ogni causa, conosce tutto su causa ed effetto e su tempo e spazio, e sa di essere la causa unica di tutte le apparenze. Questo è la prospettiva che pervade tutto, che comprende tutto, e che è completamente al di là di tutte le descrizioni delle cause e dei loro risultati.

Noi siamo l'onnicomprensiva vasta estensione dell'intelligenza aperta che include e trascende tutti i dati. E' molto semplice. Tutti i dati sono contenuti in essa, e qualsiasi essi siano, sono tutti originariamente puri, per il fatto di essere semplicemente intelligenza aperta. Non importa che etichetta diamo all'apparenza: positiva o negativa, buona o cattiva, benefica o nociva, causa ed effetto, tempo e spazio, essa è in realtà soltanto intelligenza aperta. In questa visione equilibrata vi è completa libertà.

D: Ho dei periodi d'intensa tristezza e depressione, e vedo molto chiaramente che le cause di questa tristezza vengono dall'abbandono, abuso e maltrattamento che ho vissuto nel passato. Ma mi sembra che tu stia dicendo che tali cose non hanno il potere di influenzarmi. Com'è possibile ciò?

R: Capisco perfettamente la tua domanda e voglio spiegarlo in un modo che ti possa essere di aiuto. Mettiamo che questa tristezza appaia, si riversi su di te e tu ti perda in essa completamente. Hai la sensazione: "Io sono triste di nuovo". C'è "Io", poi c'è "Io sono triste" e poi c'è "di nuovo". Prima viene l'idea di un'identità personale, poi l'idea che quell'identità personale abbia una particolare apparenza dentro di se, cioè la tristezza, e poi, con "di nuovo" riprendi tutti i dati del passato e dici, "Io sono triste perché è accaduto questo e quello nel passato e la tristezza continua a tornare per quelle cause".

Ciò che stai facendo è descrivere ed etichettare ciò che sta apparendo. Invece di andare per quella strada, potresti guardare il dato della tristezza e dire: "Questo ha solo tanta realtà quanta gliene do io". Quando diamo seguito a un pensiero di tristezza, vuol dire che accettiamo che abbia una sua natura indipendente, e poi elaboriamo su di esso. Con la tua elaborazione ti coinvolgi in tutte le storie sulla tua tristezza, riguardo a dove provenga e su che cosa significhi.

Se invece ti affidi all'intelligenza aperta che è immutata da qualsiasi storia, e lasci che l'agio dell'essere sia evidente, allora dimostri a te stesso in quel momento che hai dominio sull'apparenza della tristezza. Vedi che la natura della tristezza è in realtà la rilassata intelligenza aperta. La tristezza e l'intelligenza aperta non sono due cose distinte. Inoltre in questo modo possiamo avere maestria su qualsiasi pensiero o emozione. Ciò vuol dire completa libertà nell'immediatezza di ogni esperienza, indipendentemente da quale essa sia. Hai creduto che la tristezza fosse controllata da leggi di causa ed effetto e di essere in balia di tali leggi, ma ciò che è completamente oltre la causalità è seduto proprio qui sulla tua sedia! Dobbiamo sapere che c'è molto di più in noi, rispetto a ciò che abbiamo creduto di essere secondo le idee convenzionali.

Per liberare noi stessi, abbiamo bisogno di mantenere tutto molto semplice e possiamo farlo con due termini molto diretti: "la onnicomprensiva pura visione dell'intelligenza aperta" e i "dati". Se crediamo che i dati individuali esistano in sé, e li definiamo ed etichettiamo, allora sembrano esserci un gran numero di cose che dobbiamo affrontare. Per prima cosa abbiamo una persona, poi questa persona vuole capire come si sente, e guarderà il suo passato, tirando fuori tutte le sue esperienze per cercare di capire perché si sente in quel modo, e comincerà a osservare tutte le altre persone, mamma e papà, per cercare di capire che cosa hanno fatto di sbagliato. Un vero disastro!

E' molto più facile semplicemente rilassarsi, ed è anche molto più efficace. Nell'affidarsi all'intelligenza aperta, l'intelligenza aperta e i dati diventano una cosa sola, come sono sempre stati. I dati sono inseparabili dall'intelligenza aperta e sono fatti soltanto di quell'estensione originariamente pura, non duale. Se riposiamo imperturbabilmente come intelligenza aperta, per brevi istanti, ripetuti molte volte, è garantito che nessuna apparenza sarà una minaccia o un ostacolo al mantenere l'intelligenza aperta. Scopriremo che l'intelligenza aperta si mantiene da sola. Quando semplicemente ci rilassiamo nell'apertura percettiva, ciò che pensiamo di essere comincia a rilassarsi. Invece di credere di essere soltanto questo corpo limitato o una persona con un certo nome, la vastità del vostro essere diventerà molto più ovvia. La nostra identità non sarà più così tanto definita da quella persona seduta lì; non sarà più limitata a qualcuno che è nato o che morirà.

Ora, ad alcune persone non piace che io parli dell'apertura percettiva, o dell'agio dell'essere, o del fatto che le apparenze sono originalmente pure, completamente positive e benefiche. Li irrita tantissimo! Non vogliono sentirlo, perché gli fa affiorare tutte le sensazioni di essere impuri, cattivi o negativi, e li porta a dubitare di tutti i giudizi che hanno di se stessi e degli altri. Non sono irritati dalle parole in sé, ma dal fatto che quelle parole smuovono in loro emozioni e resistenza intensa. Pensano: "Assolutamente no, non sono puro, non sono benefico, non sono saggio! Non potrò mai essere felice nella mia vita con il passato che ho avuto!". Chiamo questo: "Il grande No".

Quando uso le parole, "puro" o "puro spazio" o "fondamento completamente positivo dell'essere", ciò a cui mi riferisco è il fondamento infinitamente espansivo dell'essere, che è impeccabile e senza macchia, e non è mai stato reso qualcosa di diverso da quello che è. Anche se ci possono essere etichette di tutti i tipi che descrivono ogni tipo di cose, tutto ciò che è, è originariamente puro e impeccabile. Comprendiamo ciò affidandoci all'intelligenza aperta imperturbabilmente di fronte a tutte le apparenze.

D: Ho una domanda su causa ed effetto. Ho bevuto dell'acqua non buona l'altro giorno che mi ha dato dei problemi di stomaco, così ho preso una particolare medicina, e ciò mi ha aiutato a risolvere il problema. Teoricamente causa ed effetto non è reale, ma nella vita reale ha significato.

R: Ecco cosa sta succedendo. Siamo talmente abituati al pensiero dualistico e a selezionare tutto in termini opposti, che quando sentiamo qualcosa come ciò che ho detto prima, diciamo: "O è causa ed effetto, oppure è oltre la causalità; uno dei due". Tuttavia ciò che sto dicendo è che "causalità" e "oltre la causalità" non sono due cose separate. Il regno della causalità appare dentro ciò che è oltre la causalità ed è fatto in realtà soltanto di esso ed è da esso inseparabile. Soltanto affidandoci all'intelligenza aperta ciò può essere capito e realizzato. Dal singolo potere dell'affidarsi all'intelligenza aperta, per brevi istanti, ripetuti molte volte, la sua pura presenza diventa ovvia e pervasiva in tutte le esperienze.

Mi sembra che tu stia facendo delle supposizioni sulla tua situazione che potresti voler riesaminare. Pensi che l'acqua cattiva sia stata la causa del tuo mal di stomaco, che il mal di stomaco sia stata la causa del tuo prendere quella medicina, e che prendere la medicina sia stata la causa del tuo sentirti meglio. Vedi tutto come una catena diretta di causa ed effetto, ma ci sono altri modi di vedere la situazione che potrebbero essere ugualmente validi, o forse anche più validi.

Un modo di vedere le cose è che tutti gli eventi sono delle apparenze non causate e non collegate fra loro, che appaiono e scompaiono imprevedibilmente come energia dinamica dell'intelligenza aperta. Poiché tutti gli eventi nel tempo e nello spazio sono semplicemente effimeri dati nell'intelligenza aperta, sono come un sogno, simili a un'apparenza in un miraggio o un ologramma. Presumere che un evento ne causi un altro vuol dire dare agli eventi più realtà di quanta ne abbiano veramente.

Può un'immagine simile a un sogno avere il potere di causare qualcosa? Possiamo dire che un'onda in un miraggio è la causa di un'altra onda? Possiamo dire che esiste veramente? Quando comprendiamo la natura simile a un miraggio di tutti i fenomeni, non diamo più agli eventi il potere di creare altri eventi; semplicemente riposiamo nell'intelligenza aperta che è l'unica realtà sottostante a tutte le apparenze, riconoscendo che lo spazio fondamentale primordiale è l'unico vero potere, l'unica vera causa e l'unica vera esistenza.

Tutto ciò che appare, inclusa l'apparenza di causa ed effetto, è un'apparenza circostanziale di saggezza dell'eterna intelligenza aperta. Quando ci affidiamo all'intelligenza aperta, scopriamo di avere completa libertà nell'incontro diretto con tutti i dati. Più forte essa diventa in noi, più abbiamo completa maestria sui fenomeni mentali, emotivi e fisici.

Perché non continuare ad affidarsi all'intelligenza aperta e vedere cosa succede? Affidandoti all'intelligenza aperta come la tua malattia, scoprirai che l'esperienza della malattia può essere di incredibile beneficio per te, e per tutti gli esseri. Potresti scoprire che è una porta aperta alla tua natura illimitata ed eterna. Ma non potrai mai saperlo se continui a vedere solo causa ed effetto e condizioni. Quando scoprirai che malattia e dolore non possono mai influenzare chi sei veramente, allora qualsiasi condizione del corpo e della mente sarà un invito ad affidarti all'intelligenza aperta e un'entrata a una più profonda permanenza nella pura intelligenza aperta che è la tua vera natura.

Affidandovi all'intelligenza aperta, troverete in voi questa incredibile energia di amore e saggezza. Essa è la guaritrice suprema. Mantenendo l'intelligenza aperta, avrete profonde intuizioni per sapere come rispondere ai dati mentali e fisici. Inoltre, non sarete più legati a quei modi limitati di pensare ad essi.

I POTERI COMPASSIONEVOLI DI GRANDE BENEFICIO

CAPITOLO VENTICINQUE

"Nell'intelligenza aperta, tutti i sogni bellissimi che sogniamo diventano possibili: tutte le persone possono avere un buono standard di vita, e il mondo può diventare un luogo in cui gli esseri umani sono profondamente di beneficio gli uni verso gli altri e verso l'ambiente in cui vivono."

Quando proviamo completo agio e apertura percettiva in tutte le nostre esperienze, specialmente quelle negative, allora scopriamo un incredibile giovamento già presente in noi, che, come il sole, brilla in continuazione. Esiste un naturale agio dell'essere in cui nessuno è un estraneo. La compassione non ha mai bisogno di essere coltivata o sviluppata, essa è sempre naturalmente presente nell'intelligenza aperta. Infatti, la compassione è uguale all'intelligenza aperta e può essere trovata soltanto nell'intelligenza aperta. La compassione che può essere coltivata e sviluppata è limitata se paragonata all'irrefrenabile compassione che è assolutamente imparziale. La vera compassione è assolutamente innocente e libera. Possiamo familiarizzare con questa compassione solo vedendo che l'intelligenza aperta ha assoluta maestria su tutto ciò che appare nei nostri pensieri, nelle nostre emozioni e nelle nostre esperienze.

Così come il loto nasce dal fango, ma è assolutamente inalterato dal fango, lo stupendo fiore della compassione fiorisce dalle nostre emozioni, pensieri ed esperienze più profondi e oscuri. Com'è possibile ciò? Quando rimaniamo nell'intelligenza aperta senza correggere il flusso dei pensieri, allora, a volte velocemente altre lentamente, cominciamo a vedere come i pensieri che ci avevano procurato così tante difficoltà sono liberi così come sono e svaniscono da soli. Non abbiamo bisogno di pensare a quei dati difficili per dargli un senso. Come una linea tracciata nell'acqua, essi svaniscono da soli; questo è assolutamente garantito. Quando siamo a nostro agio in quei luoghi fangosi dentro di noi, scopriamo qualcosa di incredibile di noi stessi: uno spazio di completa pace e libertà che è la condizione fondamentale di quel "fango".

Abbiamo causato tantissima sofferenza interrogandoci costantemente su tutti i nostri dati, e interrogando gli altri sui loro dati. Quando scopriamo in noi la natura equanime in cui tutto ciò che appare è uguale, allora troviamo la compassione per noi stessi. Quando vediamo questa compassione in un modo così completo, vediamo che si applica non solo a noi, ma a tutti quanti. Viviamo un cambiamento drammatico in cui, invece di credere che i nostri dati siano solo nostri, cominciamo a pensare: "Wow, tutti hanno questi problemi. Le stesse intense emozioni e i pensieri profondi e oscuri li hanno anche gli altri. Non sono solo io. Poiché ho trovato la guarigione per me stesso, forse posso aiutare anche gli altri".

Questa è la nascita della vera compassione. Vediamo che le cose buone, cattive, belle e brutte di noi sono tutte uguali, e allora quando guardiamo gli altri, cominciano ad apparirci meravigliosi! Qualsiasi cosa stiano facendo, li capiamo completamente e sappiamo come aiutarli. Se abbiamo bisogno di agire, lo facciamo spontaneamente e con grande abilità. Inoltre non ci sono più "punti dolenti" in noi che possono essere premuti dagli altri. Qualcuno ci può dire: "Sei la persona più meravigliosa che sia mai esistita su questa terra", e un altro ci può dire: "Sei una persona disgustosa", e non siamo influenzati da nessuno dei due, perché capiamo completamente il contesto nella sua interezza. Sappiamo che ciò che siamo veramente è al di là di entrambi i giudizi. Questa non è passività, ma una radicale libertà che non è mai stata legata a niente. Essa non ha alcun costrutto convenzionale. Dalla prospettiva di questa libertà perfetta, gli schemi descrittivi convenzionali non sono più necessari.

Sperimentiamo una compassione di una profondità incredibile, la quale appare con la liberazione di energia generata dal non credere più che i pensieri e le emozioni abbiano una loro natura indipendente. Con l'apparire di questa profonda compassione, che è l'unica vera autostima, istantaneamente proviamo compassione per tutti gli altri, perché sappiamo di essere tutti nella stessa barca. Non ci troviamo più in quella posizione di parte nella quale diciamo agli altri: "I miei dati sono quelli giusti, mentre i tuoi non lo sono".

Quando lasciamo andare tutti i nostri dati fissi, una quantità incredibile di energia appare. Questa è l'energia di saggezza di straordinario giovamento, e il suo intento è completamente benefico. Siamo compassionevoli per natura, quindi quando cominciamo a riposare, anche se abbiamo avuto una lunga abitudine a brontolare alle persone, ciò non ha importanza. Più ci affidiamo all'intelligenza aperta, più quel brontolio si dissolverà da solo in se stesso, senza bisogno di far niente per farlo accadere! Quando scopriamo che la base fondamentale del nostro essere è l'inalterabile, impeccabile energia della saggezza, allora riusciamo ad amare completamente senza alcuna condizione. Amiamo noi stessi in modo assoluto e riusciamo ad amare gli altri nello stesso modo.

La vita è una preziosa opportunità umana per essere di beneficio a noi stessi e agli altri. Questo auto-beneficio e beneficio per gli altri è già presente in noi e non è un qualcosa che possiamo prendere da qualche altra parte. Mettersi in contatto con esso è molto semplice e diretto. Quando riposiamo ripetutamente per brevi istanti, molte volte, familiarizziamo con il beneficio per noi stessi che ci permette realmente di essere di profondo beneficio agli altri. E' proprio in quel beneficio per noi stessi che nascono l'amore, la saggezza e l'energia che ci permettono di andare completamente oltre qualsiasi cosa abbiamo mai immaginato di fare o di contribuire. A prescindere da quanto realizzati ci sentiamo adesso, quando ci affidiamo all'intelligenza aperta e ci mettiamo in contatto con l'auto-beneficio che ci è naturale, nasce un modo completamente nuovo di vedere le cose, che include il vedere la nostra capacità di essere benefici in un modo nuovo.

Possiamo sapere che ci stiamo affidando all'intelligenza aperta dalle manifestazioni benefiche nelle nostre vite. Più acquisiamo familiarità con l'intelligenza aperta, più attività benefiche si manifesteranno. Possono essere attività benefiche in termini della nostra vita individuale oppure dirette al bene delle persone o delle cause alle quali teniamo. E' urgentemente importante per ognuno di noi individualmente e per tutti noi nel mondo collettivamente usufruire di questa fonte naturale di beneficio. Quando ci affidiamo all'intelligenza aperta per brevi istanti, molte volte, le intuizioni e le capacità eccelse necessarie per prenderci cura di ogni cosa nella vita, appaiono spontaneamente. Ciò include l'abilità di amare veramente e di essere intimi senza aver bisogno di pensarci, non solo con alcune persone ma con tutti. Esiste solo intimità totale e completa, senza alcuna paura. Fin dall'inizio, aneliamo a questo amore che non ha nome, in cui tutto ha una natura unica e unificata. Non è uno stato passivo o assente; è la realtà che è naturalmente presente come condizione fondamentale.

Quando diventiamo familiari con l'ordine naturale di tutte le cose, vediamo che è a proprio agio, in armonia e benefico a modo suo, e che tutto è già risolto. Quando siamo a nostro agio nel nostro essere, allora riconosciamo quell'ordine naturale. Sappiamo che cosa vuol dire essere umani. Siamo realmente un'espressione della natura e quando riposiamo completamente nell'agio del nostro essere, allora agiamo come agisce la natura. Rilassando completamente la nostra mente e il nostro corpo in tutte le situazioni, cominciamo a sentirci parte del naturale ordine delle cose. Per ognuno di noi, indipendentemente da quanto terribili o buone siano state le nostre azioni, la natura della nostra mente è di beneficiare noi stessi e gli altri. Solo le persone che hanno compreso questo, possono veramente essere di beneficio. Non è necessario credere che ciò che siamo stati in passato è ciò che siamo adesso. Non siamo la nostra storia, siamo senza tempo.

Tutto è dolce e buono, anche le cose che non sembrano dolci e buone! Riconoscere questo è la vera estasi. La vera gioia non viene dal cercare di entrare in uno stato di gioia; piuttosto essa si rivela nel vedere la mancanza di separazione fra gioia e dolore, senza cercare di cambiare nulla. La vera estasi è lo sradicamento della vita basata sugli umori. Ciò vuole forse dire che non ci sono più gli umori? No. Vuole soltanto dire che non esiste alcuna separazione tra l'estasi e qualsiasi umore appaia. In un momento potremmo avere un'esperienza incredibilmente estatica e il successivo potremmo vivere una grande sofferenza, ma riconosciamo che tutte le apparenze sono intrinsecamente uguali. Ogni esperienza, sia essa positiva o negativa, è come una stella cadente nella vasta estensione dello spazio che non lascia alcuna traccia. Essa appare dallo spazio e scompare nello spazio.

Il grande beneficio non potrà mai venire dal vedere le apparenze come ineguali. Vedere le apparenze come ineguali, è una strategia di vita sub ottimale. Vuol dire prendere un sistema e ridurlo al suo livello operativo più basso, che è soltanto uno dei modi in cui possiamo scegliere di vivere. Invece, quando scegliamo di riposare come il fondamento di tutte le apparenze, allora stiamo vivendo in modo ottimale e siamo ciò che eravamo destinati a essere. In questo modo diventiamo realmente intelligenti, esattamente come la natura. Non esiste niente da correggere da nessuna parte, e quando realizziamo questo, l'auto-beneficio è grandissimo.

Allora, possiamo semplicemente essere con noi stessi in un modo completamente libero, libero dal contenuto dei nostri pensieri e delle nostre emozioni. Non abbiamo bisogno di cambiare niente di esso, né farlo diventare in alcun modo diverso. Non-differenza significa che non è necessario rendere alcuna cosa differente! Questa è la vera libertà. Il senso di non-separazione è così evidente che il beneficio verso la totalità fluisce naturalmente, e noi diventiamo una fonte di tale beneficio per tutti.

D: Vorrei raggiungere il mio pieno potenziale nella vita, nelle relazioni e nella mia capacità di avere successo con il mio lavoro. Ho letto molti libri su come accedere all'innata energia e potere in noi e mi interesserebbe sapere qual è la tua visione in proposito.

R: Inseparabile dall'intelligenza aperta è la forza assoluta e il potere di ogni cosa esattamente com'è. Se stai cercando il potere o la forza o comunque tu preferisca chiamarlo, non si è mai trovato in alcun altro posto che nella tua intelligenza aperta. Il potere o la forza è completamente rilassato. Il più grande potere che potrai mai incontrare è il potere dell'apertura della tua intelligenza aperta. Tutte le manifestazioni di qualunque tipo sono soltanto proiezioni di essa. Una volta riconosciuti, l'intelligenza aperta e i suoi poteri di beneficio continueranno a intensificare.

E' solo nell'intelligenza aperta che troveremo una saggezza che non ha paragoni. Come sapremo che non ha paragoni? Perché ci sono delle cose che soltanto le persone che hanno fiducia nell'intelligenza aperta riescono a fare; nessun altro riesce a farle. Riescono a fare grandi cose per beneficiare moltissimi esseri: dar da mangiare alle persone affamate, offrire assistenza sanitaria, educazione e rifugio, e naturalmente introdurre le persone all'intelligenza aperta e aiutarle ad avere fiducia in essa. Esistono persone che possono guarire i malati, muovere cose senza toccarle e manifestare oggetti dall'aria. Ancora più importante di questo, quando qualcuno ha fiducia nell'intelligenza aperta, ha una stabilità mentale sempre perfetta e riesce ad agire con abilità e intuito. Ogni volta che qualcuno dimora come questa natura sublime dell'intelligenza aperta, sono presenti degli incredibili poteri che sono completamente oltre la causalità.

C'è molto interesse per questi poteri, specialmente in paesi come l'India, dove ci sono state persone che hanno manifestato tali poteri per generazioni. Dovunque e comunque vengano dimostrati questi poteri, sappiate che sono completamente al di là di tutte le capacità concettuali che la mente può comprendere. La verità è che tutti abbiamo questi poteri che ho appena menzionato, e molti altri che non ho menzionato, ma essi rimangono latenti in noi fino alla scoperta della nostra propria intelligenza aperta. Non esistono in un individuo, sono inerenti alla condizione fondamentale di ogni cosa. Noi, come esseri umani, abbiamo bisogno di familiarizzarci con simili poteri. Chi vuole deridere queste cose è libero di farlo. Non avrà alcun effetto sulla validità di ciò che è stato detto riguardo a tali poteri.

D: Ho una gran voglia di aiutare a salvare il mondo dalla catastrofe, ma dubito della mia capacità di riuscire a fare una reale differenza. Ho anche paura dell'insicurezza che viene dal vivere una vita di servizio in cui i miei bisogni potrebbero non essere soddisfatti. Potresti darmi dei consigli su ciò?

R: Soltanto affidandoci all'intelligenza aperta possiamo avere accesso al potere della pura saggezza, e in quel potere, i pensieri, le emozioni e tutto il resto saranno sempre a beneficio di tutti. La soluzione a tutti i problemi è eternamente disponibile nella natura fondamentale della realtà.

Riguardo ai problemi per cui stiamo cercando delle soluzioni: in noi stessi, nelle nostre famiglie, nella comunità e nel mondo, tutte le soluzioni si trovano nei potenti e benefici poteri dell'eterna saggezza, che sono inseparabili dalla nostra stessa intelligenza aperta. Quando ci affidiamo ripetutamente all'intelligenza aperta con continuità, allora alla fine vedremo la piena dimostrazione dell'intelligenza aperta che è il fondamento spontaneo di tutto ciò che appare. Quando riposiamo naturalmente in quel fondamento spontaneo, sappiamo sempre più come agire in modo molto potente in ogni situazione.

Quando sentiamo dire che non è necessario fare nulla con le apparenze, ciò non intende suggerirci di restare tutto il giorno sul divano, o dirci che abbiamo la licenza di andare allo sbaraglio e fare tutto ciò che vogliamo, o che dobbiamo in qualche modo diventare inattivi o passivi. Quando ci mettiamo in contatto con ciò che ci connette alla super-intelligenza dell'ordine naturale di tutte le cose, allora abbiamo immenso potere, forza e intelligenza nella nostra vita. L'applicazione pratica di questo potere si esprime nel mondo come mezzi idonei e saggezza. Quando siamo veramente familiari con l'intelligenza aperta, abbiamo delle strategie efficienti per essere di grande aiuto, e questo è accompagnato dalla saggezza di sapere cosa fare e come agire in tutte le situazioni.

Ecco un proposito molto semplice: grazie al potere della pratica unica di affidarsi all'intelligenza aperta per brevi istanti, ripetuti molte volte, finché diventa automatico, tutto ciò che abbiamo pensato di voler essere o di fare, può avvenire. Vedremo come essere di massimo beneficio in tutte le circostanze, in un modo che non ci saremmo mai immaginati fosse possibile. Riusciremo ad avere la saggezza necessaria per risolvere gli enormi problemi che stiamo affrontando e gli enormi problemi causati dalla nostra specie.

Non possiamo negare di avere moltissimi problemi. Devono essere risolti, e possono essere risolti solo con le soluzioni della saggezza. In questo modo possiamo unirci tutti in una comunità globale di gente comune che sta acquisendo fiducia nell'intelligenza aperta per risolvere i nostri problemi individuali e quelli del mondo. Entrare in stati rarefatti di coscienza alterata non ha mai risolto i problemi nel mondo. Solo l'intelligenza aperta, che è oltre tempo, spazio e causalità, e che non ha attaccamenti ad alcuna convenzione, può vedere le soluzioni dei problemi che ancora non sono stati risolti. Problemi che prima erano sembrati irrisolvibili, come il fatto che tantissime persone nel mondo non hanno accesso ad acqua potabile e cibo nutriente, il degrado ambientale, guerre e conflitti continui tra le persone, e missili nucleari puntati ovunque, possono tutti essere risolti. Tuttavia, il pensiero che ha creato questi problemi, non è in grado di risolverli. Questi problemi possono solo essere risolti dal potere dell'intelligenza aperta e dalle sue conoscenze che non si trovano nelle strutture concettuali convenzionali.

Non esiste nessuno che non voglia essere di beneficio. Anche un gangster vuole essere di beneficio, è solo che il modo di vedere del gangster può non essere socialmente accettabile dalla maggior parte delle persone. Tutti hanno questo desiderio di libertà e di essere di beneficio, ma se qualcuno non ci mostra come portarlo in piena evidenza in noi, non sapremo come fare. Se non ci viene mostrato come fare, o non lo troviamo noi stessi, passeremo la vita intera sognando piccoli sogni e accontentandoci di un rapido sguardo alla nostra ricchezza di talenti.

Quando siamo solo interessati alla nostra apparenza e coinvolti in una vita di egocentricità, allora rimaniamo ciechi al potere del nostro essere. Intrappolati nella nostra identità personale, diventiamo tesi e impauriti, e cominciamo a cercare modi per migliorarci, renderci concreti e tirarci su di morale con i nostri dati. Possiamo aver cercato di apparire benefici con gli altri, per far sì che gli altri pensassero bene di noi, ma quando facciamo ciò, limitiamo tantissimo la nostra vera identità. La nostra vera identità non ha bisogno di attrarre notorietà. Quando ci affidiamo all'intelligenza aperta, riconosciamo la realtà suprema fondamentale che non conosce arroganza. Nell'intelligenza aperta, tutti i bellissimi sogni che abbiamo sognato diventano possibili: le persone possono avere un standard di vita buono, e il mondo può diventare un luogo in cui gli esseri umani sono profondamente benefici gli uni con gli altri e verso l'ambiente in cui vivono.

Non accontentatevi mai di una qualsiasi immagine di voi stessi che si basi sull'aver bisogno di ingrandirvi con dei dati e poi competere con gli altri per far vedere quanto grandi siano le vostre abilità per sentire di essere qualcuno. E' una vita sprecata. Anche se vi capitasse di sentirvi meglio in qualche momento facendo questo, sappiate che potete sentirvi molto meglio semplicemente sviluppando fiducia nell'intelligenza aperta! Al di là dell'identità personale c'è qualcosa che è incredibilmente immenso e profondo. Invito e incoraggio tutti a scoprire cosa sia, tramite il potere di affidarvi all'intelligenza aperta per brevi istanti molte volte finché diventa spontaneo.

STA A TE E STA A ME!

CAPITOLO VENTISEI

"Mantenendo la consapevolezza emergerà in noi una potente compassione che ha la capacità e la determinazione di portare un diretto cambiamento. Andando al di là di dati quali: "noi" e "loro", troveremo la soluzione sia ai problemi personali che a quelli globali."

"Sta a te e sta a me!" è il titolo di un motivetto che abbiamo nella comunità di Balanced View. Tutti i giorni, quando tenevo discorsi a Rishikesh, in India, nei primi mesi del 2007, come parte dei nostri incontri avevamo un incontro musicale e uno dei nostri simpatici partecipanti ha scritto questa canzone e l'ha cantata per noi varie volte. Il ritornello fa così: "sta a te e sta a me; insieme non c'è niente che non possiamo essere! Sta a te e sta a me; insieme non c'è niente che non possiamo fare!".

Sta veramente a noi portare il cambiamento che vogliamo vedere nel mondo, e la dimostrazione di questo avverrà al livello delle nostre radici comuni. Dove sono queste radici comuni? Sono proprio qui in tutti noi, in Europa, Asia, Africa, Sud America, Australia e Nord America. Sono ovunque troviamo delle persone, comprese quelle nelle prigioni di tutto il mondo. Sono in qualunque posto le persone si affidano all'intelligenza aperta. La natura unificante dell'intelligenza aperta è ciò che unisce tutti noi in un legame comune, e sta a noi portare la guarigione e l'unità globale che è possibile e urgentemente necessaria.

Quando ci affidiamo all'intelligenza aperta, riusciamo a trovare soluzioni alle nostre preoccupazioni personali, così come anche soluzioni ai problemi che sta affrontando il mondo. Dobbiamo essere chiari però, poiché l'unico modo di accedere a questa risorsa di saggezza è diventare profondamente familiari con essa. Più diveniamo familiari con la saggezza intrinseca all'intelligenza aperta, meno saremo dominati dall'ossessivo egocentrismo che ci aveva obbligato a focalizzarci sulle nostre circostanze personali. Come risultato capiamo molto profondamente che il bisogno di mangiare, avere casa e vestiti non è solo un bisogno nostro ma un bisogno di tutti.

Come ben sappiamo, molte persone sulla terra non hanno queste cose basilari. Invece di essere un fatto che evitiamo o che ci sentiamo impotenti ad affrontare, dobbiamo riconoscere pienamente queste situazioni e trovare la determinazione per fare qualcosa ed essere di aiuto. Con il potere del mantenere l'intelligenza aperta emergerà in noi una forte compassione che avrà la capacità e la determinazione di portare dei cambiamenti diretti. Troveremo le soluzioni ai problemi personali e globali andando oltre dati come "noi" e "loro".

Il modo solito di affrontare la mente è di correre dietro ai pensieri, alle emozioni e alle sensazioni, e poi classificarli come positivi, negativi o neutri. Cerchiamo di accumularne molto più di positivi e di liberarci di quelli negativi. Questo modo di relazionarci alla nostra mente, invece di portare vero beneficio, crea ancora più tensione e disagio in noi e negli altri e non potrà mai portare delle soluzioni a lungo termine per i problemi che stiamo affrontando.

Non importa quanto ci sembrano avanzate la nostra scienza e la nostra tecnologia dal punto di vista convenzionale, il loro beneficio rimarrà limitato se è espresso nei limiti del pensiero convenzionale e non nel contesto di che cosa possa essere di maggior beneficio per tutti. Infatti, finché la scienza e la tecnologia non saranno allineate con la saggezza dell'onnicomprensiva intelligenza aperta, esse rimarranno parte del problema. Solo sviluppando la fiducia nell'intelligenza aperta come alternativa al pensiero ordinario, riusciremo veramente a risolvere sia i nostri problemi e le nostre difficoltà individuali che quelle del mondo.

Dobbiamo lasciare andare tutti i punti di riferimento convenzionali, permettendo a noi stessi di scoprire l'intelligenza aperta e di lasciarci guidare dal suo intrinseco potere di saggezza che è oltre il pensiero ordinario. Questa è l'unica speranza che abbiamo. La buona notizia è che i poteri di grande beneficio che vengono dall'intelligenza aperta sono incredibilmente potenti e sono assolutamente capaci di portare i cambiamenti necessari affinché la razza umana non solo sopravviva, ma prosperi. Sono dei cambiamenti che la mente convenzionale non può neanche immaginare.

La crisi che sta affrontando l'umanità oggi non è soltanto una crisi di problemi esterni come la povertà, l'inquinamento e la minaccia della guerra nucleare; la radice di questa crisi è nella mente. I conflitti e il degrado ambientale che vediamo manifestarsi in tutto il mondo riflettono il modo in cui ci relazioniamo ai nostri pensieri e alle nostre emozioni. Rabbia cronica, violenza, disperazione, tossicodipendenza e alcolismo sono pervasivi in tutto il mondo moderno. Abbiamo grandi conflitti in noi stessi come individui e come risultato abbiamo anche conflitti nelle nostre famiglie, nelle nostre comunità e nel mondo intero.

Tutto ciò che accade interiormente agli individui si manifesterà anche su scala globale fra le nazioni. La costante battaglia condotta nella mente attraverso il tentativo di correggere e controllare i nostri pensieri e le nostre emozioni non ha mai portato alla pace interiore. È veramente sciocco continuare a fare le stesse cose quando vediamo i risultati negativi o un po' ottusi che questi approcci hanno portato. Il modo migliore di liberarci da questo ciclo distruttivo è di familiarizzare con l'intelligenza aperta rilassando la mente e il corpo per brevi istanti, ripetuti molte volte, finché diventa automatico; questa è una cosa che ognuno di noi può fare. Quando sempre più persone nel mondo impareranno a gioire della stabile intelligenza aperta, saremo in grado di apportare cambiamenti che sono realmente di beneficio al pianeta e ai suoi abitanti.

La nostra disposizione naturale come esseri umani é l'arricchimento reciproco, e arriveremo a riconoscere che siamo veramente capaci di questo nella certezza dell'intelligenza aperta. Se vogliamo migliorarci come specie umana dobbiamo scoprire dove si trova il nostro potere più grande. L'intelligenza aperta è l'origine della profonda saggezza ed è per natura illimitata. Quando ci affidiamo ripetutamente alla stabile intelligenza aperta invece che al pensiero ordinario, diventerà perfettamente chiaro che cosa sia necessario fare per portare beneficio duraturo al mondo. E saremo potenziati con la capacità e la determinazione per fare ciò che è necessario.

Ogni tanto viene posta la seguente domanda:"Come posso continuare ad affidarmi all'intelligenza aperta quando c'è così tanta sofferenza nel mondo? Se lo faccio, non è come rassegnarsi e ignorare i grandi problemi che sta affrontando l'umanità?". La risposta è no; acquisire fiducia nell'intelligenza aperta è la soluzione migliore ai problemi che sta affrontando l'umanità. Quando manteniamo l'intelligenza aperta, cominciamo a riconoscerci come parte integrante dell'ordine naturale piuttosto che come un qualcosa di separato da esso. Col potere dell'intelligenza aperta ci rilassiamo sempre di più nell'agio del nostro essere naturale e il risultato è che l'incredibile potere dell'intelligenza aperta può fluire liberamente in noi.

La natura è a suo agio con qualunque cosa accada ed è così che dovrebbe essere anche per noi. La natura è a suo agio con tutti gli estremi. Se l'oceano è agitato e tumultuoso o calmo e tranquillo, è sempre a suo agio con se stesso. Non sta cercando di manipolare le onde grandi per farle diventare piccole o cercando di rendere ondose le aree più calme. L'oceano è semplicemente a suo agio con la sua natura lasciando che le onde siano così come sono.

È questo il modo in cui la natura intende farci relazionare con i nostri pensieri e con le nostre emozioni. Invece di cercare di controllare ogni ondata di pensieri ed emozioni, nel momento in cui appaiono, ci affidiamo all'intelligenza aperta vedendo ogni onda come un'espressione perfetta della consapevolezza. In questo modo viviamo in armonia e in pace con qualsiasi cosa appaia nella nostra mente, momento per momento, identificati soltanto con la onnicomprensiva intelligenza aperta che è la nostra vera natura.

Dovrebbe essere naturale per noi essere completamente rilassati. Guardate gli alberi, gli uccelli la terra e tutti i suoi aspetti. È tutto in armonia con la natura senza sforzo, indipendentemente dalle condizioni. Il vento può soffiare tempestosamente ma la sua essenza è il completo riposo. Non esiste alcuna resistenza; tutto è semplicemente così com'è, e poiché non c'è resistenza, lo straordinario potere e agio dell'intelligenza aperta è presente senza sforzo.

Affidandoci all'intelligenza aperta per brevi istanti, ripetuti molte volte, possiamo scoprire lo stesso potere. Se in qualche momento abbiamo bisogno di muoverci con energia e forza, il modo migliore di farlo è lasciare che la saggezza che emerge dall'intelligenza aperta ci dia la capacità di agire e ci mostri esattamente come farlo. Acquisendo sempre maggior fiducia nell'intelligenza aperta, le nostre azioni saranno chiaramente guidate dall'intelligenza della natura.

Senza l'esperienza decisiva della nostra intelligenza aperta, tutto questo resterà una conoscenza intellettuale. Ma quando sperimentiamo ripetutamente la presenza dell'intelligenza aperta, la nostra visione diventa molto chiara. Quando ci affidiamo ripetutamente all'intelligenza aperta, dimoriamo in essa e ci affidiamo alla sua straordinaria saggezza che ha il potere di risolvere problemi quali il riscaldamento globale, la fame nel mondo, la mancanza di acqua pulita e di assistenza sanitaria adeguata. Solo con il potere dell'intelligenza aperta possono essere trovate delle soluzioni a lungo termine per problemi gravi come questi.

Rimanendo a nostro agio nell'intelligenza aperta con tutto ciò che accade in noi, scopriamo la saggezza. Nel fare questo, sperimentiamo per noi stessi l'incredibile beneficio della saggezza. Per favore, non accettate semplicemente ciò che vi sto dicendo; questo è un invito a provare queste cose direttamente, come uno scienziato che ha una teoria e la mette in pratica per vederne i risultati. Affidatevi all'intelligenza aperta e vedetene il risultato.

Quando la nostra intelligenza aperta è sufficientemente stabile, non c'è più la continua distrazione dei dati. È allora che il beneficio della saggezza naturale diventa ovvio. Il primo livello di beneficio arriva a noi come individui. Questo è l'auto beneficio; realizziamo equanimità mentale, felicità irremovibile e pace interiore. Non è poco! Una volta che abbiamo beneficiato noi stessi in questo modo essenziale, sarà impossibile frenare il flusso di sentimento e azione compassionevole che appare in noi. Questa è la dignità, la fiducia e l'eleganza dell'aiuto ispirato dalla profonda saggezza e carica dell'energia illimitata dell'intelligenza aperta. Dall'intelligenza aperta al di là dell'apprendere e del pensare, arrivano delle soluzioni che non sarebbero mai potute arrivare con il pensiero ordinario.

Vorrei sottolineare un punto importante riguardo al riconoscere la nostra vera identità come intelligenza aperta. Se decidiamo di voler scoprire la nostra vera identità allora dobbiamo essere completamente impegnati ad affidarci all'intelligenza aperta. Nella poesia di Robert Frost "La strada non presa", lui scrive:"Due strade divergevano in un bosco e io presi quella meno percorsa, e questo ha fatto la differenza nella mia vita". Se ci attacchiamo alla nostra convinzione che i pensieri e le emozioni abbiano il potere di dominarci e ci affidiamo alla consapevolezza solo parte del tempo, allora quella sarà la strada percorsa da troppi, la strada dell'impegno parziale e delle mezze misure che non porterà alla vera stabilità mentale e alla saggezza.

Ma se siamo veramente impegnati ad acquisire fiducia nell'intelligenza aperta per il beneficio di tutti, allora prenderemo la strada meno percorsa. Prenderemo la strada dell'affidarci alla stabile intelligenza aperta qualunque siano i nostri pensieri, le nostre emozioni o le nostre esperienze. Diremo a noi stessi:"Non mi arrenderò mai, non importa quanto a lungo vivrò. Mi affiderò all'intelligenza aperta finché non avrò la prospettiva della sua intelligenza di saggezza in tutte le mie attività. Persevererò qualunque cosa accada, finché l'intelligenza aperta non diventerà completamente spontanea e non avrò più bisogno di mantenerla. Per il beneficio di tutti e di me stesso, continuerò senza indugio. Mi affiderò alle risorse di saggezza della stabile intelligenza aperta per essere aiutato nelle decisioni finché non diventerà ovvio in ogni momento". Queste sono le due scelte: un impegno parziale o un impegno totale che garantisce il risultato desiderato. L'impegno deve essere al 100% perché solo allora questa saggezza potrà diventare completamente viva.

La verità è che possiamo esercitare il nostro impegno soltanto un momento per volta. La nostra decisione di affidarci all'intelligenza aperta deve essere ripetutamente riaffermata con la pratica dell'affidarsi all'intelligenza aperta momento per momento. Potremmo dire:"Lo farò per sempre", ma nel vivere quell'impegno questo deve essere continuamente riaffermato scegliendo di affidarsi all'intelligenza aperta un pensiero alla volta, un'emozione alla volta e un'esperienza alla volta, ogni volta che ce lo ricordiamo. In questo modo semplice, brevi momenti di intelligenza aperta gradualmente acquistano forza e diventano automatici.

D: Come dovrebbe essere inteso l'affidarsi all'intelligenza aperta riguardo allo sviluppare i leader del futuro?

R: Nello stesso modo in cui affidarsi all'intelligenza aperta ci porta grandi conoscenze, può creare dei leader di grande saggezza. I leader devono essere delle persone che manifestano straordinaria stabilità mentale, compassione, profonda conoscenza e attività idonea in tutte le situazioni, e simili attributi dovrebbero essere i criteri principali per ogni leader nazionale. Grazie al potere dell'intelligenza aperta, i leader di ogni livello della culture umana possono condividere questa riserva di attributi.

Nell'intelligenza aperta sperimentiamo una visione equilibrata. Siamo consapevoli non solo di quello che stiamo pensando e sentendo, ma anche di quello che stanno pensando e sentendo gli altri. Quando siamo coinvolti nelle nostre emozioni, nei nostri pensieri e desideri, non abbiamo l'apertura e spaziosità sufficienti per capire quello che stanno pensando e sentendo gli altri o per vedere con chiarezza come le nostre azioni abbiano effetto sugli altri. Senza quell'istintiva connessione con le menti di tutte le persone del mondo, è molto difficile per un leader prendere delle decisioni che siano realmente di beneficio per tutti.

Se crediamo di essere degli individui che sono un'accumulazione di pensieri, emozioni, esperienze, successi e fallimenti, allora passeremo la nostra vita intera cercando di far continuare quell'identità. Ci aggrapperemo ad alcuni dati e ne respingeremo altri e poi competeremo con tutte le persone intorno a noi, mostrando le nostre abilità per dimostrare che i nostri dati sono giusti. Vivremo nella presunzione che:"I miei dati sono giusti mentre i tuoi sono sbagliati, e poiché i miei dati sono giusti, io sono qualcuno speciale, le mie decisioni sono giuste a prescindere da cosa tu mi dica!". Potremmo escogitare dei modi artificiosi di ascoltare le persone per procurarcene la simpatia e ottenere ciò che vogliamo. La vera leadership non potrà mai venire da questo modo di vivere e pensare. Da questo modo di pensare verrà solo la continuazione delle forme aggressive di relazionarsi e abbiamo molte dimostrazioni di ciò in tutta la cultura umana.

Invece, quando ci affidiamo all'intelligenza aperta, troviamo in noi la saggezza che non ha orgoglio o aggressione. Sempre di più abbiamo una visione completamente equilibrata di tutto ciò che accade. Con questa visione equilibrata abbiamo l'abilità spontanea di agire in un modo che è di beneficio per tutti. Non solo questo, rideremo anche molto di più!

D: Hai menzionato un gran numero di problemi che sta affrontando il mondo. Puoi parlare dei problemi che hanno i paesi ricchi come l'America?

R: Tutti i paesi hanno dei problemi, anche luoghi come l'America dove abbiamo abbondanza di cibo. Infatti, questo è uno dei nostri problemi: abbiamo talmente tanto da mangiare che una grande porzione della nostra popolazione sta diventando obesa! L'America nel suo insieme gode di un livello di ricchezza e di vantaggi che è quasi inimmaginabile per le persone di alcune altre parti del mondo. Ma anche l'America ha le sue preoccupazioni. Questo paese ha tutte le cose materiali ma spesso pochissima saggezza su ciò che siamo veramente come esseri umani. Esiste talmente tanta distrazione generata dal desiderio per i possedimenti materiali e dal piacere e dal conforto personale derivato da essi che può esserci la tendenza a farsi incantare da questo modo di vivere piuttosto che cercare di capire come queste risorse possano essere distribuite a tutta l'umanità.

Noi che abbiamo questi incredibili privilegi ci stiamo illudendo se pensiamo che questo privilegio non ci possa mai essere tolto. Ho tantissimi amici in tutto il mondo che hanno vissuto dei terribili sconvolgimenti politici e sono dovuti scappare dai loro paesi e cercare rifugio altrove, di solito in circostanze molto difficili. Vorrei enfatizzare quanto velocemente questo possa accadere anche a noi. Non dovremmo mai sentirci al sicuro da eventi tumultuosi improvvisi perché può accadere di tutto. Quello che sta accadendo alle persone nei paesi in conflitto, può accadere anche alle persone come noi che, in questo momento, stanno vivendo in grande sicurezza e confort.

L'unico modo per essere pronti a tutto è acquisire fiducia nell'intelligenza aperta e trovare ciò di noi che rimane immutato da qualsiasi circostanza. Trovando la pace in noi stessi possiamo aprire i nostri cuori ad aiutare anche gli altri a trovare la pace.

La realtà è che le persone che si vogliono affidare all'intelligenza aperta possono farlo ovunque. Le persone che vivono negli Stati Uniti sono infuse di intelligenza aperta come chiunque altro nel mondo. E anche se gli USA hanno i loro problemi, esiste una meravigliosa apertura alle nuove idee che l'hanno resa una terra fertile per i nuovi approcci alla vita.

D: Se tutto è una perfetta espressione dell'intelligenza aperta, allora dov'è il bisogno di salvare il mondo o di risolvere i suoi problemi?

R: Tutto è una perfetta espressione dell'intelligenza aperta, incluso il mondo e tutta la sua sofferenza. Un altro modo di dirlo è che tutto è ugualmente un'espressione dell'intelligenza della natura. Se verranno trovate delle soluzioni per tutti i problemi che sta affrontando la nostra specie, o se il mondo sarà salvato o meno, in ultima analisi non avrà alcun effetto sull'intelligenza senza tempo alla base di tutto. Tuttavia, quando abbiamo fiducia nell'intelligenza aperta, nasce in noi una compassione molto forte per tutti quelli che stanno soffrendo, insieme a un ferreo impegno di fare qualsiasi cosa sia possibile per portare reale sollievo.

Dire:"Tutto è intelligenza aperta, quindi il mondo non esiste e non ho bisogno di fare niente per alleviare la sofferenza", è un punto di vista nichilistico. Questo tipo di pensiero così estremo in realtà perpetua la sofferenza nel mondo, rendendoci ciechi alla sofferenza intorno a noi e ai modi pratici in cui possiamo essere di aiuto.

L'intelligenza aperta è il sostegno e il supporto sia del nostro benessere individuale che del benessere della nostra specie. Quando familiarizziamo con l'intelligenza aperta, viene generata una quantità incredibile di energia dal rilascio di tutti i punti fissi di riferimento del pensiero ordinario. Troviamo un'energia di incredibile compassione e di aiuto. È un aspetto insito nella nostra intelligenza aperta, un sentimento di autentico calore e benevolenza dentro di noi. Possiamo capire quando ci stiamo affidando all'intelligenza aperta perché gentilezza e compassione nasceranno naturalmente in noi e cominceranno a fluire verso tutti. Inoltre, ciò risulterà evidente a noi e agli altri.

La saggezza è la comprensione che tutto è fondamentalmente uguale per natura. Possiamo essere persi nel mondo dei dati e di causa ed effetto, oppure riconoscere tutte le apparenze come delle apparenze di saggezza. Quando abbiamo trovato questa visione equanime, saggezza e comprensione perfetta prevarranno in ogni situazione. Diventerà impossibile agire in un modo che non sia benefico. Qualunque siano i giudizi di positivo e negativo, giusto e sbagliato che abbiamo avuto in precedenza, nella saggezza sono tutti superati. Oggigiorno abbiamo davvero bisogno di questa saggezza super-completa, reciprocamente arricchente e interpenetrante. Nel naturale agio dell'intelligenza completamente aperta, sappiamo cosa fare e come agire in modo semplice e benefico.

A questo punto della nostra storia, dovrebbe risultarci ovvio che tutte le nostre filosofie su giusto e sbagliato, peccato e virtù, non ci hanno aiutato a risolvere i nostri problemi individuali e neanche quelli della nostra specie. Infatti, se consideriamo il fatto che quasi tutte le nostre guerre sono state combattute per queste idee, possiamo concludere che tali idee sono fra i più grandi problemi dell'umanità! Solo la saggezza che è oltre tutta la scienza e tutta la filosofia può portare delle soluzioni durature agli enormi problemi che il pianeta e i suoi abitanti stanno affrontando.

D: Ma non tutte le azioni politiche sono inutili. Non ci sono forse state molte persone che hanno portato grandi cambiamenti nel mondo attraverso le loro azioni?

R: Non si può negare che alcune cose buone siano arrivate grazie agli sforzi politici delle persone. Ma a prescindere da quanto bene sia arrivato in questo modo, infinitamente maggior beneficio può venire dalla saggezza dell'intelligenza aperta. Soltanto quando le persone acquisiranno familiarità con la pura saggezza alla base di tutte le apparenze, riusciremo veramente a risolvere gli enormi problemi che stiamo affrontando nell'era moderna. Dall'intelligenza aperta abbiamo una visione molto più chiara ed equilibrata di quella che potremmo mai avere da qualsiasi posizione politica estrema. Esiste qualcosa nella saggezza autentica che è oltre tutti gli ideali politici e filosofici, a prescindere da quanto meravigliosi possano sembrare tali ideali.

Quando ero giovane, ero molto coinvolta in questioni politiche e ho visto ogni genere di estremismo da ogni lato dello spettro politico. Sono stata fermamente impegnata in molte delle idee liberali di quei tempi, ma vedevo così tante lotte interne, competizione e fanatismo nell'organizzazione in cui ero coinvolta che diventai molto presto disillusa sull'attivismo politico. Volevamo la pace nel mondo, l'amore e la fine delle guerre, ma quello che finimmo per avere furono divisioni e idealismo annacquato a causa di tutti i litigi e disaccordi tra le persone! Molto spesso, la fazione più potente asseriva il suo potere; in altre parole il gruppo che aveva la forza di spingersi alla vittoria con azioni dirompenti, vinceva.

Vedevo che questo modo di prendere decisioni era inadeguato a portare la pace mondiale. Pensavo tra me:"Che cosa sta succedendo qui? La maggior parte di queste persone, me inclusa, non è in pace con se stessa! Come può un gruppo di persone così portare la pace nel mondo?". Non sembrava importare da che parte stessimo. La nostra mancanza di pace interiore, causata da rabbia, orgoglio, paura, desiderio, depressione o ignoranza, alla fine portava alla rovina anche gli ideali di pace più belli. Protestare per la pace, senza pace interiore non potrà mai portare alla pace nel mondo.

Allora che fare? Finalmente arrivai a un punto in cui vidi che tutte le ideologie che avevo custodito non avevano portato assolutamente da nessuna parte. Non mi avevano mostrato come risolvere i miei problemi personali, né avevano mostrato come lavorare efficacemente assieme in un'organizzazione e non stavano veramente cambiando niente nel mondo. Aggrapparsi a simili ideologie era soltanto un altro modo di perdersi negli estremi.

Fortunatamente, già da molto giovane compresi che prima dovevamo essere in pace con noi stessi. È qui che il conflitto primario deve essere risolto; solo allora riusciremo a creare organizzazioni che sono realmente amorevoli, serene e benefiche. Se non riusciamo a essere in pace con noi stessi come individui, allora non riusciremo mai a essere in pace con gli altri o portare la pace nel mondo.

L'estremismo politico ha avuto come risultato soltanto conflitti ancora più grandi tra le persone. Le rivoluzioni basate sui conflitti di potere e odio creano solo spargimenti di sangue e qualche nuovo tipo di sottomissione. Istituzioni o movimenti politici fondati sull'estremismo sono pieni di dolore e di caos. Replicano semplicemente ciò che sta accadendo dentro di noi. Copiamo la nostra sofferenza interiore e la incolliamo su un'organizzazione! Può un'organizzazione così portare pace nel mondo?

Sono fermamente convinta che l'umanità abbia la capacità di creare organizzazioni piene di saggezza, ma che non possono essere strutturate nel modo gerarchico e aggressivo in cui molte organizzazioni sono strutturate oggi. L'organizzazione ideale è una democrazia di partecipazione in cui i leader vedono nel loro ruolo quello di incoraggiare e ispirare gli altri a estrarre la forza e il talento di tutti quanti nell'organizzazione. In questo tipo di organizzazione esiste una grande dignità, fiducia e supporto reciproco, in cui le persone condividono i talenti tra di loro per raggiungere uno scopo comune.

Quando le persone si affidano all'intelligenza aperta hanno il potere di creare delle istituzioni e organizzazioni che sono realmente dei luoghi di gioia, divertimento e supporto. Per fare questo in modo ottimale dobbiamo affidarci all'intelligenza aperta piuttosto che al pensiero ordinario. La stabile intelligenza aperta porta un nuovo tipo di pensiero ricco di efficacia.

Ovunque stiamo cercando la pace, dobbiamo prima trovarla in noi stessi. Grazie al potere dell'intelligenza aperta, l'umanità potrà trovare la pace interiore ed esteriore che sta cercando.

C'è qualcosa in ognuno di noi che è completamente in pace, e se familiarizziamo con questa equanimità, allora molte delle cose cui aspiriamo diventano possibili. Quando riconosciamo di essere naturalmente intraprendenti, pieni di dignità e fiducia, allora le nostre famiglie, comunità, istituzioni e il mondo intero possono diventare anch'essi così. Questa è una cosa a cui vale veramente la pena aspirare e per cui vale veramente la pena impegnarsi.

Sta a noi.

RISORSE DI BALANCED VIEW

Ci sono molte risorse disponibili per chiunque sia interessato a saperne di più sul Training di Balanced View. La fonte principale di queste informazioni è il sito web: www.balancedview.org. Nel sito si trovano numerosi discorsi in audio o video e vari libri, incluso "Un Semplice Cambiamento Rende Facile la Vita" della fondatrice di Balanced View, Candice O'Denver. Tutti questi contenuti sono disponibili gratuitamente, anche se le donazioni sono accettate con gratitudine. I discorsi possono facilmente essere scaricati in formato MP3 su un computer o un lettore MP3. Essi hanno una durata variabile da pochi minuti fino a un'ora o più e sono di grande supporto a chiunque sia interessato a sviluppare fiducia nella consapevolezza.

Sul sito sono inoltre elencati i programmi del Training di Balanced View in tutto il mondo. I Training possono essere di persona, in incontri pubblici aperti a tutti, oppure training e incontri offerti tramite teleconferenza.

Per molti l'affidarsi all'intelligenza aperta avviene ascoltando i discorsi gratuiti sopra menzionati. Un ulteriore supporto per affidarsi all'intelligenza aperta è offerto dai Quattro Supporti di Balanced View e dalle tre serie di training scritti: "Intelligenza Aperta Quotidiana – I Dodici Potenziamenti", "Il Potere di Beneficio" e "I Principi di Beneficio".

Un training introduttivo in cui i partecipanti ricevono un'iniziazione diretta alla pratica dei brevi momenti di intelligenza aperta, ripetuti molte volte, è il prerequisito per la partecipazione ai Dodici Potenziamenti. I Dodici Potenziamenti sono il training preliminare di Balanced View e attraverso di esso i partecipanti sono introdotti alla natura fondamentale della mente, l'intelligenza aperta e i dati. Essi danno istruzioni chiave per un'esperienza diretta e decisiva dell'intelligenza aperta. Uno schema preso dal training dei Dodici Potenziamenti è disponibile sul sito.

La serie del Potere di Beneficio è pienamente di supporto alla realizzazione dei poteri di grande beneficio: completa stabilità mentale ed emotiva, profonda conoscenza, compassione inarrestabile e attività eccelsa in ogni momento.

Per chi voglia impegnarsi nel diffondere la visione di Balanced View – intelligenza aperta per tutti – vengono offerti i Principi di Beneficio insieme all'assistenza diretta di un trainer qualificato di Balanced View. Questi ci mostrano come lavorare insieme come organizzazione e come famiglia globale, offrendo delle strutture che assicurano pace, armonia e rispetto in tutte le circostanze.

Per ulteriori informazioni riguardo ai training menzionati visitate il nostro sito web.

I Quattro Supporti sono il contesto di tutte le offerte di Balanced View. Questo supporto è a disposizione di tutti i partecipanti tramite: 1) affidarsi all'intelligenza aperta, 2) il training, 3) il trainer, 4) la comunità. Ognuno dei trainer di Balanced View è impegnato a dare tutto il supporto necessario a chiunque voglia affidarsi all'intelligenza aperta. Qualsiasi richiesta di supporto da parte di un partecipante riceverà risposta entro le 24 ore.

Per i partecipanti che volessero contribuire al training di Balanced View, le donazioni sono accettate con gratitudine. Tutti sono benvenuti a prescindere dalla loro capacità di contribuire.